사할린 가미시스카 한인학살사건 I

〈소련군·KGB 수사자료집−원 노문 수록〉

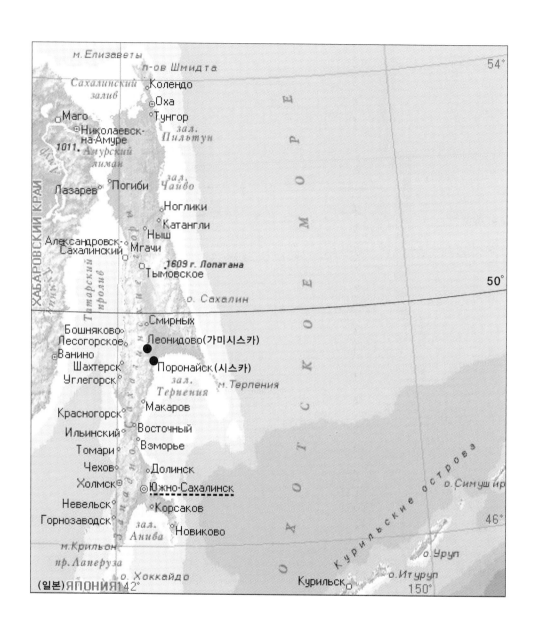

【사할린 지도】

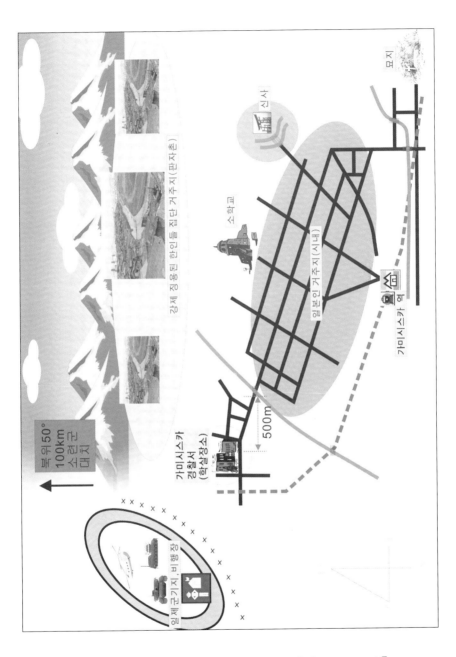

【증언으로 재구성한 가미시스카 마을 전경(1945.8.15)】

П Р О Т О К О Л
===============

Осмотра места происшествия.

30 августа 1945 года   г. Камисикука.

Военный прокурор в/части 19885 капитан ДМИТРИЕВ в присутствии и при участии старшего оперуполномоченного ОКР "СМЕРШ" капитана БЕЛОУСОВА, судмедэксперта майора м/с ЧАЙЧЕНКО японских подданных: ЯМАТО Кичиро, 52 лет, родился на острове Хоккайдо, 1921 г. кончил медицинский факультет университета в городе Ниогато, по специальности врач хирург, имеет собственный госпиталь в гор. Сикука.

2. ВАКАЦУКИ Цунуи, 49 лет, родился в префектуре Ниагата гор. Нагадка. В 1923 году окончил медицинский факультет университета в г. Ниагата, по специальности врач хирург, собственник госпиталя в Сиритори.

3. ФУКУИ Исао 51 года родился на острове Хоккайдо гор. Осасикаво, в 1915 году окончил медицинский факультет Токийского университета, врач терапевт, собственник госпиталя в Сикуке.

4. ЮЯМА Сигитосе, 49 лет, родился в.префектуре Ниагата гор. Таката, в 1924 году окончил Токийский - императорский университет, врач терапевт, собственник госпиталя в г. Сикука.

5. ВАДА Киоси, 41 года, родился в префектуре Сайтама гор. Кавагос, окончил медицинскую академию в 1918 году г. Осако. Работает начальником аптеки при госпитале ИОНОДЗАВО в гор. Сиритори.

6. ТАНИГУЧИ Томи, 1921 года рождения. В 1940 г. окончил среднюю школу, родился в г. Томариору на Карафуто. По специальности чиновник, переводчик японский и переводчика Политотдела лейтенанта ВЕРШИНИНА, произвели сего числа осмотр места происшествия в г. Камисикука - основание и остатков дома бывшего полицейского управления в процессе которого установили:

В настоящее время основание указанного сгоревшего дома здания представляет прямоугольную коробку, стены ее над землей возвышаются на 95, см. построены из железобетона с переплетением длина - с запада на восток 26,6 метра, ширина - с юга на север 9,3 метра.

Внутри здания сохранились три дымоходных *Трубы* высотой 8 метр. каждая, железобетонное основание печи и кухни высотой 1 метр и железобетонное основание размером 1 х 3 мтр., расположенной в юго-восточном углу, выгребная яма уборной выходит на южную сторону здания, глубина ее 1,3 метр. наполнена на 60 см. Около южной стены, рядом с уборной стоят три решетки.

Протокол допроса

Обвиняемого Кунигото Тороку

1946 года июля месяца 17 дня город Южно-Сахалинск

Допрос производится на корейском языке, через переводчика корейского языка Еванилина, который об ответственности за неправильный перевод показаний обвиняемого по ст. 95 УК РСФСР предупрежден — Ев [подпись]

Допрос начат в 12 часов 00 минут

Вопрос: Какое Вы получили задание от сотрудников японской полиции в связи с началом военных действий между Японией и советским союзом?

Ответ: 18 августа 1945 года, по возвращению меня из города Камисикука в город Сикука, старший полицейский Лиодзима мне заявил, что все сотрудники полиции готовятся к отъезду на остров Хоккайдо (Япония), а мне Лиодзима дал инструктаже, чтобы я из города Сикука уехал куда-нибудь на юг сахалина, устроился на работу и там остался работать и даже Лиодзима меня предупредил, чтобы я никому из командывания красной армии не говорил о том, что японская полиция расстреляла 18 человек корейцев в городе Камисикука и о том, что я сотрудничал с японской

Вписанное слово "дал" Подпись [подпись] читать

【수사자료 원본】

사할린 가미시스카 한인학살사건 I

이원용 옮김

북코리아

목 차

　최근 10여 년간의 언론보도와 시민단체 등의 노력을 통하여 한인들
이 낯 설은 사할린에서 헤아릴 수 없는 고통을 받았으며 이들의 고난은
일제강점기는 물론 일제로부터 해방이 된 이후에도 냉전과 반공논리로
인하여 조국으로부터 버림받은 채 지속됐다는 사실은 우리에게 많이
알려져 있다.

　소련붕괴 이후 사할린동포에 대한 관심과 연구가 늘어나면서 일제강
점기에 이들이 받았던 탄압, 고통과 고단한 삶에 대해서도 그 동안 소문
과 증언으로만 알려져 오던 것이 구체적이고 객관적 증빙자료를 통하여
밝혀지고 있고 사할린동포에 대한 조국의 무관심과 방관에 대한 자성의
목소리 또한 높아져 가고 있으나 이들의 삶을 우리의 역사로 인식하고
다가가는 자세가 국가적 차원에서는 여전히 부족한 것 같다.

　가미시스카(上敷香) 한인학살사건은 일제가 무조건 항복을 선언한
직후인 1945년 8월 17일에 사할린의 가미시스카(현재의 레오니도보)에
서 일제경찰이 한인 18명을 학살하고 이를 은폐하기 위해 방화한 사건
으로, 같은 해 8월 20일에서 25일까지 6일 동안 사할린의 미즈호(瑞穗
－현재의 포자르스코예)에서 어린이 6명과 여자 3명을 포함하여 27명

의 한인을 학살한 일명 미즈호사건과 더불어 일제만행과 사할린 한인의 비운을 단적으로 보여주는 사건이다.

일제는 1905년 러일전쟁에 승리한 이후부터 사할린 남쪽을 강점하였고 북위 50도를 경계로 북 사할린과 남 사할린으로 국경을 긋고 있었다. 그리고 1945년 패망 시까지 남 사할린을 점령하면서 이곳의 각종 천연자원을 채굴하여 일본 본토로 옮기었는데 이 일에 우리민족을 강제 동원하였던 것이다.

가미시스카에서 소련과의 국경이었던 북 사할린과의 거리는 불과 약 100km 밖에 되지 않았다. 가미시스카는 현재 러시아 명칭으로 레오니도보(Леонидово)인데 사할린 포로나이스크[Поронайск – 일제명칭은 시스카(敷香)임] 서북쪽인 북위 47.17, 동경 142.5도에 위치한 일본이 점령하고 있는 남사할린 최 동북단의 군사도시였다.

소련과 국경인 북위 50도까지 거리는 불과 100km라는 가까운 지점에 위치한 가미시스카는 당시 행정구역상으로는 시스카에 속한 작은 마을에 불과했으나 실제로는 큰 규모의 일제 비행군부대, 포대, 보병부대 및 헌병대 등이 주둔해 있었고 강제 징용된 한인들은 물론 일본인들이 많이 거주하는 사실상의 커다란 군사도시였다. 일본인들은 주로 시내에 거주하였고 강제징용된 한인들은 주로 산간지역에 산동네를 이루고 거주하며 일제의 군비행장건설, 철도건설, 군부대 기간시설 토목공사, 벌목 및 채광 등에 동원되었다.

가미시스카 한인학살사건은 일제가 패망한 직후인 1945년 8월 17일 일본경찰이 한인 18명을 '소련의 스파이'라는 혐의로 가미시스카 경찰서에서 사살한 후 이를 은폐하기 위해 같은 날 경찰서에 벤진을 붓고 불태워 버린 사건이다. 일제는 경찰서뿐만이 아니라 마을 대부분을 불지른 후 남쪽으로 도주했는데 이는 남하하는 소련군을 의식해 소각한 것이다.

가미시스카 학살사건은 사할린에서 일본으로 귀환한 한인들에 의해 알려지게 되는데 동 사건이 우리에게 본격적으로 알려지게 된 계기는 일본의 르포작가인 하야시 에이다이(林榮代)가 위 사건에 관심을 갖고 사할린과 일본등지에서 각종증언을 토대로 취재한 결과를 정리하여 1991년『증언』을 일본에서 출간하면서이다. 하야시 에이다이는 가미시스카 학살사건을 그의 책 제4장에서 다루고 있다.

　이 책은 같은 해 반민족문제연구소에 의해『증언 : 사할린 조선인의 학살사건』(계명문화사, 1991)라는 제하의 우리말로 번역되어 출간되었다. 하야시는 가미시스카 학살사건에 대해 일제패망의 원인을 조선인에게 덮어씌우려는 일제에 의한 잔인한 학살로써 제2의 관동대지진과 같은 사건으로 기록하고 있다.

　비록 하야시의 저서가 증언을 토대로 쓰여 진 글이긴 하나 가미시스카 학살사건이 본격적으로 한국에 알려지게 된 최초의 계기라고 보아도 무방하다. 이는 진실을 밝히려는 하야시의 부단한 노력과 함께 소련의 페레스트로이카로 우리나라 사람도 사할린동포에 대해 자유롭게 접근할 수 있는 시대적 배경이 도움으로 작용했다는 사실도 무시할 수 없다.

　물론 하야시처럼 구체적이지는 않으나 가미시스카 한인학살사건이 일본과 한국에도 이미 알려져 있었다. 일본의 화태종전사간행위원회(樺太終戰史刊行會)가 1973년 편집 출판한『樺太終戰史』[1]에 가미시스카에서 한인학살이 있었다는 내용이 기록되어 있는 것이 이를 반증하는 것인데, 이 책에는 가미시스카에서 한인이 학살되었다는 간단한 언급만이 있고 학살원인, 학살대상 및 경과 등에 대한 내용은 전혀 기술하고 있지 않다.

　그리고 1981년 11월 15일자 우리나라의『國際人權報』의 인권논단에

---

1) 화태(樺太, 가라후토)는 사할린을 칭하는 일본식 명칭임.

서 가미시스카 학살사건에 대해 언급하고 있는데, 이는 사할린 귀환 재일한국인회 회장이었던 박노학(朴魯學)이 위 학살사건에서 어깨에 총을 맞았으나 변소로 탈출하여 구사일생으로 살아난 이소용(李小用)이라는 사람으로부터 사할린의 코르사코프에서 듣고 전해지게 된다. 그러나 냉전이라는 상황 때문인지 우리나라 국민들 사이에 반향을 일으키지는 못했다. 이외에도 가미시스카 학살사건을 다룬 자료들이 조금 있으나 하야시의 『증언』에 기술된 것보다 더 구체적인 내용을 찾아보기 어렵다.

또한 최근 위 사건에 대해 우리나라 정부차원에서 조사하여 발표하였으나 조사결과는 매우 미흡하다. 즉 국무총리소속 일제강점하강제동원피해진상규명위원회는 2005년 5월 13일부터 가미시스카 학살사건을 조사하여 2007년 1월 26일 조사보고서를 의결하였다. 이 보고서는 같은 해 8월 『사할린 가미시스카(上敷香) 조선인 학살사건 진상조사』라는 제목으로 출간되었는데 당시의 시대적 배경과 상황은 잘 묘사하고 있으나 학살사건 자체에 대한 조사결과는 오히려 진실을 왜곡케 한다. 이는 학살사건 조사가 객관적 근거에 의한 엄밀한 판단 없이 증언과 추측에 무게를 두고 이루어졌기 때문이라고 생각된다.

예를 들어 위 보고서는 당시 가미시스카 경찰서에 여자와 아이들을 포함한 조선인들이 억류되어 있었고 8월 18일 아침 9시경에 두 명의 병사가 경찰서에 소방펌프로 기름을 뿌린 후 불을 질렀으며 이런 와중에서 자신은 변소를 통해 탈출하였고 총살이라든가 교수형은 없었다고 생각된다는 이종득 이라는 사람의 체험담을 비중 있게 다루고 있다.[2] 이는 위 보고서의 조사결과가 가설을 전제로 잘못된 추측성 결론을 내리게 하는 큰 오류 중의 하나이다.[3] 이종득이 묘사한 위의 내용은 당시

---

2) 『사할린 가미시스카(上敷香) 조선인 학살사건 진상조사』 보고서, 36 – 37쪽. 이 보고서에는 부록으로 〈이종득 체험담〉이 73 – 83쪽에 실려 있다.

가미시스카 경찰서에서 일어난 것이 아니라 시스카(敷香) 경찰서에서 일어난 일이기 때문이다.[4]

가미시스카 한인학살사건이 사할린과 일본으로 귀환한 한인들 사이에서는 잘 알려진 사건이나 증언과 소문으로만 전해져 오는 한계로 본격적인 연구가 어려운 상황에서 가미시스카 학살사건에 대해 소련군이 조사한 자료가 1995년 발견된다.

러시아어로 된 이 문서는 1945년 당시 사할린 가미시스카 학살현장에서 부친(김경백, 일본이름: 다나카 분키치)과 오빠(김정대, 일본이름: 다나카 이치로)를 잃은 김경순씨가 가미시스카 학살사건의 진상을 밝히기 위하여 1990년부터 각고의 노력을 하던 끝에 1995년 10월 19일 러시아연방보안국(FSB – KGB의 후신) 사할린지부에서 찾아낸 것이다.

이 자료는 사건번호가 No.73으로 심의된 재판자료인데, 가미시스카에서 일경의 밀정으로 활동하면서 가미시스카 한인학살은폐에 참가한 이두복에 대한 심문자료, 증인 진술, 판결문 등으로 '이두복의 밀정행위와 학살 참여여부'를 중점적으로 조사하고 있기에 가미시스카 학살사건 전반을 온전히 파악하기에는 부족한 면이 있다. 그러나 현재로써는 증언과 소문에서 벗어난 가미시스카 학살사건에 대한 유일한 객관적 수사문서자료라는 점에서 중요성과 의미가 크다.

소련군은 1945년 8월 8일 대일선전포고를 하고 다음날인 9일 당시 남사할린과의 국경이었던 북위 50도에서 남하하기 시작한다. 가미시스카에는 일본경찰의 만행이 있은 바로 후인 1945년 8월 19일 진주하는데 위 문서를 통하여 소련군이 같은 해인 1945년 8월 30일 가미시스카

---

3) 위 보고서 37 – 39쪽 참조.
4) 본 번역집 최봉섭의 증인심문 조서 197 – 216쪽 참조. 이종득의 체험담이 사실이라면 시스카 경찰서를 가미시스카 경찰서로 잘못 기록한 것이고 날짜도 8월 18일이 아니고 8월 20일 이다. 당시 시스카 경찰서에 갇혀있었던 신춘우의 심문 조서에도 이러한 혼동을 발견할 수 있다. 본 번역집 114 – 116쪽 참조.

학살사건현장을 정밀 조사하였고 1946년 본격적인 수사에 착수하였다는 사실을 알 수 있다.

김경순씨에 의한 이 문서의 발견은 일본 언론에서 큰 반향을 일으키는 등[5] 가미시스카 학살사건의 진실을 밝힐 수 있는 토대가 되나 안타깝게도 위 문서는 연구 자료로 활용되지 못하고 10여 년간 사장되다시피 한다.

위 문서는 대부분의 필사본과 일부 타이프로 작성된 것인데 편역자가 김경순씨로부터 넘겨받을 당시는 순서가 심하게 뒤 섞이고 중복된 상태인 500여장이 넘는 분량이었다. 문서들 중에서 "러시아연방보안국(FSB) 사할린지부가 1995년 10월 19일 날짜로 김경순에게 234장의 문서를 내주었다"는 내용의 서류를 발견하고 이를 근거로 소정의 노력 끝에 완벽하게 문서내용을 맞추는데 성공하였고 이런 과정을 통하여 세상에 빛을 보게 되었다.

편집자가 정리한 자료는 236장이고 러시아연방보안국 사할린지부가 김경순에게 문서를 내주었다는 1장의 문서를 합치면 총 237쪽이다. 그러나 이두복이 1945년 10월 5일자로 소비에트 사령부에 청원한 한글로 작성한 원의서(願意書) 3장을 제하면 정확히 234장이고 내용상으로도 순서가 일치한다.[6]

원본이 대부분 필사본이기에 탈초하여 한글번역과 함께 엮어 한권의 자료집으로 만들었다.

이 자료집은 연도별로 크게 3개 부분으로 나눌 수 있는데, 제1장은

---

5) 長崎新聞, 神奈川新聞, 北海道新聞(1995.12.2.)에 1945.8.17. 종전 직후 사할린 가미시스카에서 일본경찰이 한국인 십 수 명을 소련 스파이 혐의로 체포한 후 학살 불태웠고, 유족 김경순이 각고의 노력 끝에 당시 이 사건을 조사한 소련군의 기록을 러시아연방보안국에 요청하여 찾아냈다는 내용의 기사가 실림.
6) 담당자가 236쪽을 잘 못 헤아려 234쪽으로 기록했을 가능성도 있다.

1945년부터 1946년의 이두복에 대한 수사와 재판기록이며, 제2장은 1955년 이두복이 자신의 무죄를 호소하며 재심 청구한 것이 기각된 자료이고, 제3장 역시 1967년, 1968년과 1970년 자신의 무죄를 주장하며 사건에 대해 직권으로 조사하여 항소하여 줄 것을 검찰청 등에 호소하여 재수사가 이루어진 기록이다. 그러나 1970년 11월 6일 사할린주 검사에 의해 재수사한 자료를 검토한 결과 직권항소사안에 해당되지 않는다는 이유로 최종 기각된다. 물론 원 자료는 세 개의 장으로 나누어져 있지 않지만 독자의 편의를 위해 편집자가 임의로 나눈 것이다.

이두복은 1946년 8월 8일 소련군사재판부에서 러시아사회주의연방공화국 형법 제58조 4항 위반으로 유죄가 인정되어 징역10년을 선고받고 시베리아의 크라스나야르스크와 이르쿠츠크의 교정노동수용소에서 만기복역출소한 후 카자흐스탄의 알마아타에서 거주하다 1990년 사망하였다.

일본정부는 아직까지도 가미시스카 학살사건과 미즈호 학살사건에 대해 사죄와 용서를 구하기는커녕 "소문에 지나지 않는다"라든가 "설사 학살행위가 있었다 하더라도 민법상 20년이 지나면 손해배상청구권은 소멸된다"는 등의 망언으로 일관하고 있다. 또한 일본 패전 후인 1945년 8월 22일 일본 아오모리현 지방에서 강제노동에 사역당한 한인 노동자와 그 가족이 해방을 맞아 우키시마호를 타고 귀국길에 올랐다가 8월 24일 일본군이 의도적으로 교묘하게 폭침시켜 5,000여명이 수장된 일명 우키시마호 사건에 대해서도 일본정부의 책임을 전적으로 부인하고 있다. 일본이 패전 후에도 우리민족에게 행한 살육의 사례는 너무나 많다. 그러나 문명선진국들이 반인륜적·반역사적 범죄에 대해서는 공소시효를 두지 않고 반성하는 것과는 대조적으로 일본정부는 자신들의 제국주의적 범죄행위를 합리화 하려고만 하고 있다. 이러한 현실이기에 본 자료집은 역사적으로나 현실적으로 더욱더 중요한 의미를 갖는다.

이 자료집을 계기로 가미시스카 한인학살사건은 물론이고 사할린 한인역사에 대한 관심과 연구가 증대하여 우리 역사를 올바로 알고 교훈이 되는데 조금이나마 일조하기를 간절히 바라는 마음이다. 또한 이 자료집을 읽는 독자들은 이두복이라는 사람의 첩자활동 진위에 초점을 맞추기보다 우리의 가슴 아프지만 소중한 역사를 알고 나라 잃은 식민 국민이었기에 겪을 수밖에 없었던 사할린동포들의 고단한 삶과 역사를 이해하는데 역점을 두었으면 한다.

비록 힘없는 나라의 국민이었기에 뿔뿔이 세계 각지로 흩어졌으나 우리 민족처럼 해외 곳곳에 널리 분포되어 있는 민족도 그리 많지 않다. 우리가 재외동포들에 대한 이해와 상호 교류를 바탕으로 노력한다면 우리민족의 한 많은 근대사는 오히려 우리민족이 세계로 나아가는 밑거름으로 작용하게 될 것이라고 생각하며 또한 우리는 그렇게 만들어야만 하는 사명을 부여받고 있다고 감히 말하고 싶다.

끝으로 소중한 문서의 출판을 허락해주신 김경순 선생님과 자료집으로 빛을 보게 해주신 이찬규 북코리아 출판사 사장님과 편집진께 깊은 감사의 말씀을 드린다. 또한 항상 재외동포의 어려움을 해결하고 위상을 높이는데 헌신하시는 이광규 전 재외동포재단 이사장님께 경의를 표하며, 항상 나에게 격려와 충고를 아끼지 않는 벗 행정안전부 조재운 사무관에게 깊은 감사의 마음을 전한다.

일/러/두/기

- 원 자료에는 쪽 번호가 매겨져 있지 않으나 편의를 위해 작성된 보고서를 시간 순으로 정리하여 쪽 번호를 매긴 후 번역본과 탈초본의 우측 상단에 정리한 원자료의 쪽 번호를 기재하여 러시아어 원문과 비교할 수 있게 하였다.
- 본 자료집에서 역자가 언급하는 쪽 번호는 모두 우측 상단의 원자료 쪽 번호이다.
- 번역본을 3개의 장으로 나누고 문서가 작성된 연도를 구분하는 간지는 편의를 위해 편역자가 넣은 것이고 원 자료에는 그와 같은 구분이 없다.
- 번역본의 4 - 6쪽은 이두복이 한글로 작성한 청원서이고 자료 중 유일하게 한글로 된 문서인데 훼손정도가 심하여 글자를 알아보기 어려운 부분이 많아 그대로 실었다. 그러나 그 내용을 러시아어로 번역하여 보고한 문서가 바로 다음인 7쪽에 실려있기에 이두복이 청원한 내용을 알 수 있다.
- 원 자료에는 도시 명인 '가미시스카는 가미시쿠카', '시스카는 시쿠카'로 표기되어 있으나 번역은 사할린 한인들이 쓰는 가미시스카와 시스카로 표기하였다.
- 번역본에 (서명, 지문)이라고 쓴 부분은 그곳에 당사자가 실제로 서명을 하였거나 지문을 찍은 부분이다.
- 원 자료가 러시아어로 되어 있고 출생지 등 한국의 지역명칭 또한 러시아어로 기록되어 있기에 우리말로 번역할 경우 정확한 명칭을 찾아내기 어려운 경우는 러시아어 발음대로 표기하였다. 이는 러시아어와 우리의 발음체계가 너무 다르기에 러시아어 글자만 가지고는 우리의 정확한 명칭을 찾기 어렵기 때문이다. 예를 들어 이두복의 한국 고향을 '춘리'로 번역하였는데 이는 우리말을 러시아어로 표기한 것을 발음대로 번역한 것이다. 우리의 이름이나 지명을 러시아어로 표기하기가 너무 어려워 나타난 현상이다.
- 번역시 이해를 돕기 위해 인명에 한해 진술조서에 쓴 서명란을 참고하여 서명자의 이름을 표기하였다. 이는 당시 한국인의 경우 대개 한국명 외에도 일본식 이름을 병행해서 쓰고 있었고 원문에는 섞여서 나오기 때문에 혼동을 방지하기 위함이다. 또한 설명이 필요할 경우에는 각주를 달았다. 이 경우 "역자"라고 표기하여 원문을 손상시키지 않도록 하였다.
- 원문 상태가 너무 훼손되어 해독이 불가능한 단어가 두 군데 있는데 이 경우에는 번역본과 탈초본에 괄호를 넣고 표시했다.

- 제1장에 학살현장 검시기록(번역본 1 – 3쪽)이 1945년 8월 30일로 기록되어 있는데 같은 날 변소에서 발견된 사체를 해부 검시한 기록(번역본 73 – 75쪽)과 함께 1946년 7월 16일 제출된다. 이는 1945년 8월 19일 가미시스카에 진주한 소련군이 위 사건을 이미 인지하고 현장검시를 하였고 그 후 1946년 이두복 사건 수사가 본격화되면서 추가로 제출되었다는 것을 의미한다.
- 원본에 오타나 오자가 있을 경우 바로잡아 탈초본에는 오타나 오자가 없도록 바로잡았다.

■ 본문에 나오는 사할린의 일본 명칭과 현 러시아 명칭 비교

- 가라후토 – 유즈노 사할린(남 사할린)
- 나이로 – 가스첼로
- 네타쓰 – 슬류쟌스카야
- 도마리오루 – 토마리
- 도요하라 – 유즈노–사할린스크
- 시리토루 – 마카로프
- 아사시(아사시에나이) – 포드고르나야
- 쿠라시 – 노버시비리스커에

- 가미시스카 – 레오니도보
- 나이카와 – 치흐메네보
- 노다 – 체홉
- 도마리키시 – 레르몬토프카
- 마오카 – 홈스크
- 시스카 – 포로나이스크
- 오치아이 – 돌린스크

■ 본 자료집에 나오는 주요인물[7)]

- 이두복(李斗福), 일본명: 구니모토 토후쿠(國本斗福) – 피고인
- 신학순(申學淳), 일본명: 히로야마 가쿠쑨 – 증인(이하 모두 증인)
- 최봉섭(崔鳳燮), 일본명: 무라카미 사부로
- 정연달(鄭然達), 일본명: 구니모토 젠타쓰
- 정연섭(鄭然燮), 일본명: 나부하타 미쓰스케
- 신춘우, 일본명: 히로야마 마사오
- 박봉춘(朴逢春), 일본명: 수니모토 하루오

7) 본 자료집의 수사기록에는 한국명과 일본명이 섞이어 쓰이기에 이를 정리하였다.

자본주의 체제로의 변화를 꾀하면서 공산주의 체제의 평등권을 인정하지 않고 공산주의 체제전복을 기도하는 국제 부르주아지세력에게 어떤 형태로든 도움을 주는 경우 또는 이러한 부르주아지에 의해 만들어진 사회단체와 조직에 직접 또는 그 영향권에 속하여 소연방에 적대행위를 하는 경우에 재산의 전체 또는 일부를 몰수하고 3년 이상의 자유를 박탈한다. 특별히 그 죄질이 중한 경우에는 사회 안전을 위한 보다 높은 조치 – 총살에 처하거나, 연방공화국 시민권을 박탈하고 인민의 적으로 선포하거나, 소연방 시민권을 박탈하고 전 재산을 몰수하며 소연방에서 추방하는 조치를 취한다.

원문: Статья 58 – 4. Оказание каким бы то ни было способом помощи той части международной буржуазии, которая, не признавая равноправия коммунистической системы, приходящей на смену капиталистической системе, стремится к ее свержению, а равно находящимся под влиянием или непосредственно организованным этой буржуазией общественным группам и организациям в осуществлении враждебной против СССР деятельности, влечет за собой лишение свободы не ниже трех лет с конфискацией всего или части имущества, с повышением при особо отягчающих обстоятельствах вплоть до высшей меры социальной защиты – расстрела или объявления врагом трудящихся, с лишением гражданства союзной республики и, тем самым, гражданства СССР и изгнанием из пределов СССР навсегда, с конфискацией имущества.

러시아연방 보안국

사할린 주 지부

1995년 10월 19일   No.

남 – 사할린스크시

1995년 10월 19일 시민 김경순의 요청에 의해, 1945년 8월 8일 극동군사관구 군사재판부에 의해 러시아사회주의연방공화국 형법 제58조 4항 위반(일본경찰의 첩자로서 일경에 적극적으로 협력하였으며, 1945년 8월 가미시스카 시에서 일본헌병들에 의해 18명의 한인이 학살된 사실을 은폐하는데 참여함)으로 판결 받은 구니모토 토후쿠(또는 이두복)의 형사사건 자료(자료번호 CY – 890) 복사본을 내주었다.

모두 234매임.

행정국 분과장   최 V.I.

23

제1장

1945년 ~ 1946년

보고서[8]

사건현장 조사

1945년 8월30일   가미시스카시

  19885부대 군 검사 대위 드미트리예프, 방첩부대 〈〈스메르쉬〉〉[9] 과
장 대위 벨라우소프, 법의학전문가 소령 차이첸코 및 일본인들의 참석
하에 이루어짐:[10]

1. 야마토 기치로, 52세, 홋카이도 출생, 1921년 니이가타시 대학 의과
   대학 졸업, 외과의사, 시스카시에 개인병원 소유.
2. 와카쓰키 쓰누이, 49세, 니이가타시 주지사 나가트카의 아들. 1923년
   니이가타시 의과대학 졸업, 외과의사, 시리토루에 개인병원 소유.
3. 후쿠이 이사오, 51세, 홋카이도 시의 오사시카보 섬에서 출생. 1915
   년 도쿄대 의과대학 졸업, 내과의사, 시스카시에 개인병원 소유.

---

8) 이 보고서는 본 번역본 73−75쪽의 사체검시해부조사보고서와 함께 소련군이
   입성한 직후인 1945년 8월 30일 조사한 자료로 가미시스카 학살사건과 관련되
   어 이두복이 본격적으로 조사받는 1946년 7월 16일 제출되나 사건의 이해를
   돕기 위해 시간 순으로 편집하였기에 별도로 앞에 배치하였다. −역자
9) 〈〈스메르쉬〉〉(СМЕРШ)는 1941−1945년 활동한 소련군 방첩부대 명칭인데
   우리말로 직역하면 〈〈간첩에게 죽음을〉〉이라는 러시아어 단어의 합성어이다. −
   역자
10) 1945년 8월 8일 대일선전포고를 한 소련은 다음날인 9일부터 북 사할린에서
    일본이 점령하고 있던 남사할린으로 파죽지세로 밀고 내려오는데 대부분의 일
    본군과 일본인들은 일본 본토로 도망하지 못하고 사할린에 갇히게 된다. 이들
    은 소·일간의 협상에 의해 1954년 대부분 일본으로 귀환하게 된다. 당시 소
    련군은 가미시스카 학살사건 현장을 조사할 때 정확성을 기하기 위해 피신하지
    못한 일본인 의사와 약사를 활용한 것이다. −역자

4. 고야마 시기토세, 49세, 니이가타시 주지사 다카타의 아들, 1924년 도쿄 제국대학 졸업, 내과의사, 시스카시에 개인병원 소유.

5. 와다 기요시, 41세, 사이타마시 주지사 카와고스의 아들, 1918년 오사카시 의학 아카데미 졸업. 시리토루시의 이노드자보 병원 부설약국 원장.

6. 다니구치 토미오, 1921년 생. 1940년 중등학교 졸업, 가라후토 도마리오루시 출생. 관료.

일본인 통역관과 정치국 중위 비리쉰 통역관이 당일 가미시스카 사건 현장 검사에 참여하여 조사과정에서 발견된 경찰서였던 건물의 기반과 잔해들을 적시하였다:

현재 불타버린 건물의 기초는 정방형으로 가로 길이(서쪽에서 동쪽으로)는 26.6m이며 세로(남쪽에서 북쪽으로)는 9.3m이다. 건물 벽은 지상에서 95cm 높이인데 창살형 구조로 얽힌 철근 콘크리트로 되어 있다.

건물 내부에는 8m 높이의 연통 3개가 있으며, 남동쪽 모서리에 있는 난로와 취사장의 기초는 철근콘크리트로 높이 1m 가로 3m이다. 오물을 퍼내는 변소의 구멍은 건물의 남쪽으로 나 있으며 변소의 깊이는 1.3m로 60cm정도가 오물로 차 있다. 남쪽 벽에 있는 변소 옆에는 3개의 울타리가 있다.

이외에도 건물 내부에는 높이 80cm의 철근콘크리트로 된 사각형 모양의 사물함이 5줄로 대칭을 이루며 놓여있다(도면 No.1 참조)[11].

건물의 마루는 두께 2.5cm의 나무이고 그 위에 조밀하고 두꺼운 짚 매트(다다미)를 깔아 놓았다. 이어지는 옆 부분은 엮은 철제에 회반죽

---

11) 도면 No.1과 No.2는 후에 분실된 것으로 보인다. 이 책 133쪽 참조. -역자

을 섞어 발라 놓은 것이다. 회반죽 벽 아래 부분에서 불에 탄 경첩, 문고리, 둥근 포켓용 손전등 등이 다수 발견되었다.

북서쪽 모서리에 발사하여 비어있는 라이플 총 탄약통 다수(백 개), 불에 탄 라이플총 총신이 발견되었다.

거리 쪽으로 나 있는 변소구멍에서 1구의 남자 사체를 꺼냈다. 그에 대한 기록, 해부조서, 사망원인에 대한 결론을 첨부하였다.[12]

건물 내부의 세 곳(변소 제외), 즉 무너진 회반죽과 밝은 회색건물의 잔해들 속에서 9구의 불탄 사체를 발견하였다. 불탄 사체들이 있는 곳은 검은 재와 사체들 밑으로 검게 그을린 회반죽을 볼 수 있다. 또 불탄 두개골 뼈, 이빨, 턱뼈, 전박 골, 손뼈, 대퇴 뼈, 복사뼈, 경추 뼈의 유골들이 있다.

1구의 사체유골은 동쪽 연통과 연결된 난로기반에서, 8구의 사체유골은 북쪽 벽과 5번째, 6번째 기둥(남쪽에서 동쪽으로 계산하여) 사이에서 발견하였다.

북쪽 벽 바깥쪽(거리 쪽)에서 다른 1구의 사체를 발견하였다. 도면 No.1번 참조.

5번째 기둥 근처에 누워있는 3구의 사체와 함께 채워져 있는 3개의 철제 수갑을 발견하였는데 열쇠는 없었다.

위 건물의 북동쪽으로, 위 건물과 평행하게 4m 떨어진 곳에 두 번째

---

12) 이 사체에 대한 검시기록은 73－75쪽 참조. 변소에서 발견된 사체 한구에 대해서만 해부 등 검시가 이루어진 이유는 다른 사체는 다 타버리고 이 사체만이 비교적 온전했기 때문이다.
   최규성은 1946년 봄경에 사할린의 코르사코프에서 살았는데 강(姜)씨라는 사람으로부터 "위 학살방화현장에서 어깨에 총상을 입고 변소를 통해 탈출하던 중한 노인이 총에 맞은 상태에서 변소 밖으로 통하는 문으로 나가려 하였으나 심한 출혈로 인해 변소 밖으로 나오지 못하고 자신만이 나온 다음, 며칠 후 소련군과 함께 변소에 가보니 머리카락이 타버린 채 죽어있는 노인을 발견하였다는 사람의 말을 들었다"고 진술하고 있다. 하야시 에이다 저, 『증언·사할린조선인의 학살사건』, 계명문화사, 1991. 173－177쪽 참조.－역자

혼적이 있다. 이 건물은 부실한 목조건물로 넓이가 5×14m였던 것으로 추정된다.

이 건물의 북동쪽 모서리에는 많은 양의 불 탄 석탄재가 있고, 서쪽에는 4구의 불 탄 사체와 함께 두개골 뼈, 턱 뼈, 대퇴 뼈, 경추 뼈 조각들이 불에 탄 채 확실하게 발견된다.

불에 타버린 이 건물의 다른 쪽에는 많은 양의 철 난로, 연통, 취사도구 등이 무질서하게 놓여 있다. 첨부. 도면 No.2번 참조.

물증으로 3쌍의 수갑을 압수하였다.

변소 구덩이에서 꺼낸 사체는 해부를 한 후 불에 탄 모든 사체 및 유골과 함께 땅에 묻었다.

조사는 선명하게 맑은 날씨에 11시부터 15시까지 진행되었다.

군 검사 : － 법무 대위 －   /드미트리예프/
방첩부대 《스메르쉬》 과장 : － 대위 －   /벨라우소프/
법의학전문가 － 소령 －   /차이첸코/

일본시민 : 1.   /와카쓰키 쓰누이/
          2.   /야마토 기치로/
          3.   /후쿠이 이사오/
          4.   /고야모 시키토세/
          5.   /와다 기요시/
          6.   /다니구치 토미오/
정치국 통역관 : － 중위 －   /비리쉰/

확실함 : －극동군사관구 방첩부대 2국 2과장
         대위   (서명)   /트라빈/

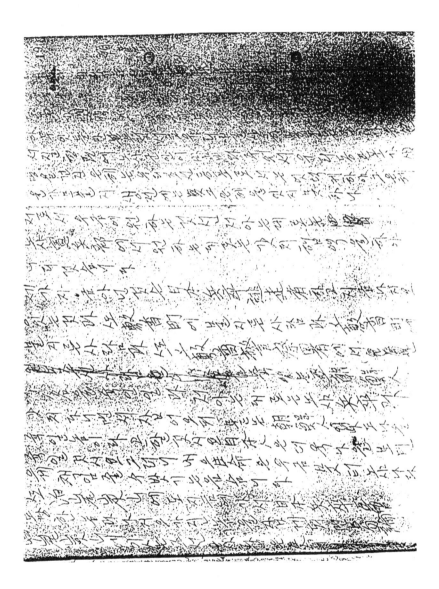

※ 위 한글문건에 대해서는 일러두기 참조.-역자

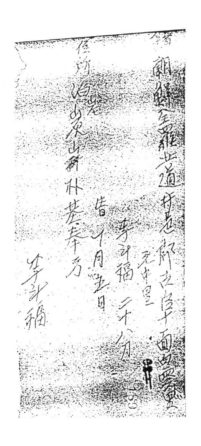

소비에트 사령부 귀중

원의서13)

본인, 한국인 이두복은 일본의 압제로부터 한국 민중을 해방시켜준 붉은 군대와 소비에트 사령부에게 감사를 표합니다. 개인적으로는 도마리키시 탄광에서 한국인들을 조롱하는 일본인들로부터 한국인들을 분리해주시길 청원합니다. 또 소비에트 민중들 중에서 통역관을 뽑아 도마리키시로 파견해 주시기 바랍니다. 이는 일본인 통역관이 한국어를 잘 알지 못하고 일본인들의 이익만을 극단적으로 대변하고 있기 때문입니다. 감사의 표시로 다음과 같은 내용을 보고합니다. 도마리키시 탄광에는 수용소에서 도망친 것이 확실한 전 일본군인 8명이 자유로운 임금 노동자와 관리자로 근무하고 있습니다. 이들의 성은 모르지만 알아볼 수 있기 때문에 소비에트 사령부에게 알려 줄 수 있습니다. 이외에도 저는 라디오수신기를 소유하고 사용하고 있는 일본인 3명의 얼굴을 알고 있습니다. 자신이 두 명의 한국인을 죽였다고 스스로 말한 일본인 하시모토가 도마리키시 탄광에서 일하고 있습니다. 현재 그는 사무소에서 일하면서 여전히 한국인들을 조롱하고 있습니다.

현재 시스카시에는 가미시스카시와 시스카시 시장을 지냈던 일본인 구니모토가 살고 있습니다. 그는 붉은 군대의 입성을 앞두고 경찰과 함께 가미시스카시와 시스카시에 대한 방화를 명령했습니다. 이에 대해 나는 개인적으로 잘 알고 있는데, 이는 그들이 이 문제를 협의할 당시

---

13) 청원서와 거의 같은 뜻으로 쓰이나 이두복이 제출한 한글원문의 제목이 원의서(願意書)라고 되어 있어 러시아어 번역도 그대로 원 제목을 사용하였으나 이하 청원서라고 번역하였다. -역자

제가 가미시스카시 유치장의 독방에 있었고 경찰과 그의 전화 통화내용을 들었기 때문입니다.

도요하라 기차역에는 소연방과 일본이 전투를 벌일 당시 일본군에서 활동했음에도 러시아군의 포로로 잡혀가지 않은 일본인 이시이가 근무하고 있습니다. 이시이에 대해서는 개인적으로 증언할 수 있습니다.

(李斗福 서명)

일본어 청원서14)를 통역관 보르쉬코가 러시아어로 번역했다. (보르쉬코 서명)

청원서를 확인함 : 극동군사관구 방첩부대 〈〈스메르쉬〉〉

1국 2과 부과장

대위　(서명)　　　　　　　　/피투호프/

---

14) 이두복이 제출한 앞의 4－6쪽의 한글문서를 러시아어 원문에는 일본어라고 잘못 표기하고 있다.－역자

(9-13쪽)

심문 조서

1945년 12월 25일   도요하라시

본인, 극동군사관구 방첩부대 《〈스메르쉬〉》 2국 3과 부과장 중위 치스노코프는 일본어 통역관 메뉴코프 게라심 미하일로비치를 통해 이날 증인을 심문했다.

구니모토 토후쿠, 한국 이름은 이두복, 1918년 생, 한국 전라북도 출생, 한국인, 문맹은 아니고 독신이며 가라후토에서 1939년부터 거주했다. 현재는 네타쓰 숙박소에서 한국인 아라이의 집에 함께 거주하고 있으며 도마리키시 탄광에서 목수로 일하고 있다.

증인 구니모토는 러시아사회주의연방공화국 형법 제95조에 의거하여 거짓증언에 대해 책임이 따름을 주지받았다. (國本斗福 서명)

통역관 메뉴코프는 러시아사회주의연방공화국 형법 제95조에 의거하여 잘못된 통역에 대해 책임이 따름을 주지받았다. (메뉴코프 서명)

질문: 어제 당신은 현재 도마리키시 탄광에서 일하고 있는 전 일본군 8인을 알고 있다고 소비에트 사령부 앞으로 청원서를 제출했습니다. 이 외에도 당신은 두 명의 한국인을 죽인 일본인 하시모토를 안다고 덧붙였습니다. 이에 관해 당신이 알고 있는 모든 사실을 자세하게 증언해주시겠습니까?

답변: 우선 나는 내가 알고 있는 전 일본군이 8인이 아니고 6인이라고 정정하고 싶습니다. 청원서에 8명이 된 것은 내가 하시모토와 이시이를 포함시켰기 때문입니다. 전 일본군 6명이 도마리키시 탄광에서 일하고 있는데, 나는 이들 중 4명이 일본군대에 있는 것을

1944년 여름 가미시스카시에서 직접 보았습니다. 나는 그들 중 현재 도마리키시 탄광에서 기관차 운전수로 일하고 있는 나카와야시라는 성을 가진 1명만을 압니다. 다른 3인의 이름은 모르지만 나는 그들의 얼굴을 잘 기억하고 있으며 가려낼 수 있습니다.

올해 10월 네타쓰 숙박소에서 이름은 모르지만 내가 잘 아는 도마리키시에서 3년을 산 한국인 한 명을 만났습니다. 내가 그와 숙박소 근처에서 이야기를 나누고 있을 때 숙박소로 한 일본인이 다가왔습니다. 나는 그를 보았고 내 동료에게 이 일본인을 아는 지, 또 이 일본인이 군인인지에 대해 물었습니다. 내 질문에 대해 동료는 이 일본인은 전 일본 군인이라고 답했습니다. 나는 그에게 이에 대해서 더 이상 묻지 않았습니다. 얼마 후 나는 도마리키시 탄광의 제재소에서 일하고 있는 이 일본인을 만났습니다.

이 외에도 도마리키시 탄광에는 일본군에서 근무했던 일본인 한 명이 더 일하고 있는데 그의 이름은 모릅니다. 나는 이에 대해 도마리키시 탄광에서 일하고 있는 한국인 인부에게서 들었습니다. 나는 이 일본인의 얼굴을 잘 알기 때문에 가려낼 수 있습니다. 그는 탄광 노동자들에게 식료품을 공급하는 상점에서 일하고 있었습니다.

일본인 하시모토에 의한 두 명의 한국인 학살에 대해 나는 다음과 같이 알고 있습니다: 올해 10월 초 나는 내가 아는 한국인 미야다의 집에 갔는데 그곳에는 그의 부인 미유코와 내가 전혀 모르는 몇 명의 한국인들이 있었습니다. 미야다와 대화가 시작되었을 때, 나는 그에게 어제 시스카에 가려고 했는데 도마리키시 기차역에 늦게 도착하는 바람에 가지 못했다고 말했습니다. 또 그 기차역에서 러시아인과 투쟁하기 위해 지난 8월에 일본군대에 들어가려고 했으나 전쟁이 일찍 끝나는 바람에 입대하지 못한 일본인 하시모토를 만났는데 그는 몇 명의 일본인과 대화를 나누고 있었다고 말했습니다. 이때 미야다의 아내가 내 말을 끊으면서 말하기를 하시모토가 자신이 한국인 두 명을 죽였다고 자기 입으로 직접 말했다고 했습니다. 그런데 한국인 두 명이 언제, 어디에서 하시모토에 의해 죽음을 당했는지에 대해서는 아무런 말도 하지 않았습니다. 이 문제에 대해 나는 더 이상 아는 바가 없습니다.

질문: 미야다 미유코가 하시모토가 두 명의 한국인을 죽인 사실에 대해 누구로부터 들어서 알게 되었는지 말하였습니까?

답변: 그녀는 이에 대해 아무 것도 말하지 않았고 나도 묻지 않았습니다.

질문: 미야다 미유코 이외에 하시모토가 두 명의 한국인을 죽였다고 직접 자기 입으로 말했다는 사실을 확증해 줄 수 있는 사람이 더 있습니까?

답변: 나는 이에 대해 확증해 줄 수 있는 사람을 더 이상 알지 못합니다.

통역관 메뉴코프가 내게 일본어로 읽어준 나의 증언조서 내용은 정확합니다.

(國本斗福, 메뉴코프 서명)

심문했음 : 극동군사관구 방첩부대 〈〈스메르쉬〉〉 2국 3과 부과장
중위　(서명)　　　　　　　　　　　　　　/치스노코프/

심문 조서

1945년 12월 26일

본인, 극동군사관구 〈〈스메르쉬〉〉 2과장 대위 멜리니코프는 일본어 통역관 메뉴코프 게라심 미하일로비치를 통해 이날 구니모토 토후쿠를 증인자격으로 심문했다.

질문: 당신의 청원서에 의하면 당신은 가미시스카시 시장인 일본인 구니모토와 시스카시 시장이 가미시스카시와 시스카시를 불태우라고 명령했다고 되어 있습니다. 이에 관해 당신이 알고 있는 모든 사실을 자세하게 증언해 주십시오?

답변: 붉은 군대가 가미시스카시와 시스카시를 점령하기 전 도시방화에 대해 내가 아는 사실은 다음과 같습니다. 1945년 8월 말 나는 가미시스카시의 다른 주민들과 함께 시리토루시로 후송되었는데 후송된 주민들은 시리토루시 학교에 머물렀습니다. 그러던 어느 날 나는 모여 있는 일군의 일본인들에게 가서 담배를 피우려고 학교 복도를 걸어가고 있었습니다. 그들의 이름은 모르지만 그들이 가미시스카시가 완전히 불에 탔기 때문에 돌아갈 필요가 없다고 말하는 것을 들었습니다. 그 일본인들 중 한 사람이 도시의 행정기관을 방화한 뒤 도시 전체를 방화하라는 구니모토 시장의 명령을 들었다고 말했습니다. 나는 제출한 청원서에 도시를 방화하라는 구니모토의 명령을 내가 직접 들었다고 했는데 이는 잘못 말한 것입니다.

시스카시의 방화에 대해서 나는 개인적으로는 아무 것도 모릅

니다. 하지만 가미시스카시에서 후송된 주민들이 시스카시의 방
화는 시스카시 시장과 경찰서장(이름은 모름)의 명령에 의해서였
다고 말하는 것을 들었습니다. 이 문제에 대해 내가 제출한 청원
서에 언급한 내용 또한 맞지 않습니다.

질문 : 일본인들이 3대의 무선 라디오수신기를 가지고 이용했는지에 대
해 아는 대로 말해 주십시오?

답변 : 도마리키시 탄광에 있던 3명의 일본인들의 무선 라디오수신기에
대해서는 다음과 같이 알고 있습니다.

도마리키시 탄광에서 일하는 윤 – 지 – 섭이라는 제가 아는 한국
인을 찾아갔을 때 우치우미라는 일본인이 살고 있는 바로 옆집에
서 라디오 소리가 나는 것을 들었습니다. 하지만 라디오수신기를
직접 본 것은 아닙니다. 단지 거리에서 이 집에서 들려오는 라디오
소리를 들었을 뿐입니다. 일본인 우치우미의 집에서 들려오는 라
디오 소리를 마지막으로 들은 것은 1945년 11월 25일입니다.

11월 10일 인 – 지 – 서라는 내가 아는 한국인 집을 찾아갔는데
그의 집에 내가 모르는 한국인이 한명 더 있었습니다. 그곳에서
대화중에 라디오 수신기만 있으면 한국에서 보내는 라디오 방송
을 들을 수 있을 거라는 이야기가 나왔는데, 그때 내가 모르는
한국인이 탄광에서 일하는 하루다라는 일본인이 라디오 수신기를
반납하지 않은 채 자주 이용한다고 말했습니다. 1945년 11월 1일
나는 도마리키시 정류장에서 기차를 타고 나이로시로 갔는데 그
때 발전소에서 일하는 이름을 모르는 일본인이 라디오수신기를
들고 이 기차의 기관차에 앉아있는 것을 보았습니다.

라디오 수신기를 들고 있는 일본인은 탄광에서 4km 떨어진 쿠
시노치 정류장에서 내렸습니다.

라디오수신기에 대한 다른 정보는 모릅니다.

질문 : 일본군과 붉은 군대가 전쟁할 당시, 당신이 청원서에 언급한 현재 도요하라 정류장에서 일하는 일본인 이시이가 일본군에서 어떤 활동을 했는지 알고 있습니까?

답변 : 일본인 이시이는 1943년 가미시스카시의 거리에서 환경미화원으로 일했습니다. 그 후 이시이는 일본군에 입대했고 나는 1944년 8월 일본군 제복을 입은 그를 마지막으로 보았고 이시이가 어느 부대 소속이었는지는 모릅니다.

1945년 9월 나는 가미시스카시에서 다시 그를 보았는데 그는 또 다시 환경미화원으로 일하고 있었습니다. 내가 이시이를 가미시스카시에서 마지막으로 본 것은 1945년 10월입니다. 그 후 이시이는 가미시스카시를 떠났고 1945년 12월 23일 도요하라시 기차역 근처에서 환경미화원으로 일하고 있는 그를 보았습니다.

이시이의 일본군대에서의 활동에 대해 더 이상 아는 바가 없습니다.

수정 합니다 : 1943년 이시이는 도마리키시에서 환경미화원으로 일했습니다.

질문 : 당신의 증언을 더 보충할 것이 있습니까?

답변 : 보충할 것이 더 이상 없습니다.

통역관 메뉴코프가 내게 읽어준 나의 증언조서의 내용은 정확합니다.

(國本斗福, 메뉴코프 서명)

심문했음 : 극동군사관구 방첩부대 〈〈스메르쉬〉〉 2과장

　　　　　 대위　　멜리니코프　　(서명)

심문 조서

1946년 6월 22일   돌린스크시

본인, 제264 우수리스크 보병사단방첩부대 《〈스메르쉬〉》 과장 대위 푸스타르나코프는 이날 1903년 출생, 한국 강원도 삼척군 근둔면 독산리 출생으로 농민, 노동자 출신이며 한국인으로 교육정도는 무이며 문맹이고 결혼을 하였고 무 당적이며 전과는 없고 남 사할린 주 돌린스크시 타르고바야 거리에 거주하며 거주지 번호는 없고 무직인 증인 최 − 봉 − 섭 또는 무라카미 사부로를 증인자격으로 심문했다.

증인은 러시아사회주의연방공화국 형법 제95조에 의거하여 거짓증언에 대해 책임이 따름을 주지받았다. (증인 崔鳳燮 서명)

심문은 통역관 체르느이쉐바 지나이다 이바노브나에 의해 일본어로 진행되었다. 통역관은 러시아사회주의연방공화국 형법 제95조에 의거하여 잘못된 통역에 대해 책임이 따름을 주지받았다. (통역관 체르느이쉐바 서명)

질문 : 당신은 한국인 구니모토 토후쿠를 압니까?

답변 : 가미시스카시의 주민인 구니모토 토후쿠를 압니다. 그와 친한 사이는 아니었고 현재도 가깝지 않습니다.

질문 : 구니모토 토후쿠와 당신의 관계는 어떤 것이었습니까?

답변 : 구니모토 토후쿠와의 관계는 평범했고 우리 사이에 어떤 사적인 이해관계도 없습니다.

질문 : 당신이 어떻게 구니모토 토후쿠를 알게 되었는지 상세하게 증언

하십시오.

답변 : 1945년 6월 이전 구니모토 토후쿠에 대해 주민들에게 들었습니다. 내가 처음 그와 만난 것은 1945년 6월 29일 내 집에서입니다. 이날 내 집에 찾아온 구니모토 토후쿠는 내가 어디서 무슨 일을 하는지 관심을 보이기 시작했습니다. 나는 아사시 마을[15]의 타카하시 데지로의 집에서 어부와 사냥꾼으로 일하고 있다고 했습니다. 그러자 구니모토는 내 일터로 자신을 데려가 달라고 부탁했습니다. 나는 국경마을에서 일을 하려면 경찰의 허가가 필요하기 때문에 지금은 일터로 데려갈 수 없다고 말했습니다.

　대화를 나누는 도중 그는 아사시 마을로부터 국경까지의 거리와 내가 이 마을에서 얼마동안 일을 했고 그 마을에서 일하는 한국인의 수가 얼마이고 언제까지 그 마을에서 일을 할 것이고 내가 언제 일하러 가는지에 대해 관심을 보였습니다. 이 질문에 대한 의문이 풀리자 구니모토 토후쿠는 내 집을 떠났습니다. 그 후 그는 날마다 두 번씩 내게 들러 자기를 내 일터로 데려가 달라고 요청하기 시작했습니다. 만남과 대화가 계속되는 동안 나는 내가 소비에트 스파이인지 아닌지를 밝히기 위해 경찰이 보낸 비밀 첩자라고 구니모토를 의심하게 되었습니다. 내 추측은 맞았습니다. 1945년 6월 30일 구니모토가 경찰과 함께 내 집에 왔습니다. 구니모토는 집 안으로 들어왔고 경찰은 집 밖에서 우리의 대화를 엿들었습니다.

　1945년 7월 2일 구니모토가 다시 내게 들렀습니다. 그때의 대화에서 나는 시스카시에서 아사시 마을로 떠나는 배 시간을 알아

---

15) 당시 소련이 점령하고 있던 북사할린과 일본 점령지역인 남사할린에 있는 국경마을이다. 즉 일본이 점령하고 있는 남 사할린의 맨 북쪽인 북위 50도 바로 밑에 있는 마을로 현재의 포드고르나야이다. -역자

보기 위해 나갈 거라고 말했습니다. 곧 구니모토는 나갔고 나는 시스카시로 가기 위해 기차역으로 갔습니다. 나는 열차에서 나를 미행하는 형사를 발견하였는데 그는 내가 시스카까지 갔다가 다시 집으로 돌아올 때까지 나를 미행했습니다. 이때 이후로 나는 구니모토가 경찰의 비밀 스파이이고 경찰서에서 일하고 있다고 확신했습니다.

질문: 당신은 언제, 왜 일본경찰에 의해 체포되었습니까?

답변: 1945년 7월 3일 오전 구니모토가 나를 찾아왔습니다. 그가 나간 후 집은 경찰들에 의해 포위되었고 수색을 한 뒤에 나를 체포해서 시스카시 경찰서로 호송했으며 1945년 7월 3일부터 8월 20일까지 감옥에 갇혀있었습니다. 나는 1945년 7월 3일부터 8월 12일까지 시스카시 경찰서 부서장이며 정치부 부장인 토다와 경찰간부인 사사키에 의해 날마다 심문을 당했습니다.

심문내용은 다음과 같습니다: 어디에 거주했고 언제 어떤 목적으로 남사할린으로 이주해 왔으며 왜 가미시스카시로 왔으며 언제부터 아사시 마을에서 일을 하고 있고 언제부터 언제까지 러시아, 중국의 어디에서 거주했으며 러시아 첩보기관의 어떤 스파이와 아사시 마을에서 만났으며 어떤 정보를 제공했는지 심문했습니다. 내가 러시아와 중국에서는 한 번도 거주한 적이 없으며 러시아 첩보기관의 그 누구도 모르고 어떤 스파이 정보도 제공한 적이 없다고 하자 그들은 내가 정신을 잃을 때까지 구타했습니다. 구타로 인해 생긴 상처로 아직도 고통을 받고 있습니다.

심문에서 그들은 내게 왜 인정하지 않느냐고 말했습니다. 이에 대해 나와 대화를 나눈 구니모토 토후쿠로부터 들어서 내가 러시아 첩보기관과 연락을 취하고 있다는 것을 이미 알고 있다고 했습니다.

1945년 8월 13일부터는 나를 심문하지 않았지만 감옥에서 풀어주지도 않았습니다. 1945년 8월 20일 붉은 군대의 입성으로 두려움에 떨던 경찰직원들과 체포된 사람들을 지키던 경비병들이 달아났습니다. 체포된 한국인 중 양섭이가 감방의 문을 부수고 열쇠를 찾아낸 뒤 체포된 사람들을 모두 풀어주었습니다.

질문: 당신은 구니모토 토후쿠의 밀고로 일본경찰에 체포된 사람을 알고 있습니까?

답변: 한국인들과의 대화로 알게 되었습니다. 이름은 모르지만 가미시스카시에 거주하고 러시아 군기관에서 통역관으로 일하는 한국인 히로야마[16]와 돌린스크시에 거주하고 제지공장에서 의용소방대원으로 근무하는 정–연–달을 압니다. 그들은 1945년 6월 19일 구니모토 토후쿠의 밀고로 일본경찰에 체포되었고 러시아 첩보기관의 조직원으로 고발되었습니다. 1945년 8월 20일 붉은 군대가 남 사할린에 입성하자 풀려났습니다.

질문: 더 증언할 내용이 있습니까?

답변: 시스카시에 거주하고 있는 한국인 신–학–순 또는 히로야마 가쿠쑨과의 대화에서 알게 된 사실인데 그는 1945년 8월 17일 경찰의 총살을 피해 도망치는데 성공했으며 당시 경찰에 의해 총살된 사람은 모두 18명이라고 합니다. 18명은 러시아 첩보기관 요원이라는 혐의로 총살되었는데 모두 구니모토 토후쿠의 밀고에 의한 것이라고 합니다. 이것이 정말 사실인지는 확증할 수 없습니다.

1946년 1월, 정확한 날짜는 기억나지 않습니다만 내가 돌린스크시에서 기차를 타고 시스카시로 갈 때 열차 안에서 구니모토 토후쿠를 만났는데, 나는 그에게 올바른 일을 찾아 성실하게 일하

---

16) 히로야마 마사오(신춘우)로 그도 증인으로서 진술한다(114 – 116쪽). –역자

며 살라고 말했습니다. 그는 내게 진실 된 삶의 길을 가고 싶다고 말했습니다. 이어지는 대화에서 그는 내게 자신의 밀고로 내가 경찰에 체포되었으니 그 자리에서 자신을 죽여 달라고 말했습니다. 더 추가할 증언은 없습니다.

조서에 써진 나의 진술은 통역관을 통해 명확하게 들었고 정확하게 기록되었습니다. (증인 崔鳳燮 서명)

통역관   (서명)   /체르느이쉐바/

심문했음 : 제264 우수리스크 보병사단방첩부대 〈〈스메르쉬〉〉 과장
          대위   (서명)   /푸스타르나코프/

심문 조서

본인, 제264 우수리스크 보병사단방첩부대 국장 소령 브도벤코는 이날 일본어 통역관 체르느이쉐바 지나이다 이바노브나를 통해 일본어로 1922년 한국 강원도 근덕 마을 출생으로 농민, 노동자 출신이고 무 당적이며 8학년까지 마쳤고 전과가 없으며 돌린스크시 타르고바야 거리 7번지에 거주하는 한국인 정 – 연 – 달, 또는 구니모토 젠타쓰를 증인 자격으로 심문했다.

증인은 러시아사회주의연방공화국 형법 제95조에 의거하여 거짓증언에 대해 책임이 따름을 주지받았다. (증인 鄭然達 서명)

통역관 체르느이쉐바는 증인 정 – 연 – 달 또는 구니모토 젠타쓰 진술의 잘못된 통역에 대해 러시아사회주의연방공화국 형법 제95조에 의거하여 책임이 따름을 주지받았다. (통역관 체르느이쉐바 서명)

질문: 당신은 한국인 구니모토 토후쿠를 압니까?

답변: 한국인 구니모토 토후쿠와 1944년 6월부터 알고 지냈습니다. 가미시스카시에서 그와 알게 되었는데 당시 나는 일본어로 호쿠우뉴라고 하는 운송회사 중 한 지부에서 화물차 운전수로 일하고 있었습니다. 그리고 구니모토 토후쿠도 당시 가미시스카시에 거주하면서 하청업자로 일하고 있었고 20명의 계절노동자를 데리고 있었으며 대규모로 운영하는 관청하청업자 엔도에게서 재하청을

받고 있었습니다. 나는 옆집에 살면서 자주 우리 집에 찾아왔던 구니모토 토후쿠를 잘 압니다.

질문 : 구니모토 토후쿠와 당신의 관계는 어떤 것이었습니까? 둘 사이에 어떤 이해관계가 있었습니까?

답변 : 구니모토 토후쿠와의 관계는 평범했고 우리 사이에 어떤 사적인 이해관계도 없습니다.

질문 : 당신은 언제, 왜 일본경찰에게 체포되었습니까?

답변 : 1945년 6월 19일 나는 가미시스카시에서 경찰들에게 체포되었습니다. 잠깐 동안 나를 심문한 뒤에 시스카시의 감옥으로 이송했으며 1945년 8월 20일까지 감옥에 갇혀있었는데 붉은 군대에 의해 풀려났습니다. 나는 소비에트 첩보기관의 기관원이라는 이유로 체포되었습니다. 나는 매일 밤마다 심문을 당했습니다. 시스카시 경찰서 특수부의 부장이며 부서장인 토다와 경찰간부인 형사 사사키에 의해 비인간적인 폭력을 당했습니다. 토다와 사사키는 심문에서 내가 소비에트 첩보기관의 기관원이 아님에도 불구하고 기관원이라는 자백을 받아내려고 했습니다. 나는 강하게 부인했습니다. 내가 어떤 첩보기관에도 소속되어있지 않다고 강력하게 부인할 때 토다와 사사키는 소비에트 연방을 위해 내가 스파이 활동을 한 사실을 구니모토 토후쿠가 밀고했다고 말했습니다. 그때 나는 내가 구니모토 토후쿠의 밀고로 체포되었음을 확실히 알게 되었습니다.

나는 체포되기 전의 상황을 되 집어 보았습니다. 내가 체포되기 얼마 전에 구니모토 토후쿠는 대화를 할 때마다 자주 한국으로 떠나자고 나를 선동했습니다. 남 사할린에는 폭탄이 투하될 지도 모른다고 했습니다. 이 말을 듣고 어느 날 나는 취기에 농담을 했습니다. 만일 남 사할린에 폭탄이 투하되면 나는 폭탄이 투하되지 않은 북 사할린으로 도망갈 거라고 말했습니다. 나와 구니모토 토후쿠와의 이 대화를 경찰이 완전하게 재연해주었습니다.

질문 : 당신은 구니모토 토후쿠의 거짓밀고로 일본경찰에 체포된 사람을 알고 있습니까?

답변 : 구니모토 토후쿠의 거짓밀고로 체포된 사람 중 당시 가미시스카시에 거주하던 히로야마 마사오와 돌린스크시에 거주하면서 제지공장에 근무하는 정 – 연 – 섭, 또는 나부하타 미쓰스케 그리고 돌린스크시에 거주하는 내 삼촌 최 – 봉 – 섭 또는 무라카미 사부로를 압니다.

　이외에 가미시스카시에서 구니모토 토후쿠의 거짓밀고로 일본 경찰에게 체포된 한국인은 20명이며 그 중 18명이 총살되었고 두 명은 살아남았습니다. 그들 중 한명의 한국이름은 모르지만 일본 이름이 히로야마 마사오로 총살을 피해서 도망을 쳤고[17] 또 다른 한명은 신 – 학 – 순 또는 히로야마 가쿠쏜으로 부상만 당하고 살아 있었는데 들키지 않고 있다가 경찰들이 다 떠난 뒤에 도망을 쳤습니다. 1945년 9월 가미시스카시에서 신 – 학 – 순을 만났을

---

17) 히로야마 마사오(신춘우)는 당시 시스카시의 감옥에 갇혀 있다 1945년 8월 20일 소련군대가 입성하면서 풀려난 사람으로 가미시스카시 학살현장에서 탈출한 사람이 아니다(신춘우 중인진술 114 – 116쪽 참조). 정연달의 중인진술에서 중요한 문제점 하나가 해결된다. 즉 하야시 에이다이는 증언을 토대로 쓴 그의 저서 『증언 · 사할린조선인의 학살사건』에서 증언에 의하면 가미시스카 학살현장에서 도망쳐 살아난 사람의 이름이 너무나 많아 조사에 어려움을 호소하고 있다. 이러한 현상은 정연달의 진술에서와 같이 가미시스카 학살에 대해 듣고 전달한 사람이 마치 그곳에서 살아난 사람으로 다시 다른 사람에게 회자되었기 때문이다. 하야시 에이다이는 신정수라는 사람이 가미시스카 학살현장에서 총을 맞고 탈출하였고 소련군이 입성하자 러시아어 통역을 하였으며 민족학교 선생을 지내다 북한으로 귀국했다고 적고 있는데 그 내용으로 보아 신정수는 신춘우가 확실하며 신춘우는 들은 얘기를 전달한 사람인데 학살사건이 회자되는 가운데 그가 탈출한 사람으로 둔갑된 것이다. 증언에 의하면 학살현장에서 탈출한 사람이 너무 많은 이유가 바로 여기에 있다. – 역자

때 그는 20명의 한국인을 총살시키는 현장에 구니모토 토후쿠가 있었다고 말했습니다. 한국인 히로야마 마사오와 신 – 학 – 순은 현재 시스카시에 거주하고 있습니다.

조서는 나에게 통역관 체르느이쉐바를 통해 명확하게 읽혀졌고 나의 진술은 정확하게 기록되었습니다. (증인 鄭然達 서명)

제264 우수리스크 보병사단방첩부대 통역관   (서명) /체르느이쉐바/

심문했음 : 제264 우수리스크 보병사단방첩부대 국장
        소령   (서명)   /브도벤코/

심문 조서

1946년 6월 29일   돌린스크시

본인, 제264 우수리스크 보병사단방첩부대 〈〈스메르쉬〉〉 국장 소령 브도벤코는 이날 일본어 통역관 체르느이쉐바 지나이다 이바노브나를 통해 1917년 한국출생으로 농민출신이고 무 당적이며 한국어 수업으로 5학년까지 마쳤고 전과가 없으며 독신으로 남 사할린 홈스크 지역 쿠라시 마을에 거주하는 한국인 구니모토 토후쿠를 증인자격으로 심문했다.

증인은 러시아사회주의연방공화국 형법 제95조에 의거하여 거짓증언에 대해 책임이 따름을 주지받았다. (증인 國本斗福 서명)

통역관 체르느이쉐바는 잘못된 통역에 대해 러시아사회주의연방공화국 형법 제95조에 의거하여 책임이 따름을 주지받았다. (통역관 체르느이쉐바 서명)

질문: 당신의 노동활동에 대해 구체적으로 진술하시오?

답변: 7살부터 학교에 다니기 시작했고 1929년 5학년을 마친 후 1934년까지 농사일을 했습니다. 1934년부터 1937년까지는 기시 - 기 - 오산이라는 한국인에게서 날품을 팔았고, 1940년 이전에는 한국인 이 - 갑 - 수에게서 날품을 팔았습니다. 1940년 6월에 한국을 떠나 남 사할린의 도마리키시로 와서 1942년 10월까지 탄광의 잡역인부로 일했습니다. 1942년 10월에 가미시스카시로 이주했고 1943년 12월 이전에는 집에서 돼지 열 마리를 기르면서 다른

일은 하지 않았습니다. 1943년 12월 가미시스카에서 잡역인부로 일하기 시작했고 1944년 5월 이전까지 일했습니다. 1944년 5월에 나이카와 마을에 사는 도이라는 일본인에게 농업노동자로 일하러 들어갔습니다. 그에게서 1944년 6월 20일 이전까지 일을 했습니다. 그 후에는 가미시스카시로 돌아와서 1944년 8월 말까지 일본인 야마와키 밑에서 하청업자로 일했습니다. 1944년 9월 1일부터 1944년 10월말까지 일본인 다나카에게서 하청업자로 일을 했습니다. 1944년 11월 1일부터 1944년 12월말까지는 일본인 엔도의 하청업자로 일을 했습니다. 1945년 1월부터 1945년 4월 이전까지는 아무데서도 일을 하지 않았고 1945년 4월 1일부터 1945년 5월까지 삼림지역에 들어가서 목재를 가공하는 노동자로 일했습니다. 1945년 5월부터 1945년 6월 29일까지 가미시스카시의 신작로 보수공사와 관련된 하청업자로 일했습니다. 1945년 6월 29일 가미시스카 경찰에게 체포되었습니다.

질문 : 당신은 왜 1945년 6월 29일 가미시스카시에서 체포되었고 언제까지 체포되어 있었습니까?

답변 : 시스카시에서 살던 일본인 나리타에게 하청자금으로 7천 엔을 빌린 후 속였다는 죄로 체포되었습니다. 나는 1945년 6월 26일부터는 내가 데리고 있던 노동자들에게 돈을 지불해야만 했기에 노동자들에게 돈을 지불하고서 일본인 기타야마에게서 일을 하기 시작했습니다. 그러자 나리타가 내가 빌려간 돈 7천 엔을 돌려달라고 요구했고 나는 그에게 돈이 없어서 2천 엔 만을 돌려주었다는 이유로 체포되었습니다. 1945년 8월 16일 이전까지 가미시스카시의 경찰서감옥에 갇혀 있었는데 1945년 8월 16일 성이 기오모쿠라는 경찰이 나를 감옥에서 풀어주었습니다. 1945년 8월 17일 붉은 군대의 입성이 임박해지자 도주하려고 가미시스카시의 경찰

9명은 차를 타고 시스카시로 떠났습니다.

질문 : 당신은 감옥에서 풀려나면서 가미시스카시에서 그냥 살았습니까, 아니면 다른 곳으로 이주했습니까?

답변 : 내가 감옥에서 풀려날 때 경찰간부 미야지마는 1945년 8월 17일 시스카시의 경찰서로 출두하라고 했고 나는 그렇게 했습니다. 내가 시스카시의 경찰서에 출두하자 경찰간부 미야지마는 다음날인 8월 18일 경찰서에 들르라고 말했습니다. 1945년 8월 18일 내가 경찰서에 출두했을 때 가미시스카시의 경찰들은 자신의 물건들을 가지러 가미시스카시로 떠날 준비를 하고 있었습니다. 나는 내 옷가지들을 챙기기 위해 나도 가미시스카로 데리고 가달라고 미야지마에게 부탁했지만 그는 거절했습니다. 그래서 나는 마지막으로 다른 경찰간부인 사사야에게 가서 내 옷을 챙기기 위해 나도 경찰들과 함께 가미시스카시로 갈 수 있도록 허락해달라고 부탁하자 그가 허락해주었습니다. 가미시스카에 도착한 나는 옷을 챙겨 차로 왔고, 경찰들도 자기들의 짐을 챙겨 와서 우리는 함께 차를 타고 시스카시로 되돌아왔습니다.

질문 : 당신은 1945년 8월 16일 경찰에서 풀려났고 8월 18일 이전까지 일을 하다가 가미시스카시의 경찰들이 도주할 때 그들과 함께 도주했다고 증언했습니다. 그런데 왜 당신은 경찰을 떠나지 않았나요. 그들과 어떤 관계를 가지고 있었던 것 아닌가요?

답변 : 예, 1945년 8월 16일 풀려난 후인 1945년 8월 17일이나 18일에 자유롭게 경찰을 떠날 수는 있었지만 그들이 나를 체포할까봐 두려웠습니다. 1945년 8월 18일 가미시스카시와 시스카시의 경찰은 홋카이도로 도망가고 싶어 했습니다. 나도 경찰과 함께 도망갈 계획이었습니다.

질문 : 당신은 체포되어 있을 때 경찰을 위해 어떤 봉사를 했는지 진술하

시오?

답변: 가미시스카시 경찰에 체포되어 있을 때 경찰간부 사사야가 나를 5-6번 한국인 무라카미의 집으로 파견했습니다. 스파이 혐의로 체포된 한국인 구니모토와 무라카미가 어떤 관련이 있는지를 알아내는 것이 임무였습니다. 사사야와 미야지마는 일본어로 무라카미와 대화를 나누라고 명령했습니다. 나와 함께 기오고쿠를 파견했습니다. 나는 무라카미의 집에 들어가서 일본어로 대화를 나누었으며 경찰 기오고쿠는 거리에서 우리의 대화를 엿들었습니다. 그 후 나는 무라카미와 나의 대화의 내용을 모두 경찰서 부서장 니시무라에게 보고했고 무라카미는 나의 밀고에 의해 체포되었습니다.

조서는 통역관 체르느이쉐바를 통해 명확하게 읽혀졌고 나의 증언은 정확하게 기록되었습니다. (증인 國本斗福 서명)

제264 우수리스크 보병사단방첩부대 통역관

(서명) /체르느이쉐바/

심문했음 : 제264 우수리스크 보병사단방첩부대 〈〈스메르쉬〉〉 국장 소령 (서명)

/브도벤코/

심문 조서

1946년 7월 4일   돌린스크시

　본인, 제264 우수리스크 보병사단방첩부대 국장 브도벤코는 이날 일본어 통역관 체르느이쉐바 지나이다 이바노브나를 통해 일본어로,
　한국 전라도 고흥면 출생으로 농민, 노동자 출신이며 글을 조금 알고 무 당적이며 전과는 없고 시스카시 타르고바야 거리 5번지에서 거주하는 1901년생 한국인 히로야마 가쿠쑨 또는 신-학-순[18]을 증인자격으로 심문했다.

　증인은 러시아사회주의연방공화국 형법 제95조에 의거하여 거짓증언에 대해 책임이 따름을 주지받았다. (申學淳 서명)

　통역관 체르느이쉐바는 러시아사회주의연방공화국 형법 제95조에 의거하여 잘못된 통역에 대해 책임이 따름을 주지받았다. (체르느이쉐바 서명)

질문: 한국인 구니모토 토후쿠를 압니까?
답변: 한국인 구니모토 토후쿠를 잘 몰랐고 잘 모릅니다. 개인적으로 그를 한 번도 본 적이 없지만 다른 한국인들로부터 들었습니다. 나와 함께 체포된 모든 한국인들이 구니모토 토후쿠의 밀고로 체포되었습니다.

---

18) 신학순은 1946년 말 시스카(포로나이스크)에서 사망한다. 본 번역집 226-227쪽, 이화섭의 증언 참조.-역자

질문 : 당신은 누구에게 언제 왜 체포되었습니까?

답변 : 1945년 8월 16일 밤 가미시스카시에 있는 한국인 다나카 분키치의 집에서 경찰에 의해 체포되었습니다. 나는 체포될 당시에는 (한 단어가 식별 불가능함 – 역자) 한국인 다나카의 집에 있던 나와 다른 한국인들이 왜 체포되었는지 몰랐으나 1945년 8월 16일 유치장에서 한국인 야마모토와 미쓰야마가 나에게 말해서 알게 되었습니다. 우리 모두 1945년 8월 16일 한국인 구니모토 토후쿠가 밀고해서 체포되었다고 했습니다. 그날 다나카의 집에서 집주인 다나카와 이토, 야마모토, 미쓰야마와 함께 술을 마시고 있을 때 구니모토 토후쿠가 들어왔습니다.

술잔치가 벌어지고 있는 것을 본 구니모토는 왜 일을 하지 않고 술을 마시냐고 말했습니다. 지금은 절대 놀고 있을 때가 아니라고 했습니다.

집주인 다나카와 손님 이토, 야마모토와 미쓰야마는 구니모토에게 함께 술을 마시자고 권했지만 거절하면서 집을 나갔습니다. 구니모토가 나가자마자 다나카의 집으로 경찰이 한 명 나타났는데 그를 이토, 야마모토, 미쓰야마가 보았습니다. 우리가 체포되어 경찰서에서 조사를 받을 때 한 경찰관이 다나카를 가리키면서 〈〈네가 주모자군, 네 집에서 한국인들이 모여 스파이 짓을 꾸미는 군〉〉이라고 했습니다. 그 후 한국인 이토, 야마모토, 미쓰야마는 구니모토 토후쿠에 대해 말하면서 우리 모두 구니모토 토후쿠의 밀고로 체포된 것이 분명하다고 말했습니다.

질문 : 1945년 8월 16일 체포된 모든 한국인들의 성을 말해보시오.

답변 : 1945년 8월 16일 다나카의 집에서 체포된 한국인들은 다음과 같습니다: 1. 주인 다나카, 2. 그의 아들 다나카 이치로, 3. 야마모토 이치로, 4. 이토 사부로, 5. 미쓰야마 사부로, 6. 호시야마, 이름은

모릅니다, 7. 나, 신 - 학 - 순.

질문 : 당신은 당신의 조서에 기록된 한국인들이 심문을 당했다고 확증할 수 있습니까? 만일 확증한다면 누가 무엇에 대해 심문했습니까?

답변 : 체포된 우리 중 누구도 심문을 당하지 않았습니다. 우리 7명 이외에 11명의 한국인이 더 체포되어 있었습니다. 1945년 8월 17일 가미시스카의 경찰은 체포된 사람들을 2명씩 유치장에서 끌고나가 같은 건물의 다른 한 감방에 넣고 사격하기 시작했습니다. 그런 식으로 16명이 총살되었습니다. 나는 가슴과 팔에 부상을 입었지만 총살된 사람들과 함께 누워있어서 그들이 나를 보지 못했기 때문에 살아남았습니다. 이 흉악스런 범죄를 끝낸 뒤에 가미시스카시의 경찰은 경찰서건물에 방화를 했습니다. 이때 나는 마지막 힘을 다해 창문을 통해 뛰쳐나갔고 1945년 9월 6일까지 숲속에서 숨어 지냈습니다. 그래서 1945년 8월 19일 가미시스카시가 붉은 군대에 의해 점령된 것을 몰랐습니다. 이름은 모르지만 체포된 사람 중 성이 와타나베라는 한국인도 사살현장에서 도망을 쳤습니다. 이에 대해 내가 아는 가미시스카 출신의 카네야마가 와타나베를 만나 얘기를 들었다고 1945년 11월 나에게 말했습니다. 물론 나는 체포된 이후 즉 1945년 8월 16일부터 와타나베를 만난 적도 없고 현재 그가 어디에 살고 있는지도 모릅니다. 조금 전에 내가 언급한, 나와 함께 체포된 한국인들 다나카 분키치, 그의 아들 다나카 이치로, 야마모토 이치로, 이토 사부로, 미쓰야마 사부로와 호시야마는 1945년 8월 17일 가미시스카시의 경찰에 의해 총살되었습니다.

질문 : 가미시스카시의 경찰관들 중 누가 체포된 한국인들에게 총을 쏘았는지 자세히 말해주십시오?

답변 : 체포된 한국인들은 두 명의 경찰관에 의해 총살되었는데 그들의
이름은 모르고 얼굴도 기억하지 못합니다.

질문 : 이 두 명의 경찰관들 중에 구니모토 토후쿠는 없었습니까?

답변 : 없었습니다. 두 명의 경찰관은 일본인이었습니다.

질문 : 증언 내용에 더 보충할 것이 있습니까?

답변 : 증언 내용에 더 보충할 것이 없습니다.

통역관이 읽어준 내 증언조서는 정확하게 쓰여졌습니다.

(申學淳 서명)

통역관　(체르느이쉐바 서명)

심문했음 : 제264 우수리스크 보병사단방첩부대 국장

소령　(서명)　　　　　　　　　　/브도벤코/

보고서

(체포에 관한 건)

돌린스크시   1946년 7월 4일

  본인, 제264 우수리스크 보병사단방첩부대 상급수사관 대위 아멜리 차코프는 1917년 한국출생으로 농민출신이고 무 당적, 보통학교 5학년을 마쳤으며 독신으로 유죄판결을 받은 적이 없고, 남 사할린 홈스크 지역 쿠라시 마을에 거주하는 구니모토 토후쿠의 범죄행위에 대한 제264 우수리스크 보병사단방첩부대 서류들을 검토했다.

인정내용:

  구니모토 토후쿠는 1945년 남 사할린의 가미시스카시에 거주하면서 남 사할린 일본경찰에 협력하였고 스파이활동을 하면서 남 사할린에 거주하는 한국인들을 일본경찰에게 밀고했다. 1945년 6월부터 붉은 군대가 가미시스카시에 입성할 때까지 구니모토 토후쿠는 가미시스카시의 일본경찰에게 소비에트 첩보기관과 연결을 가지고 있다고 거짓으로 수십 명의 한국인을 밀고했다.

  붉은 군대가 가미시스카시를 점령하기 전에 가미시스카시의 일본경찰은 구니모토의 밀고로 소비에트 스파이라는 이유로 18명의 한국인을 총살시켰다.

조치의견:

  홈스크 지역 쿠라시 마을에 거주하는 구니모토 토후쿠를 체포하고

심문한다.

　본 서류의 사본은 극동군사관구 〈〈스메르쉬〉〉 특수수사대와 제264 우수리스크 보병사단방첩부대 군 검사에게 송부한다.

제264 우수리스크 보병사단방첩부대 상급수사관
　　　대위　　(서명)　　　　　　　　　　　　아멜리차코프

보고서

(처벌조치에 관한 건)

1946년 7월 4일   돌린스크시

　본인, 제264 우수리스크 보병사단방첩부대 상급수사관 대위 아멜리 차코프는 1917년 한국출생으로 농민출신이고 무 당적으로 보통학교 5학년을 마쳤으며 독신으로 전과는 없고, 남 사할린 홈스크 지역 쿠라시 마을에 거주하는 구니모토 토후쿠에 대한 수사서류들을 검토했다.

인정내용:

　증거자료에 의하면 러시아사회주의연방공화국 형법 제58조 4항을 위반한 구니모토 토후쿠의 범죄행위가 충분히 인정된다. 위에 기술한 내용과 러시아사회주의연방공화국 형사소송법 제145와 제158조에 의거할 때 현재 자유 상태에 있는 구니모토 토후쿠는 증거인멸과 도주의 우려가 있다고 인정된다.

조치의견:

　구니모토 토후쿠의 증거인멸과 도주의 우려를 방지하기 위하여 수색, 체포하고 극동군사관구 제264 우수리스크 보병사단방첩부대 구치소에 감금한다. 그리고 이러한 행위가 러시아사회주의연방공화국 형사소송법 제146조에 의거하였음을 체포된 자에게 고지하고 서명을 받는다.
　본 서류의 사본은 러시아사회주의연방공화국 형사소송법 제160조에 따라 제264 우수리스크 보병사단 군 검사와 극동군사관구 방첩부대 특

수수사대에 송부하고, 체포된 자의 구치소 구금절차 처리를 위해 구치소 책임자에게 송부한다.

제264 우수리스크 보병사단방첩부대 상급수사관
    대위   (서명)   아멜리차코프

본 서류는 통역관 체르느이쉐바 지나이다 이바노브나에 의해 1946년 7월 5일 19시에 나에게 공지되었다. (國本斗福 서명, 체르느이쉐바 서명)

극동지역전선 방첩부대 스메르쉬 행정국

1946년 7월 6일부터 효력 발생[19]

영장 No. 3

1946년 7월 5일 교부됨

제264 보병사단 방첩부대 《《스메르쉬》》의 기관원 아멜리차코프에게 1917년생 한국인 구니모토 토후쿠의 체포와 압수수색을 수행할 것에 대하여 1946년 7월 5일 제264 보병사단 군 검사에 의해 승인되었음.

(영장 발부자의 서명)

본 영장은 1946년 7월 5일 19시 통역관 체르느이쉐바가 구니모토 토후쿠에게 고지하였다.

(國本斗福 서명)

---

19) 영장 No.3의 효력은 1946년 7월 6일자로 발생한다고 되어 있으나 이두복이 서명한 날짜와 시간으로 볼 때 영장이 발급된 1946년 7월 5일 저녁 압수수색과 체포는 긴급하게 이루어진 것으로 보인다. -역자

수색 보고서

본인, 제264 우수리스크 보병사단방첩부대 상급수사관 대위 아멜리차코프는 제264 우수리스크 보병사단방첩부대 〈〈스메르쉬〉〉의 영장 No.3에 의거하여 1946년 7월 5일 구니모토 토후쿠에 대한 압수수색을 진행했다.

압수수색을 진행할 때 중사 베레진 미트로판 안토노비치와 니토마쉬 알렉산드르 스테파노비치가 참석했다.

영장에 있는 지시에 따라 구니모토 토후쿠를 체포했다.

제264 보병사단방첩부대 〈〈스메르쉬〉〉에 다음과 같이 보고한다:

압수목록
물건, 귀중품, 서류

수색 시 아무 것도 발견되지 않았다.

수색의 비정당성에 대한 항의나 물건, 귀중품과 서류의 분실에 대한 항의는 없었다.

(베레진 서명)

(니토마쉬 서명)

(통역 체르느이쉐바 서명)

(수색 수행자 아멜리차코프 서명)

(國本斗福 서명)

피체자 신분카드

질문	답변
1. 성	구니모토, 이 – 두 – 복이라고도 함
2. 이름, 부칭	토후쿠
3. 생년월일	1917년 한국 전라도 춘리 출생
4. 거주지(상세주소)	남 사할린주 홈스크 지역 쿠라시 마을
5. 직업	노동자
6. 직장의 위치와 체포 시까지 근무기간	홈스크 노동자콤비나트: 노동자 – 어부
7. 민족	한국인
8. 시민권(여권 미 보유 시 시민권이나 그와 유사한 단어가 기록된 증명서를 제출하면 시민권 증명을 할 수 있다)	일본시민, 여권 없음
9. 당적	없음
10. 교육정도나 전공(최종학력을 필히 명시할 것)	한국 보통 학교 5학년, 노동자
11. 사회적 출신(부모의 직업)	농민
12. 재판회부(재판이나 심리를 받은 적이 있는지, 있다면 언제, 어디서, 왜, 선고 내용)	재판에 회부된 적 없음
13. 구류(어떤 죄목으로 어떤 성으로, 어떤 기관에 의해, 언제를 자세하게)	정보 없음

14. 가족 구성

가족 성원	성, 이름과 부칭	생년월일	출생지	거주지, 직업과 직위
아버지	없음			
어머니	김 – 독 – 녀	1888	한국 전라도 춘리	한국 전라도 춘리, 농민
부인(남편)	없음			
자녀	없음			
형제자매				

(李斗福 지장, 서명)

15. 초상

1. 키: 작음(155 – 164cm)
2. 체형: 마른 편
3. 어깨: 처진 편
4. 어깨: 긴 편
5. 머리카락 색: 검정색
6. 눈동자 색: 검정색
7. 얼굴: 계란형
8. 이마: 높은 편
9. 눈썹: 활 모양
10. 코: 작음. 콧등: 안쪽으로 구부러짐
11. 입: 작음
12. 입술: 두꺼움
13. 턱: 곧음
14. 귀: 작음. 귀볼: 유착
15. 특별한 특징: 없음
16. 다른 특징이나 습관: 없음

16. 체포 시기 : 1946년 7월 5일, 1946년 7월 5일자 영장 No.3
17. 체포 근거 : 1946년 7월 4일자 보병사단방첩부대의 체포명령
18. 명령한 자 : 제264 우수리스크 보병사단방첩부대

신분카드는 극동군사관구 방첩부대 남사할린 지부 구치소에서 제264
보병사단방첩부대 상급수사관 대위 아멜리차코프에 의해 작성되었음.

(아멜리차코프 서명)

소연방 인민방위위원회
제2극동전선 방첩부대 스메르쉬 행정국

심문 조서

사건 No.＿＿＿

7월 5일

본인, 상급수사관 대위 스테클로프는 피의자를 심문했음.

1. **성** : 구니모토, 또는 이－두－복
2. **부칭** : 토후쿠
3. **생년월일** : 1917년
4. **출생지** : 한국 전라도 춘리
5. **거주지** : 남 사할린 주 마오카 지역의 쿠로시 마을
6. **국적, 시민권** : 한국, 일본시민
7. **여권** : 없음
8. **직업** : 마오카 어업콤비나트, 어부
9. **사회적 출신성분** : 농민
10. **혁명 이후 사회적 위치** : 노동자
11. **가족 구성원** : 독신. 어머니 김－독－녀, 1888년 생, 한국 전라도 춘리에 거주하며 농민.
12. **교육** : 한국 보통학교 5학년
13. **당적** : 무 당적
14. **유죄판결 경력** : 없음

15. 수상 경력 : 없음

16. 예비군 등록과 등록 장소 : 없음

17. 붉은 군대에서 근무경력 : 없음

18. 백군이나 다른 군대에서의 활동경력 : 없음

19. 폭동, 조직이나 봉기에 참가경력 : 없음

20. 사회－정치 활동경력 : 없음

피체자와 통역관의 서명

피의자(증인) 구니모토 토후쿠 또는 이-두-복의 진술

1946년 7월 5일   돌린스크시

심문은 19시 20분에 시작

질문: 당신은 어떤 언어로 진술하기 원합니까?
답변: 일본어를 잘하기 때문에 일본어로 진술하기 원합니다.

심문은 통역관 체르느이쉐바 지나이다 이바노브나에 의해 일본어로
진행되었다.
피의자에게 통역관 체르느이쉐바의 통역을 신뢰하겠느냐고 묻자 신
뢰한다고 답했다. (國本과福 서명)

통역관 체르느니쉐바 지나이다 이바노브나에게 피의자 진술 통역에
책임이 따른다는 것을 러시아사회주의연방공화국 형법 제95조에 의거
하여 주지시켰다. (체르느이쉐바 서명)

질문: 당신은 누구와 일본경찰의 스파이활동을 하겠다는 동의와 약속을
하였습니까?
답변: 1945년 6월 가미시스카 경찰서감옥에 감금되어 있을 때입니다.
정확하게는 기억나지 않지만 1945년 6월 28일 저녁에 감옥에 있
는데 정치범 담당 상급수사관인 사사야가 나를 사무실로 불렀습
니다. 내가 사사야의 사무실에 도착하자 나에게 관청하청업자 나
리타(이름은 모르겠음)의 돈을 빌려 쓰고 갚지 않은 죄를 저질렀

기에 재판에 회부되어 책임을 져야만 한다고는 말했습니다. 그런데 관청하청업자 나리타에게 돈을 갚거나 또는 그들이 주는 임무를 수행하면 재판에 회부하지 않겠다고 했습니다. 나는 갚지 않은 돈 때문에 재판에 회부되는 것이 두려워 일본경찰에게 협력을 하겠다고 동의했습니다. 그렇게 1945년 6월 28일부터 나는 일본경찰의 스파이로 활동하게 되었습니다.

질문 : 일본경찰의 누구에게 일본경찰에게 협력한다는 것을 서명해 주었습니까?

답변 : 일본경찰에 협조한다는 것에 대해 문서로 작성서명하지는 않았습니다. 하지만 1945년 6월 28일 저녁 나는 경찰 사사야에게 일본경찰의 이익을 위해 공식적 협력자로 활동하겠다는 구두동의와 약속을 하였습니다. 내가 협력자로 일할 것에 동의하자 일본경찰 사사야는 나에게 내가 할 일에 대해 구두로 상세한 지시를 내렸는데 그것은 한국인들 중 반일선동과 소비에트 스파이활동을 하는 자들을 찾아내라는 것이었습니다.

질문 : 일본경찰들 중 누구와 연계해서 스파이활동을 했는지 진술해주십시오?

답변 : 일본경찰의 스파이로 활동을 할 때 나는 정치범 담당 상급수사관인 일본경찰 사사야와 직접적인 연결을 갖고 있었습니다. 그로부터 지시를 받고 그에게 내가 수행한 임무를 보고했습니다.

질문 : 당신은 일본인 사사야로부터 어떤 임무를 부여받았는지 구체적으로 말하십시오?

답변 : 사사야로부터 다음과 같은 임무를 부여받았습니다. 가미시스카시에 살고 있는 한국인 무라카미에 대해 알아내라는 임무를 부여받았습니다. 그는 소비에트 연방을 위해 스파이 활동을 한다고 의심을 받아서 투옥된 한국인 구니모토(이름은 모름)와 관계가 있다

고 했습니다. 이 임무를 수행하기 위해서 일본인 사사야는 한국인 무라카미(이름은 모름)를 만나서 내가 취해야 할 행동에 대해 자세히 알려주었습니다. 구체적인 지시를 받은 나는 1945년 6월 28일부터 1945년 7월 3일까지 여러 차례에 걸쳐 한국인 무라카미의 집을 찾아가서 소비에트 연방으로 넘어가려는 나에게 도움을 달라고 부탁했고 무라카미는 그렇게 하겠다고 했습니다. 이에 대해 나는 일본인 사사야에게 1945년 7월 3일 보고했고 나의 밀고로 무라카미는 일본경찰에게 체포되었습니다. 무라카미의 집에서 그와 대화를 나눌 때 나는, 사사야가 나에게 알려준 대로, 소련 첩보원인 것처럼 행세하며 무용담을 말했습니다. 그렇기 때문에 무라카미는 내가 사할린에서 소비에트 연방으로 넘어갈 수 있도록 도움을 주겠다고 동의한 것입니다. 하지만 나는 소비에트 연방의 첩보원으로 활동한 적이 한 번도 없습니다. 무라카미는 한국인 구니모토[20]와 연결되어 있다는 사실은 부인했습니다.

심문은 1946년 7월 5일 24시에 끝났다.

조서는 통역관 체르느이쉐바가 내게 읽어 주었고 내 진술은 정확하게 기록되었다.

國本斗福과 통역관의 서명

심문했음 :

    제87군단 방첩부대 상급수사관   대위   스테클로프 (서명)
    제264 보병사단방첩부대 상급수사관   대위   아멜리차코프 (서명)

---

20) 이 사람은 구니모토 토후쿠(이두복)와는 다른 인물이다. 그는 뒤에 나오지만 이두복에 의해 밀고 된 정연달(구니모토 젠타쓰)이다. ─역자

심문 조서

1946년 7월 10일　　　　　　　　　　　　　　돌린스크시

　　본인, 제264 보병사단방첩부대 〈〈스메르쉬〉〉 상급수사관 대위 아멜리차코프는 1913년생, 혼슈 섬 에이사미현 아로마치 마을의 노동자 출신으로 사회적 신분은 노동자, 일본인으로 일본인 시민권자, 보통학교 7학년 졸업, 전과가 없는 사토 마사오를 증인으로 심문했다.
　　남 사할린의 네시산탄 마을에서 거주하고 있다.

　　심문은 10시30분에 시작되었으며 통역관 에피모바 이브도키야 야코블레브나를 통해 일본어로 진행되었으며 증언의 잘못된 통역에 대해 책임이 따른다는 것을 러시아사회주의연방공화국 형법 제95조에 의거하여 주지시켰다.

(통역관 에피모바 서명)

　　증인에게 러시아사회주의연방공화국 형법 제95조에 의거하여 거짓 증언에 책임이 따른다는 것을 주지시켰다. (증인 사토 마사오—左藤 서명)

질문: 당신은 한국인 구니모토 토후쿠 또는 이두복을 압니까?
답변: 예, 한국인 구니모토 토후쿠를 조금 압니다.
질문: 당신과 구니모토 토후쿠는 어떤 관계이며 사적인 이해관계가 있습니까?
답변: 구니모토 토후쿠와 나는 특별한 관계도 아니고 사적인 이해관계도 없습니다.

질문 : 당신이 한국인 구니모토와 교류할 때의 상황을 자세하게 증언해 주시겠습니까?

답변 : 1945년 8월 14일 나는 소비에트 첩보기관의 요원이라는 혐의를 받고 일본경찰에 의해 체포되어 가미시스카시의 경찰에 이송되었습니다. 1945년 8월 15일 첫 번째 심문을 하고 난 후 경찰은 나에게 경찰서 식당요리사를 돕는 일을 시켰습니다. 나는 부엌에서 물을 나르고 장작을 패고 정리 정돈하는 일을 했습니다. 내가 일한 첫날 즉 1945년 8월 15일 경찰서 마당에서 구니모토 토후쿠를 만났습니다. 그도 장작을 패고 식당정리를 했고 물을 날랐습니다. 나는 그와 한 마디도 나누지 않았습니다. 그래서 그가 어떤 이유로 경찰서에 있는지 그가 누구인지 몰랐습니다. 또 나는 구니모토가 경찰서 직원이었기 때문에 말을 걸 수가 없었습니다. 일본경찰이 그를 부르는 것을 듣고 그의 성과 이름을 알게 되었습니다. 그래서 그의 성과 이름을 정확하게 기억합니다. 구니모토의 얼굴도 잘 압니다.

질문 : 당신은 언제까지 가미시스카시의 경찰서에 있었습니까?

답변 : 가미시스카시의 경찰서에 1945년 8월 18일까지 있었습니다.

질문 : 일본경찰이 가미시스카시의 경찰서건물에서 체포된 한국인들을 총살시킬 때 당신은 있었습니까?

답변 : 예, 나는 체포된 한국인들을 총살시키는 것을 보았습니다. 1945년 8월 17일이었습니다.

질문 : 한국인을 총살할 때의 상황에 대해 더 자세하게 말해주십시오?

답변 : 대략 1945년 8월 17일 오전 9시30분 쯤 경찰간부 사사야가 어떤 경찰(이름은 모름)에게 경찰의 모든 직원을 더 자세히는 요리사, 마부, 청소부와 나를 경찰서건물에서 150m 쯤 떨어진 큰 길로 데리고 나가라고 명령했습니다. 경찰관은 사사야의 명령을 이행

했습니다. 우리를 지정된 장소로 데려가서 자신이 직접 우리를 감시했습니다. 정확하게 기억이 나지는 않지만 거리로 나간 사람은 5명이나 6명입니다.

거기에 나－사토 그리고 구니모토 토후쿠와 이름을 모르는 다른 사람들이 있었습니다.

우리가 거리에 도착한 지 몇 분 뒤에 경찰서건물에서 총소리가 들렸습니다. 우리 모두는 동시에 경찰서건물에 불이 타오르는 것을 보았습니다. 곧 어떤 한국인이 경찰서건물의 창문으로 뛰어 내려서 숲 속으로 숨는 것을 보았습니다. 우리를 감시하던 경찰관이 그를 발견하고 쫓아갔지만 찾지 못했습니다. 우리는 이 총소리가 경찰서에 체포된 한국인들을 총살시키는 소리라는 데에 한 치의 의심도 하지 않았습니다. 후에 나는 총살된 사람은 모두 16명이고 1명은 도망갔다는 사실을 알게 되었습니다. 그가 누구인지 이름이 무엇인지는 모릅니다.

경찰들은 사격이 끝나고 경찰서건물이 모두 타버린 후에 우리를 차에 때워 시스카시로 갔습니다.

질문: (경찰이 당신들을 경찰서건물에서 150m 떨어진 곳으로 데리고 갈 때－역자) 구니모토가 당신들과 함께 갔는지 아니며 더 늦게 갔는지 다시 말씀해 주시겠습니까?

답변: 앞에 경찰이 구니모토와 나를 함께 데리고 갔다는 나의 말은 실수로 잘못 말한 것입니다. 구니모토는 손으로 자전거를 끌고 조금 늦게 왔는데, 그때는 이미 경찰서건물이 불타고 경찰서건물에서 총소리가 들릴 때였습니다.

질문: 그런 식으로 구니모토 토후쿠도 가미시스카 일본경찰이 체포된 한국인들을 총살시킬 때 있었군요?

답변: 예, 구니모토 토후쿠도 나처럼 체포된 한국인을 총살시키는 소리

를 듣고 보았습니다.

질문: 구니모토 토후쿠에 관해 알고 있는 것이 더 있습니까?

답변: 나는 체포되기 전에는 구니모토 토후쿠를 본 적도 없고 알지도 못했기 때문에 그에 대해 더 증언할 수 없습니다.

심문은 12시 00분에 끝났다.

조서는 통역관 에피모바 이브도키야 야코블레브나가 나에게 읽어주었고 내 증언은 정확하게 기록되었다. (증인과 통역관의 서명)

심문했음:

제264 보병사단방첩부대 상급수사관   대위   아멜리차코프 (서명)

조서를 작성했음:

1946년 7월 10일   돌린스크시

본인, 제264 보병사단방첩부대 상급수사관 대위 아멜리차코프는 제
33 비행기계사단 방첩부대 부과장 소위 스타로스틴과 함께 심문했다.

이날 피의자 구니모토 토후쿠, 또는 이-두-복과 증인 사토 마사오
사이에 대질 심문이 진행되었다.

대질심문은 러시아사회주의연방공화국 형사소송법 제137조에 의거
하여 이루어졌다.

12시 00분에 시작되었다.

대질심문은 통역관 에피모바 이브도키야 야코블레브나를 통해 일본
어로 진행되었으며 잘못된 통역에 대해 책임이 따른다는 것을 러시아사
회주의연방공화국 형법 제95조에 의거하여 주지시켰다. (통역관 에피모바
서명)

피의자 구니모토 토후쿠와 증인 사토 마사오는 서로 아는 사이이며
그들 사이에 사적인 이해관계는 없다고 확증했다. (李斗福 國本, 左藤 서
명)

증인에게 질문: 1945년 8월 17일 일본경찰에 의해 체포된 한국인 17명
이 총살당할 때 당신은 그곳에 있었습니까?
답변: 1945년 8월 17일 아침 어떤 경찰(이름은 모름)이 나를 포함하여

가미시스카 경찰서의 모든 직원들을 경찰서 마당에서 거리로 데리고 나갔습니다. 그리고 우리에게 거리에 서있으라고 명령했습니다. 나와 다른 사람들은 경찰서건물에서 180m쯤 떨어진 곳에 있었기 때문에 경찰서건물에서 나는 총소리를 확실하게 들었습니다. 이외에도 나는 어떤 한국인이 경찰서건물의 창문에서 뛰어내린 뒤 도망가는 것을 보았는데 이 사람의 이름은 모릅니다. 어떤 경찰이 그의 뒤를 쫓았지만 찾지 못했습니다. 모두 17명의 한국인이 총살당했는데 왜 그들을 죽였는지 나는 모릅니다.

증인에게 질문 : 1945년 8월 17일 가미시스카시에서 일본경찰이 17명의 한국인을 총살시킬 때 당신 앞에 앉아있는 구니모토 토후쿠가 있었습니까?

답변 : 1945년 8월 17일 가미시스카시에서 일본경찰이 17명의 한국인을 총살시킬 때 구니모토 토후쿠가 있었습니다. 내가 경찰서건물의 총소리를 들은 것처럼 그도 길에 서서 들었습니다. 내가 어떤 한국인이 사격을 피해 도망치는 것을 본 것처럼 구니모토 토후쿠도 보았습니다.

피의자에게 질문 : 당신은 증인의 증언을 신뢰합니까?

답변 : 예, 증인 사토의 증언을 나는 온전히 인정합니다. 1945년 8월 17일 가미시스카시의 일본경찰이 17명의 한국인을 총살시킬 때 내가 그곳에 있었던 것은 사실입니다. 체포된 한국인들을 총살하기 전에 경찰간부 사사야는 나를 불러서 가연성 물질을 보관하는 창고로 가서 벤진 통을 가져온 뒤 경찰서건물에 뿌리고 경찰서건물 근처에 파놓은 구덩이에도 부으라고 말했습니다. 나는 사사야 명령을 이행했습니다. 경찰서건물과 구덩이에 벤진을 부었습니다. 그리고 나는 가연성 물질을 보관하는 창고에 벤진이 없는 빈 통을 다시 가져다 놓았습니다. 그때 이미 경찰서건물은 불타고 있었고

나는 건물 창문을 향해 어떤 두 명의 경찰이 라이플총을 쏘는 것을 보았습니다.

피의자에게 질문 : 당신은 경찰서건물에서 경찰들이 누구에게 총을 쏘았는지 압니까?

답변 : 경찰서건물에서 경찰들이 누구에게 총을 쏘았는지는 모릅니다.

증인에게 질문 : 경찰서건물에서 경찰들이 누구에게 총을 쏘았는지 압니까?

답변 : 경찰들이 누구에게 총을 쏘았는지는 정확하게는 모릅니다. 하지만 그곳에 있던 모든 사람들은 불타는 경찰서건물에서 일어나는 사격은 누군가를 총살시키는 것이라고 추측했습니다.

증인에게 질문 : 구니모토는 경찰서건물에서 무엇 때문에 총을 쏘는지 알았습니까? 그는 한국인들을 총살시키는 것이란 것을 확실하게 알았습니까?

답변 : 구니모토와 한국인들 총살의 관계에 대해서는 정확한 증언을 할 수가 없습니다. 하지만 그가 이에 대해 몰랐을 수는 없습니다. 다른 모든 사람과 나도 그렇게 추측했기 때문입니다.

피의자에게 질문 : 당신은 증인의 증언을 신뢰합니까?

답변 : 나는 누구에게 총을 쏘는지 정확하게 몰랐지만 체포된 사람들 중 누군가에게 총을 쏘는 거라고 추측했습니다.

대질심문은 15시 00분에 끝났다.

대질심문 조서는 통역관 에피모바 이브도키야 야코블레브나가 우리 두 사람에게 읽어주었고 우리의 진술은 정확하게 기록되었습니다. (피의자, 증인, 통역관 서명)

대질심문을 진행했음:

제264 보병사단방첩부대 상급수사관　　대위　　아멜리차코프 (서명)

비행기계사단 방첩부대 부과장　　소위　　스타로스틴 (서명)

심문 조서

1946년 7월 15일   남 사할린스크시

본인, 극동군사관구 방첩부대 4국 2과 수사관 중위 그리쉰은 이날 방첩부대 한국어 통역관 에반쉰 표트르 페트로비치 상사를 통해 피의자 구니모토 토후쿠를 심문했다.

심문은 12시 05분에 시작되었다.

심문은 통역관 에반쉰을 통해 한국어로 진행되었으며 잘못된 통역에 대해 책임이 따른다는 것을 러시아사회주의연방공화국 형법 제95조에 의거하여 주지시켰다.

(통역관 에반쉰 서명)

질문 : 당신은 통역관 에반쉰이 당신의 진술을 통역하는데 반대합니까?

답변 : 통역관 에반쉰은 (한국어를 - 역자) 잘 이해하기 때문에 나의 진술통역에 반대하지 않습니다.

질문 : 1945년 7월 5일 심문에서 당신은 당신의 밀고로 무라카미가 소비에트 스파이 혐의를 받고 일본경찰에 체포되었다고 했습니다. 이 외에 일본경찰의 어떤 임무를 더 수행했는지 말하십시오?

답변 : 일본경찰로부터 더 임무를 받은 적은 없고 개인적으로 한국인 이와모토가 내게 진 빚을 갚지 않는다고 1945년 4월 일본경찰에 고소한 적이 있습니다. 1945년 5월 한국인 정연달 또는 구니모토와의 대화에서 그가 전쟁이 발발하면 사할린에서 도망갈 계획을

가지고 있다는 것을 알게 되었습니다. 처음에 정연달은 나도 한국으로 갈 생각이 없는 지 물었습니다. 나는 그가 왜 한국으로 가지 않는지 물었습니다. 정연달은 많은 빚을 지고 있기 때문에 지금은 갈 수 없다고 했습니다. 나는 전쟁이 발발하면 러시아가 사할린에 폭탄을 투하하지 않겠느냐고 말했습니다. 그러자 정연달은 만일 전쟁이 발발하면 그는 남 사할린에서 도망을 갈 거라고 말했으나 어디로 갈 것인지는 말하지 않았습니다.

나는 전쟁이 발발하면 남 사할린에서 도망 갈 거라는 정연달의 계획을 가미시스카 경찰에게 밀고했습니다. 그래서 1945년 6월 정연달은 체포되었고 붉은 군대가 남 사할린을 점령할 때까지 감옥에 갇혀 있었습니다.

1945년 6월 초 한국인 수니모토 하루오(한국이름은 모릅니다)와의 대화 중 그가 일본정권에 불만을 품고 있으며 가미시스카시의 일본경찰을 모두 죽이기 위해 경찰서건물에 폭탄을 투하할 계획을 가지고 있음을 알게 되었습니다. 나는 수니모토의 일본정권에 대한 불만과 그가 가미시스카시의 일본경찰을 모두 죽이려 한다는 것을 경찰에 알렸고 그는 가미시스카 경찰에 체포되었습니다.

질문: 결국 당신은 실질적으로 1945년 4월부터 일본경찰에 협력하기 시작했군요?

답변: 예, 1945년 4월부터 일본경찰에 협력하기 시작했지만 개인적인 행동이었고 1945년 6월 28일 이전까지는 내게 어떤 임무도 내리지 않았습니다. 28일 이전까지는 나를 호출하지도 않았고 내게 어떤 임무도 주지 않았습니다. 내가 경찰의 스파이 활동을 하겠다고 동의한 1945년 6월 28일부터 나는 경찰의 협력자가 되었고 사사야의 지시와 구체적인 임무를 받게 되었습니다. 이에 대해서는 지난 번 심문에서 자세히 진술했습니다.

질문: 당신은 경찰의 호출이 없었음에도 왜 경찰에 협력했습니까? 이것은 당신이 경찰스파이 노릇을 자발적으로 수행했다는 것을 의미하나요?

답변: 예, 경찰기관 스파이활동을 처음에는 완전히 자발적으로 한 것이었습니다. 지난 번 심문에서 증언한 것처럼 빌려 써버린 돈 때문에 법적책임을 지는 것이 두려워서가 아닙니다.

심문은 15시 45분에 끝났다.

조서는 한국어 통역관 에반쉰에 의해 읽혀졌고 내 진술은 정확하게 기록되었습니다. 이 사실에 대해 서명합니다. (李斗福 서명)

심문했음 : 극동군사관구 방첩부대 4국 2과 수사관
　　　　　중위 그리쉰　　(서명)
　　　　　제264 보병사단방첩부대 수사관
　　　　　대위 아멜리차코프　　(서명)

통역했음 : 극동군사관구 방첩부대 한국어 통역관
　　　　　상사 에반쉰　　(서명)

피의자 구니모토 토후쿠의 심문 조서

1946년 7월 15일   남 사할린스크시

 심문은 통역관 에반쉰 표트르 페트로비치에 의해 한국어로 진행되었으며 피의자의 진술에 대한 잘못된 통역에 대해 책임이 따른다는 것을 러시아사회주의연방공화국 형법 제95조에 의거하여 주지시켰다. (통역관 서명)

 심문은 19시 20분에 시작되었다.

질문 : 당신이 알고 있는 일본경찰의 공개, 비공개 요원들의 이름과 그들이 한 행위에 대해 모두 진술하시오.

답변 : 내가 알고 있는 일본경찰의 공개요원은 다음과 같습니다.

 1. 니시모리, 이름은 기억나지 않습니다. 가미시스카시 경찰서 서장입니다. 나는 그를 1945년 5월부터 알았습니다. 일본경찰에서 그의 직무수행과 실질적인 활동에 대해서는 아는 바가 없습니다. 1945년 7월말 니시모리는 가미시스카시에서 오치아이(돌린스크)시 경찰서장으로 발령이 났습니다. 현재 그의 거주지는 모릅니다.

 니시모리의 특징: 37 - 38세, 중년, 뚱뚱한 편, 둥글고 통통한 얼굴, 거무스름한 편, 검은 눈동자, 대머리, 면도를 함, 콧등은 안쪽으로 구부러진 편, 보통 키, 큰 입술, 다른 특징은 기억이 나지 않습니다.

 2. 사사야, 이름은 모르며 1945년 5월부터 알게 되었습니다.

처음 그를 만난 것은 대략 5월 20 – 25일 사이입니다. 그때 나는 그를 찾아가서 남 사할린에서 도주할 계획을 가지고 있는 구니모토(이름은 기억이 나지 않음)에 대해 보고했습니다. 사사야는 가미시스카시의 경찰서 부서장이었으며 동시에 경찰 정치국 국장이었습니다. 사사야는 1945년 5월초 가미시스카시로 왔습니다. 가미시스카시에 오기 전 어디에서 얼마동안 일본경찰에 근무했는지 모릅니다.

사사야의 실제적인 활동에 대해 말하겠습니다. 그는 정치범들을 체포하고 심문했습니다. 1945년 6월 28일 나는 한국인들의 정치적인 성향을 알아내고 그의 직접적인 지휘와 통제를 받는다는 그의 제안에 동의했습니다.

1945년 8월 17일 오전 사사야는 나에게 창고에서 벤진 통을 가져와서 경찰서건물에 뿌리라고 명령했습니다. 나는 그렇게 했습니다. 대략 1945년 8월 17일 11시경 사사야의 명령에 따라 정치적인 동기로 체포된 18명의 한인들이 사살되었습니다.

사사야의 실질적인 활동에 대해 더 이상 아는 바가 없습니다. 현재 사사야가 어디에 거주하는지도 모릅니다. 하지만 시스카시에서 일본경찰의 다른 요원들과 함께 소비에트 장교에게 억류되어있는 그를 보았습니다.

사사야의 특징: 나이 대략 35 – 36세, 중키, 중간 체격, 약간 긴 얼굴형 – 통통한 편, 대머리, 다른 특징들은 기억이 나지 않습니다.

3. 미야지마, 이름은 기억나지 않습니다. 1944년부터 가미시스카시의 일본경찰에서 일했습니다. 가미시스카시에서 그가 어떤 일을 했는지는 모릅니다. 미야지마의 실질적인 활동에 대해서는 아는 바가 없습니다. 1945년 8월 17일 18명의 체포된 한국인들을

총살시키는데 참가했다는 것은 미야지마가 직접 내게 말해서 알고 있습니다. 1945년 9월초 시스카시에서 미야지마는 붉은 군대의 장교에 의해 체포되었습니다. 현 거주지는 모릅니다.

다른 일본경찰은 더 모릅니다.

심문은 22시 45분에 끝났다.

조서는 한국어 통역관 에반쉰에 의해 읽혀졌고 내 증언은 정확하게 기록되었습니다. 이 사실에 대해 서명합니다. (李斗福 서명)

통역관 : (에반쉰 서명)

심문했음 : 제264 보병사단방첩부대 상급수사관
            대위 아멜리차코프   (서명)

보고서[21]

1945년 8월 30일   가미시스카시

　군법무 군 검사 드미트리예프 대위의 제안으로 법의학전문가 소령 차이첸코, 일본어 통역관 비리쉬긴, 군법무 검사 드미트리예프 대위와 일본인 의사들이 참석함:
　외과의사 야마토 기치로, 외과의사 와카쓰키 쓰누이, 내과의사 후쿠이 이사오, 내과의사 고야마 시기토세는 가미시스카시 불 탄 경찰서 변소구덩이에서 발견한 신원 미상의 사람에 대해 다음과 같은 내용으로 법의학적 사체해부를 진행했다: 1. 사체의 나이와 민족을 밝힌다. 2. 사체 손상의 특징 즉 어떤 무기로 상처가 생겼으며 생존 시 그런 상처가 생겼는지를 밝힌다. 사체의 사인을 밝힌다.

외용 검사

　작은 키, 동양인 남성의 사체. 사체는 흰색 목면 속옷 셔츠, 카키색의 목면 상의 셔츠와 흰색 목면 하의 내의를 입고 있다. 신발은 신지 않고 있음. 균형 잡힌 체격, 근육은 약한 편. 사체 경화는 없다. 머리는 짧게 깎은 상태, 검은 색. 가발처럼 머리의 외피가 살짝 벗겨져 있다. 눈썹과

---

21) 이 보고서는 1945년 8월 30일 가미시스카 경찰서 학살현장을 조사하여 보고한 자료(본 자료집 1－3쪽)의 일부로 같은 날 조사한 후, 위 사건의 용의자 이두복이 기소되면서 1946년 7월 16일 1－3쪽 보고서와 함께 제출된 문서이다. 이 보고서와 1－3쪽의 보고서는 가미시스카 경찰서에서 학살이 있은 후 얼마 지나지 않아 조사된 자료로 당시 학살현장을 생생하게 보여준다는 점에서 큰 의미를 갖는다.－역자

속눈썹은 불에 탔다. 얼굴은 불에 탔다. 광대뼈는 4도 화상(주변 화상의 정도), 얼굴의 화상은 생존 시 발생했다. 눈은 눈꺼풀로 감겨져 있고 미간은 좁고 위 눈꺼풀은 평평하다. 안구는 늘어져 있고 눈의 각막과 결막은 광택이 없고 눈동자는 초점이 없고 눈의 색은 분명하지 않다. 코는 넓고 평평하고 콧구멍에서 고름이 분비되어 있다. 이각은 평범하고 고막은 변소 오물로 가득 차 있다. 입술은 벌려져 있으며 이빨은 맞물려있고 혀는 구강에 있다. 윗니는 금도금이 되어 있다. 흉강은 대칭이고 원통형이다. 오른쪽 등의 견갑골 가장가리 부근의 4번 늑골에 총탄으로 인한 원형의 입장 상처 균열이 있는데 0.7×0.7cm 크기의 고른 모양이다. 정중앙에서 오른쪽 쇄골의 앞쪽에 총탄이 박힌 곳에서 나온 곳까지 일직선으로 2.5×2cm 크기의 상처가 있는데 외피에서 상처의 끝부분이 찢어지고 갈라져 있다. 총알이 들어간 지점부터 나온 지점까지의 상처는 일직선이다. 상처 부위의 근처에 크지 않은 멍이 있다. 배는 부풀어있고 복부 벽은 팽팽하게 수축되어 있다. 이마의 머리털은 표피와 같이 살짝 벗겨져 있다. 음낭은 크게 부풀어 있다. 항문은 오른쪽 대퇴의 앞 표면에서 벌어져 있다. 그 아래쪽과 삼분의 일의 경계 지점에 대퇴의 연한 조직을 관통한 총알이 남긴 상처가 있다. 대퇴의 내피에는 총알이 관통하여 가장자리가 아무렇게나 찢어진 2.5×1.5cm 의 상처가 있다. 총알이 들어간 지점부터 나온 지점까지의 상처는 일직선이다. 상처 주위에 커다란 멍이 있다. 목, 몸통, 팔과 다리의 피부는 연한데(말라있다) 종이처럼 층으로 벗겨져 있다. 손바닥과 발바닥의 피부는 주글주글한 흰색이며 층으로 살짝 벗겨져 있다.

내부 검사

사체의 뼈는 손상되지 않았다. 가슴과 복부의 해부 시 밝혀졌다: 우측

흉강에는 300g, 좌측에는 200g의 피가 있다. 폐는 흉강에 아무렇게나 자리 잡고 있다. 폐 조직은 늘어져 있고 초록 – 검붉은 색인데 압력을 가하면 부서지기 쉽게 느껴진다. 오른쪽 폐의 상층부는 총알로 인해 상처가 있고 상처 부위는 뒤에서 앞으로 향하고 있다. 폐 조직에 압력을 가하면 절단면에서 검붉은 색의 거품이 있는 피가 나온다. 목구멍 기관과 기관지의 점막은 검붉은 색이다. 심장은 늘어져 있어서 특별한 형태가 없다. 심장 근육은 검붉은 색이다. 심실에 혈흔은 없다. 검붉은 색의 폐동맥과 대동맥의 심장 판막은 가늘다. 대동맥 내막은 검붉은 색이고 대동맥 표면의 몇 군데에 조밀한 경화 판이 있다. 상처는 3번과 4번 대퇴 사이의 척추 근처에서 뒤쪽에서 우측을 통과하면서 쇄골 앞에서부터 중간 지점을 통과하고 있다. 총알이 통과하면서 우측 쇄골과 폐동맥에 상처를 남겼다. 붉은 빛이 도는 혀의 점막은 연화되었고 층으로 살짝 벗겨져 있다. 붉은 빛이 도는 식도의 점막은 평평하고 살짝 긁혀져 있다. 복강 조직은 정확하게 자리를 잡고 있으며 그것을 덮고 있는 복막은 광택이 없으며 붉은 빛이 돈다. 위장과 창자는 심하게 부풀어 있다. 위 속에는 냄새가 역하며 갈색이 도는 200g의 더럽고 탁한 반유동성의 내용물이 있다. 위의 점막은 연화되어 있으며 붉은 빛이 돌고 주름이 적당히 잡혀있다. 위 하부의 관은 늘어져 있고 형태가 없으며 붉은 빛이 돈다. 가는 창자 속에는 노란빛이 도는 붉은 색의 반유동성 물질이 약간 있다. 가는 창자의 점막은 갈색이 도는 붉은 빛이고 연화되어 있으며 창자의 원형 주름은 분명하지 않다. 두꺼운 창자 속에는 농축된 배설물이 다량 들어있다. 두꺼운 창자의 점막은 평평하고 붉은 빛이 돈다. 간은 검은 녹색이고 늘어져 있으며 조직의 절단면은 망가져 있다. 노란 막낭은 약간 농축된 담즙이 있는데 검은 – 초록색이다. 신장은 동일한 크기이고 늘어져 있다. 신장의 식물성 섬유조직은 벗겨져 있다. 신장 조직의 절단면은 갈색의 붉은 빛이고 신장의 모양은 그리기 어렵다.

방광에는 100g의 더럽고 탁한 소변이 있으며 붉은 빛이 돈다. 방광의 점막은 회색빛이 도는 붉은 색이고 주름이 접혀있다.

법의학전문가 소령	/차이첸코/
군법무 군 검사 대위	/드미트리예프/
일본어 통역관	/비리쉬긴/
일본인 의사들: 외과의사	/야마토 기치로/
외과의사	/와카쓰키 쓰누이/
내과의사	/후쿠이 이사오/
내과의사	/고야마 시기토세/

결론

위의 내용을 근거로 사체는 동양인으로 한국인, 일본인이나 기리야크인일 가능성이 있으며 35 – 40세 정도이다. 사체의 훼손은 총알에 의한 것으로 생존 시 전투용 라이플총이나 연발권총의 사격으로 인해 가슴과 다리에 총알이 관통한 상처가 있으며 얼굴 화상은 생존 시 방화에 의한 것이다. 사격은 등에서 이루어 졌으며 두 발은 다리(대퇴)에 맞았는데 총알이 들어간 입구와 나온 입구의 상처가 이를 증명한다. 사망은 대동맥과 폐의 상처로 인한 과다출혈이다. 사체는 사망한지 15 – 20일 정도 되었다.

법의학전문가 : 소령	/차이첸코/
확실함 : 극동군사관구 방첩부대 2과장 대위	/트라빈/

1946년 7월 16일

피의자 구니모토 토후쿠의 심문 조서

1946년 7월 16일   남 사할린스크시

심문은 10시 15분에 시작되었음

심문은 극동군사관구 방첩부대 통역관 상사 에반쉰 표트르 페트로비치에 의해 한국어로 이루어졌으며 피의자의 진술에 대한 잘못된 통역에 대해 책임이 따른다는 것을 러시아사회주의연방공화국 형법 제95조에 의거하여 주지시켰다. (통역관 서명)

질문 : 일본경찰에 의해 체포된 한국인 18인에 대한 총살과 가미시스카시의 경찰서건물방화 시 자신의 참여 여부에 대해 상세하게 진술하시오.

답변 : 나는 가미시스카에서 일본경찰에 의해 체포된 18인의 한국인 총살에 직접 참가하지 않았습니다. 그들은 총살된 다음 일본경찰에 의해 방화되었는데 누가 참가했는지는 구체적으로 진술하기가 어렵습니다. 가미시스카시 경찰서건물의 방화에도 나는 직접적으로 참가하지는 않았습니다. 하지만 1945년 8월 17일 오전 즉 18명의 한국인이 총살되고 경찰서건물이 방화된 날 나는 경찰 사사야의 명령으로 창고에서 사사야가 자신의 집을 방화할 때 사용했던 벤진 통을 가지고 왔습니다. 내가 가지고 온 벤진을 경찰서건물의 방화에 사용했는지에 대해서는 확실하게 말할 수가 없습니다. 직접 방화에 참가하지 않았기 때문입니다. 그리고 그들이 어떤 식으로 방화를 했는지도 보지 못했기 때문입니다. 나는 이미 경찰서건

물의 외부와 내부가 불타기 시작하는 것만 보았습니다.

질문 : 1946년 6월 10일 심문에서 당신은 벤진만 가져왔을 뿐 아니라 경찰의 누군가에 의해 방화를 이루어질 수 있도록 벤진을 경찰서건물에 뿌리기도 했다고 증언했습니다. 지금은 왜 이것을 부정합니까?

답변 : 6월 10일 심문에서 나는 잘못 진술했습니다. 사실 나는 경찰서건물에 벤진을 뿌리지 않았으며 나는 단지 창고에서 벤진을 가져와서 그것을 경찰서건물 옆에 있는 차고에 두었습니다. 내가 들고 온 벤진 통을 사사야가 자신의 집을 방화하기 위해 가져갔고 다음에 이 통을 다시 가지고 오는 것만 보았습니다. 통에 벤진이 있었는지는 정확하게 말할 수 없지만 개인적으로 벤진이 들어있었을 것이라고 생각합니다. 왜냐하면 만일 빈 통이었다면 사사야가 다시 가지고 오지 않았을 것이기 때문입니다.

질문 : 결국 당신이 벤진을 가져왔다는 것은 경찰서건물이 당신의 협력에 의해 방화되었다는 의미로 해석할 수 있겠네요?

답변 : 어떤 식으로 경찰서건물을 방화했는지 나는 정확하게는 모릅니다. 하지만 내가 창고에서 가져온 벤진을 사용했을 거란 건 부정하지 않습니다.

질문 : 당신은 어떤 목적으로 당신에게 벤진을 가져오라고 했는지 알았습니까?

답변 : 아니요, 나는 사사야가 어떤 목적으로 내게 벤진을 가져오라고 했는지 몰랐습니다. 그는 이에 대해서 내게 아무 말도 하지 않았습니다. 다른 경찰로부터도 이에 대해 아무 말도 듣지 못했습니다.

질문 : 당신은 어떤 목적으로 6월 10일 심문에서 당신이 경찰서건물에 벤진을 부었다고 진술했죠?

답변 : 특별한 목적은 없었습니다. 나를 심문한 수사관이 내가 경찰서건물에 벤진을 부었다고 강요했습니다. 나는 처음에는 붓지 않았다고 진술했지만 그는 부었다고 강요했습니다. 그래서 나는 그렇게 인정하기로 했습니다. 벤진을 경찰서건물에 부었고 건물 옆에 파놓은 구덩이에도 부었다고 더 확실하게 진술했습니다. 그렇지만 나는 이 일을 하지 않았고 사사야의 명령에 따라 벤진 통 한 개를 가져와서 차고에 두었습니다.

질문 : 차고에는 벤진이 필요한 차가 주차되어 있었나요?

답변 : 차고에는 오토바이 한 대와 자전거 몇 대가 세워져 있었고 자동차는 없었습니다.

질문 : 경찰들이 자동차에 주유를 할 때는 창고로 차를 몰고 가지 차고로 벤진을 가져와서 주유하지 않는다는 것을 당신은 알고 있지 않나요?

답변 : 아니요, 모릅니다. 어떤 목적으로 벤진이 필요했는지에 대해 전혀 생각해 본 적이 없습니다.

    심문은 15시 40분에 끝났다. 조서는 나에게 한국어로 읽혀졌고 내 진술은 정확하게 기록되었습니다. 이 사실에 대해 서명합니다. (피의자 李斗福 서명)

심문했음 : 극동군사관구 방첩부대 4국 2과 수사관

             중위 그리쉰   (서명)

        제264 보병사단방첩부대 상급수사관

            대위 아멜리차코프   (서명)

통역하였음 : 극동군사관구 방첩부대   상사 에반쉰   (서명)

심문 조서

1946년 7월 16일   남 사할린스크시

　본인, 극동군사관구 방첩부대 4국 2과 수사관 중위 그리쉰은 이날 피의자 구니모토 토후쿠를 심문했다.

　심문은 20시 45분에 시작되었다.

　심문은 통역관 상사 에반쉰에 의해 한국어로 이루어졌으며 잘못된 통역에 대해 책임이 따른다는 것을 러시아사회주의연방공화국 형법 제 95조에 의거하여 주지시켰다. (통역관 서명)

질문 : 당신은 가미시스카시에서 일본경찰에 의해 체포된 한국인 18인의 총살과 경찰서건물의 방화 시 어디에 있었는지 상세하게 진술하시오?

답변 : 1945년 8월 17일 가미시스카에서 일본경찰에 의해 체포된 한국인 18명이 총살되고 경찰서건물이 방화되었습니다. (이날 - 역자) 대략 아침 5 - 6시 쯤 나는 경찰 간부 사사야에게 불려가서 경찰 직원들의 가족과 물건들을 가미시스카시의 기차역으로 호송하라는 명령을 받았습니다. 그리고 경찰의 가족들을 모으고 그들에게 꼭 필요한 물건을 우선 경찰서로 옮긴 후, 그들의 물건을 수레에 싣고 기차역으로 날랐으며 나와 함께 경찰의 가족들도 걸어서 기차역으로 갔습니다. 나는 경찰가족들이 기차에 물건을 싣는 것을 도와준 다음 경찰서로 되돌아왔습니다. 사사야는 다시 나를 불렀

고 가연성 물질을 넣어두는 창고에서 벤진을 가져와서 그것을 경찰서건물 옆에 있는 차고에 두라고 했지만 어떤 목적으로 벤진이 필요한지는 내게 말하지 않았습니다. 사사야의 명령을 수행하자 경찰 미야지마가 내게 경찰서건물에 있는 600개의 탄창을 가져오라고 명령했습니다. 이 탄창들은 미야지마가 나에게 책임지고 보관하라고 1945년 8월 12일 내게 맡겼던 것인데, 그는 총알이 든 탄창들을 모두 시스카시의 경찰서로 옮기라고 명령했습니다. 아마도 이날 즉 1945년 8월 17일 주변지역의 모든 경찰들이 시스카시에 있는 경찰서로 모이기로 했나봅니다. 나는 미야지마의 명령을 수행하기위해 경찰서로 갔으나 탄창상자가 손으로 들고 가기에는 너무 무거워서 자전거를 찾기 위해 주변을 살피던 중 경찰서 옆에 있는 집에서 누군가에 의해 버려진 자전거를 발견하고 경찰서로 되돌아와서 자전거에 탄창상자를 묶기 시작했습니다. 내가 탄창을 싣고 있던 때가 낮 11시쯤이었습니다. 그때 사사야는 내가 아침에 창고에서 가져다 논 벤진 통을 들고 경찰서에서 100m 쯤 떨어진 자신의 집으로 가서 벤진을 집에 붓고 방화를 했는데 집이 불에 타는 것을 보았습니다. 그런데 정확하지는 않지만 사사야는 이 통을 경찰서건물 쪽으로 다시 가지고 갔습니다. 사사야가 자신의 집에 방화를 하고 되돌아오자 경찰들은 경찰서 영내에서 보드카를 마시기 시작했습니다. 하지만 나는 이 술자리에 참가하지 않았으며 경찰서에서 대략 120 – 150m 쯤 떨어진 곳에 있었습니다. 대략 13시쯤 경찰들은 경찰서 영내에서 라이플총과 권총으로 사격을 했는데 사격은 마구잡이로 난사하는 것이었습니다. 사격의 횟수는 많았는데 구체적인 횟수는 말하기 어렵습니다. 경찰서건물에서 멀지 않은 곳에 있던 나는 두 명의 경찰이 경찰서건물에서 멀지 않은 곳에서 창문으로 사격을 하고 사격과 동시에 경찰서건물 내부가 불타기 시작하는 것을 보았습니다. 연기가 창문을 가렸지만 계속 사격을 했습니다. 나는 경찰서 감방에 20명의 한국인이 체포되어 있는 것을 알았기 때문에 일본경찰이 그들을 총살시키는 것이라고 생각했습니다. 그 후 건물이 심한 불길에 휩싸이자 사격을 멈추었고 경찰 기오모코가 내게 달려와서 미야지마의 사격 솜씨가 무척 뛰어나서 창문을 통해 도망치는 한국인을 죽였다고 전했습니다. 그때 나는 나의 예상이 맞았으며 체포된 모든 한국인들은 총살을 당했고 범죄의 흔적인 사체를 태워 없애기 위해 경찰이 건물을 방화한 것이 분명다고 생각했습니다. 오후 2시경에 모든 경찰들은 시스카시로 가기 위해 모였고 나노 그들과 함께 있었습니다. 경찰서장 아오야마는 내게 자신의 군도를 주었고, 경찰 사사야는 자신의 권총을 주면서 자전거를 타고 그들보다 먼저 출발하라고 말했습니다. 나와 함께 경찰서장 아오야마가 말을 타고 먼저 출발했고 나머지 경찰들은 가미시스카에 남아서 교통편을 기다렸습니다. 가미시스카에서 20km쯤 가자 남아있던 경찰들이 타고 있는 화물차가 우리를 쫓아왔습니다. 나는 자전거를 버리고 탄창상자를 들고 차에 탔고 아오야마도 말을 버리고 차로 옮겨 탔습니다. 우리는 모두 시스카시로 갔습니다. 시스카시에서 하룻밤을 보낸 뒤 8월 18일 나는 5명의 다른 경찰들과 함께 차를 타고 경찰서에서 멀지 않은 곳에 있는 방공호에 숨겨둔 경찰들의 개인물건들을 가지러 가미시스카시로 갔습니다. 가미시스카시에 도착해서 나는 불에 타버린 경찰서건물이 있었던 곳으로 가서 15－16구의 사체를 발견했습니다. 나는 5－6구의 사체를 경찰서 취사장 바로 옆에 있던 창고의 방화로 인해 불타고 있는 석탄더미로 던졌습니다.[22] 몇 구의 사체를 내가 불타는 석탄더미에 던졌는지는 정확하게 말할 수 없습니다. 주로 나와 함께 간

경찰들이 18명의 한국인을 학살한 범죄흔적을 없애기 위해 사체와 유골들을 불에 던졌기 때문입니다.

바로 그날 즉 8월 18일 나는 경찰들과 함께 개인물건을 챙겨서 시스카시로 돌아왔습니다. 시스카시에 도착하자 경찰간부 미야지마가 나보고 시스카시를 빠져 나가서 남쪽 어디론가 도망을 가라고 하면서 일본경찰에 협력한 사실과 가미시스카에서 한국인 18명을 사살하고 불태워 버린 행위를 누구에게도 발설하면 안 된다고 무섭게 경고했습니다. 그리고 그들은 즉 모든 경찰들은 홋카이도로 갈 거라고 말했습니다. 나는 일본경찰에게 협력했다는 사실과 18명의 한국인을 학살할 당시에 경찰에 근무하면서 도움을 주었다는 사실에 대해 책임지는 것이 무서웠습니다. 그래서 미야지마에게 나를 그들과 함께 홋카이도 섬에 데리고 갈 것을 부탁하기 시작했고 미야지마는 이에 동의했습니다. 나는 1945년 8월 18일부터 9월 5 - 6일까지 시스카시와 가미시스카시의 경찰들과 함께 있었는데 그들은 약 40 - 45명이었습니다. 그들은 그곳을 점령한 붉은 군대사령부로부터 호출되어 어디론가 보내졌습니다. 그때 취사장에서 일하고 있던 나는 호출되지 않았습니다. 며칠을 시스카시에서 보낸 뒤 나는 가미시스카로 갔고 거기에서 9월 20일 도마리키시로 떠났으며 그곳에서 1946년 4월까지 탄광에서 일했습니다. 1946년 4월부터 체포되기 전까지 쿠라시 마을에서 거주하면서 어부로 일을 했습니다. (李斗福 서명)

심문은 24시 00분에 끝났다.

---

22) 이두복의 이 진술은 사건현장검시보고서(1 - 3쪽)의 경찰서와 4m 떨어진 목조 건물이었던 장소에서 사체4구, 불타버린 유골들과 많은 양의 석탄재가 발견되었다는 보고서를 참고할 때 경찰서에서 사살된 사체가 옆에 있는 창고에서도 발견된 이유를 짐작하게 한다. - 역자

조서는 나에게 한국어로 완벽하게 읽혀졌고 내 진술은 정확하게 기록되었습니다. 이 사실에 대해 서명합니다. (李斗福 서명)

심문했음 : 극동군사관구 방첩부대 4국 2과
　　　　　중위 그리쉰　　(서명)
　　　　　제264 보병사단방첩부대 상급수사관
　　　　　대위 아멜리차코프　　(서명)

통역했음 : 극동군사관구 방첩부대 한국어 통역관
　　　　　상사 에반쉰　　(서명)

《《확증함》》
극동군사관구 방첩부대 4국 국장
소령: -   (서명)   /쉬르닌/
1946년 7월 17일

보고서

(피의자 기소에 관한 건)

1946년 7월 17일   남 사할린스크시

  본인, 제264 우수리스크 보병사단 상급수사관 대위 아멜리차코프는
이날 사건번호 No.73의 수사서류들을 검토했다. 구니모토 토후쿠는
1945년 4월부터 일본경찰에 적극적으로 협력하였고, 자료에 따르면
1945년 5월부터 8월까지 구니모토는 가미시스카시의 경찰이었고 한국
인 정-연-달(또는 구니모토), 수니모토 하루오와 무라카미를 반일행
위와 소비에트 첩보기관과의 연루 혐의를 씌워 체포한 범죄행위가 드러
난다. 구니모토는 가미시스카시에 붉은 군대가 입성하기 전인 1945년
8월 17일 경찰서건물방화를 위해 벤진을 가져왔고 18명의 한국인을 총
살시키는데 참가했다. 8월 18일 이런 짐승 같은 범죄행위를 은폐하기
위하여 총살된 사체의 방화에 참가했기 때문에 위의 사실과 러시아사회
주의연방공화국 형사소송법 제128조와 제129조에 따라서,

조치의견

러시아사회주의연방공화국 형법 제58조 4항에 의거하여 구니모토 토후쿠의 범죄행위가 인정된다는 것을 피의자에게 공지하고 본 기소장에 서명 받는다.

본 기소장의 사본은 보고를 위해 우수리스크 보병사단과 극동군사관구 제264 우수리스크 보병사단 군 검사에게 보낸다.

제264 보병사단방첩부대 상급수사관

　　　　대위 : - (서명)　　　　　　　　　　　　　　/아멜리차코프/

본 기소장은 1946년 7월 19일 내게 공지되었다.

　　　　　　　　　　　　　　　　　　　　　　(李斗福 서명)

한국어 통역관 극동군사관구 방첩부대 상사

　　　　　　　　　　　　　　　　(서명)　/에반쉰/

신체검사서

성, 이름, 부칭 : 구니모토 토후쿠

객관적인 데이터 : 중 키, 곧은 체형, 영양상태 정상, 신체내부기관의 결
함은 없음.

골절 : 근육의 변형은 없음. 관절은 정상.

상태 : 건강한 편.

결론 : 육체노동에 적합.

간호장교, 중위   (서명)   /바흐메티예프/

1946년 7월 19일
남 사할린스크시

피의자 구니모토 토후쿠의 심문 조서

1946년 7월 17일   남 사할린스크시

심문은 통역관 에반쉰에 의해 한국어로 이루어졌으며 피의자 진술에 대해 잘못된 통역을 할 경우 책임이 따른다는 것을 러시아사회주의연방공화국 형법 제95조에 의거하여 주지시켰다. (통역관 서명)

심문은 12시 00분에 시작되었다.

질문: 당신은 일본과 소비에트 연방 사이의 전쟁과 관련하여 일본경찰로부터 어떤 임무를 부여받았습니까?

답변: 1945년 8월 18일 가미시스카시에서 시스카시로 돌아왔을 때 경찰간부 미야지마가 내게 모든 경찰이 홋카이도 섬(일본)으로 떠날 준비를 하고 있다고 말했습니다. 미야지마는 내게 시스카시에서 남 사할린의 어딘가로 떠나서 일을 잡고 그곳에서 일을 하면서 남아있으라는 지시를 내렸습니다. 그리고 미야지마는 붉은 군대의 사령부 누구에게도 가미시스카시에서 18명의 한국인을 총살시킨 사실과 일본경찰에 협력한 사실을 발설해서는 안 되며 만일 누군가가 나에게 18명의 한국인을 총살시킨 사실에 대해 물으면 아무 것도 모른다고 답을 해야만 한다고 했습니다. 그런데 나는 내가 앞에서 진술한 것처럼 책임을 지는 것이 두려워서 미야지마에게 나도 홋카이도 섬(일본)으로 데려가 달라고 부탁했습니다. 미야지마는 내 부탁을 받아들였고 그들과 함께 홋카이도 섬으로 떠나기로 결정했습니다. 그런데 홋카이도 섬으로 가는 계획은 무

산되었습니다. 가미시스카시의 일본경찰들이 모두 붉은 군대에 체포되어서 나 혼자서는 일본으로 떠날 수가 없었기 때문입니다.

질문: 당신은 남 사할린에 거주하려고 남아 있으면서 미야지마의 명령을 어떻게 수행했습니까?

답변: 미야지마의 명령을 수행하지 않았지만 내가 저지른 범죄에 대한 책임이 두려워서 시스카시에서 가미시스카시로 가서 살 수는 없었습니다. 그래서 내가 일본경찰에 협력한 사실을 아는 사람이 없는 도마리키시의 탄광으로 갔습니다. 도마리키시의 탄광에서 일하면서 나는 책임감으로 인한 공포에 시달렸고 누구에게도 내가 일본경찰의 비공개 요원이었고 일본경찰이 가미시스카시에서 18명의 한국인을 총살했다는 사실을 발설하지 않았지만 그러한 사실이 있었다는 것은 말을 했습니다. 그리고 총살 시에 내가 있었고 나의 직접적인 참가 하에 사체를 방화했다는 사실은 모두 은폐했습니다.

질문: 당신은 붉은 군대의 사령부 앞으로 편지를 쓴 적이 있습니까?

답변: 예, 1945년 12월 나는 붉은 군대의 사령부 앞으로 편지를 썼습니다.[23]

질문: 편지의 내용을 진술해보시오.

답변: 붉은 군대사령부 앞으로 보내는 편지에서 나는 일본의 압제에서 한국 민중을 해방시켜 준 것에 대해 붉은 군대에게 감사를 표했습니다. 그리고 도마리키시 탄광에 군 포로수용소에서 도망친 일본군인 8명이 숨어있으며 또 그곳에는 두 명의 한국인을 죽였고 현재 한국인을 괴롭히는 일본인 하시모토가 일하고 있다고 보고했

---

[23] 이두복의 한글본 원의서(청원서)의 작성 날짜는 1945년 10월 5일로 되어 있고 러시아어 번역문(7-8쪽)에는 작성날짜가 없는데 아마도 같은 해 12월에 번역되어 제출된 것으로 보인다. —역자

습니다. 그리고 나는 붉은 군대의 사령부 앞으로 보내는 편지에서 시스카시에 가미시스카시의 시장 구니모토가 거주하고 있고 가미시스카시에서 일본경찰이 18명의 한국인을 총살했고 붉은 군대가 입성하기 전에 도시를 방화했다고 보고했습니다. 마지막에서 나는 당시 가미시스카시의 일본경찰에 의해 감옥에 있었기 때문에 이에 대해 개인적으로 알게 되었다고 썼습니다.

질문 : 붉은 군대의 사령부 앞으로 보낸 당신의 편지 내용은 진실입니까?

답변 : 아니요, 편지의 내용은 거짓입니다. 내가 붉은군대 사령부 앞으로 보낸 편지에 보고한 내용의 일부는 꾸며낸 것이지만 가미시스카시의 방화에 관한 것은 진실입니다.

질문 : 당신은 어떤 목적으로 이런 편지를 붉은군대 사령부 앞으로 보냈습니까?

답변 : 내가 붉은군대 사령부 앞으로 거짓 된 내용의 편지를 보낸 것은 한국인들을 억압하고 소비에트 연방에 적대적인 행동을 한 남 사할린의 일본군인들과 일본정부의 지도부를 처단하는데 적극적으로 협력하는 신망 있는 한국인이라는 붉은 군대의 평가를 얻으려는 것이었습니다. 나는 그렇게 해서 내가 일본의 비공개 경찰이었음을 은폐시키고 일본경찰로 근무하면서 저지른 나의 범죄행위에 대한 책임을 벗어나려고 했습니다.

심문은 16시 00분에 끝났다.

조서는 나에게 한국어로 완벽하게 읽혀졌고 내 증언은 정확하게 기록되었습니다. 이 사실에 대해 서명합니다. (李斗福 서명)

심문했음 : 극동군사관구 방첩부대 4국 2과 수사관

        중위   (서명)   /그리쉰/

        제264 보병사단방첩부대 상급수사관

        대위   (서명)   /아멜리차코프/

한국어 통역관

        상사   (서명)   /에반쉰/

피의자 구니모토 토후쿠의 심문 조서

1946년 7월 18일   남 사할린스크시

　심문은 통역관 에반쉰에 의해 한국어로 이루어졌으며 피의자 진술에 대해 잘못된 통역을 할 경우 책임이 따른다는 것을 러시아사회주의연방 공화국 형법 제95조에 의거하여 주지시켰다. (통역관 서명)

　심문은 13시 00분에 시작되었다.

질문: 1945년 6월부터 붉은 군대가 입성하기 전까지 비공식적 활동 이외에 당신이 일본경찰에서 맡고 있던 직책은 무엇이었습니까?

답변: 가미시스카시의 일본경찰에서 특정한 직책을 갖고 있지는 않았습니다. 나는 경찰들의 지시에 따라 잡다한 일들을 했습니다. - 방공호를 팠고 식당으로 물을 날랐고 경찰서건물을 청소했습니다.

질문: 당신은 일본경찰에서 일하는 대가로 월급은 얼마를 받았나요?

답변: 내게 아무도 말해주지도 않았고 나도 관심이 없었기 때문에 내 월급이 얼마였는지는 모릅니다. 모든 경찰들이 식사를 하는 경찰 식당에서 식사를 했습니다. 식비를 지불하지는 않았습니다. 나는 일정한 거주지가 없었습니다. 아무데서나 잤습니다. 경찰서건물에서 잠을 자기도 했지만 대부분은 감방에서 살았습니다. 1945년 8월 15일까지는 체포된 사람이 없어서 감방이 비어있었기 때문에 한 감방에서 생활했습니다. 감방 문은 잠그지 않았고 근처에 경비병도 없었습니다. 1945년 8월 18일 미야지마가 경찰들은 일본으로 떠날 준비가 끝났으니 나보고 남쪽으로 떠나라고 말했습니다.

그는 내게 돈을 줄 수 없어서 미안하다고 했습니다. 그런데 내가 경찰간부 미야지마에게 나도 일본으로 데려가 달라고 부탁을 하면서 그에게 돈을 요구하지 않았습니다. 더군다나 그는 내 부탁 –일본으로 데려가는 것– 에 쾌히 응낙했습니다.

질문 : 당신은 스파이 활동과 한국인을 넘겨준 대가로 일본경찰로부터 상을 받은 적이 있습니까?

답변 : 일본경찰로부터 포상금은 받은 적이 없습니다. 미야지마가 1945년 8월 18일 한국인을 경찰에 넘겨준 일로 대가를 지불하고 싶어했지만 그가 말한 대가가 무엇인지는 정확하게 말할 수 없습니다.

질문 : 그러면 당신은 지난 번 심문에서 진술한 것처럼 일본경찰에 의해 체포되지 않았나요?

답변 : 1945년 6월 28일 경찰은 나를 소환하자마자 감옥에 집어넣었고 자물쇠로 잠갔습니다. 하지만 내가 경찰 사사야에게 협력하고 스파이활동을 하면서 사사야가 주는 임무를 수행하겠다는 약속을 하자마자 경찰서에서 자유롭게 생활하게 되었습니다. 그러나 허락 없이 경찰서 마당을 나가는 것은 허용되지 않았기 때문에 나는 내가 경찰에 의해 체포된 것인지 아닌지 정확하게 말을 할 수가 없습니다. 왜 관청하청업자 나리타의 돈을 갚지 않느냐고 두 번 나를 심문했습니다. 그리고 더 이상 아무도 이에 대해 묻지 않았습니다.

심문은 15시 40분에 끝났다.

조서는 나에게 한국어로 완벽하게 읽혀졌고 내 진술은 정확하게 기록되었습니다. 이 사실에 대해 서명합니다. (李斗福 서명)

심문했음 : 제264 보병사단방첩부대 상급수사관

　　　　　　대위　　(서명)　　　　　　　　　/아멜리차코프/

통역관 극동군사관구 방첩부대

　　　　　　상사　　(서명)　　　　　　　　　/에반쉰/

피의자 구니모토 토후쿠의 심문 조서

1946년 7월 18일   남 사할린스크시

심문은 통역관 에반쉰에 의해 한국어로 이루어졌으며 피의자 진술에 대해 잘못된 통역을 할 경우 책임이 따른다는 것을 러시아사회주의연방공화국 형법 제95조에 의거하여 주지시켰다. (통역관 서명)

심문은 20시 00분에 시작되었다.

질문: 1945년 8월 15일과 16일 당신은 가미시스카시의 주민 중 누구를 찾아갔는지 진술하시오?

답변: 1945년 8월 15일과 16일 이름은 모르고 성이 노시코라는 일본인 이외에는 가미시스카시의 누구도 찾아가지 않았습니다. 1945년 8월 16일 노시코의 집에 있는 내 가방을 찾으러 갔습니다.

질문: 당신은 거짓진술을 하고 있습니다. 당신은 가미시스카시의 누구의 집을 더 찾아갔는지 진술하시오?

답변: 내 진술은 진실입니다. 1945년 8월 15일과 16일 이름을 모르는 일본인 노시코 이외에는 가미시스카시의 누구도 찾아가지 않았습니다.

질문: 1945년 8월 15일 당신은 한국인 다나카 분키치의 집에 가지 않았나요?

답변: 이미 앞에서 말했습니다. 1945년 8월 15일과 16일 다나카 분키치를 포함해서 가미시스카시의 누구도 찾아가지 않았습니다.

질문: 1946년 7월 4일자 증인 히로야마 가쿠쑨, 또는 신-학-순 증언

의 발췌록에 따르면 1945년 8월 15일 다나카의 집을 찾아갔습니다. 그의 증언이 맞습니까?

답변 : 1946년 7월 4일 증인 히로야마 가쿠쑨 또는 신 - 학 - 순 증언의 발췌록을 나는 읽었습니다. 그의 증언은 완전히 거짓입니다. 나는 이미 위에서 진술했습니다. 1945년 8월 15일과 16일 이름을 모르는 일본인 노시코 이외에는 가미시스카시의 누구도 찾아가지 않았습니다. 그러니 이를 부인합니다.

심문은 22시 30분에 끝났다.

조서는 나에게 한국어로 완벽하게 읽혀졌고 내 진술은 정확하게 기록되었습니다. 이 사실에 대해 서명합니다. (李斗福 서명)

심문했음 : 제264 보병사단방첩부대 상급수사관
        대위   (서명)   /아멜리차코프/

한국어 통역관 극동군사관구 방첩부대
        상사   (서명)   /에반쉰/

심문 조서

1946년 7월 19일   남 사할린스크시

　본인, 제264 보병사단방첩부대 상급수사관 대위 아멜리차코프와 극
동군사관구 군 검사보 소령 차폽스키는 이날 1917년 한국출생으로 농
민출신이고 무 당적에 보통학교 5학년을 졸업했고 독신이며 전과는 없
고, 남 사할린 홈스크 지역의 쿠라시 마을에서 거주하는 피의자 구니모
토 토후쿠, 또는 이-두-복을 심문했다.

　심문은 통역관 에반쉰에 의해 한국어로 이루어졌으며 피의자 진술에
대해 잘못된 통역을 할 경우 책임이 따른다는 것을 러시아사회주의연방
공화국 형법 제95조에 의거하여 주지시켰다. (통역관 서명)

　심문은 11시 00분에 시작되었다.

질문 : 러시아사회주의연방공화국 형법 제58조 4항에 따라 범법자로 기
　　　소되었습니다. 당신은 당신에게 제출된 고소장에 있는 죄를 인정
　　　합니까?

답변 : 고소장에 있는 죄를 완전히 인정합니다.

질문 : 당신은 구체적으로 어떤 죄를 인정하지요?

답변 : 나의 구체적인 죄는 다음과 같습니다:

　　　a) 가미시스카시의 일본경찰로 근무하기 전인 1945년 5월 20
　　　-25일쯤 자발적으로 가미시스카시의 경찰서를 찾아가서 사사야
　　　(이름은 모름)를 만났습니다. 그리고 내가 사적으로 대화를 나누

다가 알게 된 한국인 정연달 또는 구니모토가 최근 사할린에서 도망갈 계획을 가지고 있다고 사사야에게 알렸습니다. 내가 경찰을 찾아가기 전에 나는 친하게 지내던 정-연-달의 집을 찾아갔는데 대화중에 그는 내게 이런 말을 했습니다: 너는 왜 한국에 가지 않느냐? 만일 지금 가지 않으면 남 사할린에서 전쟁이 발발하면 아예 갈 수 없을 것이다. 그래서 나는 그에게 너는 왜 한국으로 가지 않느냐? 고 물었습니다. 그는 많은 가족이 있기 때문에 전쟁이 터지면 꼭 차로 가야만한다고 했습니다.

나는 그에게 빚을 지고 있기 때문에 한국에 갈 수 없다고 말했습니다. 나는 나와 정-연-달이 나눈 대화를 경찰 사사야에게 보고하면서 남 사할린에서 도망치려고 하는 정-연-달에게로 그의 관심을 집중시켰습니다. 나의 밀고로 1945년 5월 27일 정연달은 일본경찰에게 체포되어서 시스카시에 있는 일본경찰서로 호송되었습니다. 붉은 군대가 남 사할린을 점령하면서 정-연-달은 감옥에서 풀려났습니다.

나는 1942년 가미시스카시에 거주할 때부터 한국인 정-연-달과 알고 지냈습니다. 정-연-달은 가미시스카시에서 근근이 연명하고 있었습니다. 밀고의 원인은 정-연-달의 엄마가 개입하여 어릴 적부터 가미시스카시에서 살다가 한국으로 이주한 어떤 한국 아가씨와 내가 결혼하려는 것을 방해했기 때문입니다. 이 아가씨의 이름은 서-언-년입니다.

이외에도 나는 정-연-달의 엄마와 관계가 좋지 않았는데 그녀의 이름은 기억나지 않습니다. 그녀는 내가 고기를 다른 사람에게는 팔면서 그녀에게만 팔지 않는다고 화를 냈습니다.

6) 1945년 6월 28일 한국인 수니모토 하루오가 내가 그에게서 빌린 돈 500엔을 갚지 않는다고 경찰에 밀고하여 나는 가미시스

카시 경찰에게 체포되었습니다. 나와 대화 도중 사사야는 경찰과 협력할 것을 제안했고 나는 구두동의를 했습니다. 그날 나는 풀려났고 사사야로부터 무라카미가 소비에트스파이인지 알아내라는 임무를 받았습니다. 사사야의 명령대로 나는 나와 정 - 연 - 달이 소비에트 스파이인 것처럼 하면서 무라카미 또는 최 - 봉 - 섭의 집에 가야만 했습니다. 정 - 연 - 달은 이미 경찰서에 체포되어 있었기 때문에 내가 무라카미를 속이려 한다는 것을 알 수가 없었습니다.

무라카미와의 여러 번의 대화에서 그는 내가 도망가는 것을 도와 줄 수 있다고 말했습니다. 나는 그날 무라카미를 체포한 사사야에게 무라카미의 이 약속을 보고했습니다. 체포된 무라카미는 시스카시의 감옥으로 호송되었고 붉은 군대에 의해 감옥에서 풀려났습니다.

B) 1945년 7월초 가미시스카시 경찰서건물의 맞은편에서 살고 있던 한국인 수니모토와 개인적으로 대화를 나눌 때 그는 일본정권에 불만을 품고 있으며 가미시스카시의 일본경찰을 모두 죽이기 위해 〈〈경찰서건물에 폭탄을 투하할 것〉〉이라고 말했습니다. 나는 1945년 7월 4일 수니모토와 나눈 대화에 대해 사사야에게 보고했습니다. 수니모토는 체포되었고 10일 뒤에 풀려났습니다.

1945년 8월 17일 사사야는 내게 벤진 통을 가져오라고 했고 나는 그의 지시대로 했습니다. 벤진은 이름은 모르고 성이 마쓰부로라는 일본인에게서 가져왔는데 그는 가미시스카에 살고 가연성 물질을 보관하는 창고를 소유하고 있었습니다.

사사야는 왜 벤진이 필요한지 나에게 말하지 않았습니다. 이날 사사야는 이 벤진으로 자신의 집을 그 후 곧 이 통을 들고 경찰서건물로 되돌아오는 것을 보았습니다. 이날 몇 시간 뒤에 경찰서건물이 방화되었습니다. 누가 경찰서건물을 방화했는지는 모릅니다. 그때 나는 경찰서건물에서 40m쯤 떨어진 곳에서 자전거에 탄창상자를 묶고 있었기 때문입니다. 건물 내부에서부터 불이 시작된 것을 보았습니다. 나는 전날, 즉 1945년 8월 16일 가미시스카시의 일본경찰의 감옥에 약 20명의 한국인이 체포되어 있는 것을 보았습니다.

1945년 8월 17일 경찰서건물을 방화한 순간 방화와 동시에 체포된 한국인에 대한 사격이 시작되었습니다.

1945년 8월 18일 나는 4명의 경찰과 운전수와 함께 총살흔적을 없애기 위해 타지 않은 사체유골을 창고 모서리에 있는 석탄 불 속에 던졌습니다.

심문은 14시 30분에 끝났다.

조서는 통역관 에반쉰에 의해 나에게 한국어로 완벽하게 읽혀졌고 내 진술은 정확하게 기록되었습니다. 이 사실에 대해 서명합니다. (李斗福 서명)

심문했음 : 극동군사관구 군 검사보 소령
　　　　　　　(서명)　　　　　　　　　　　　　/차폽스키/
　　　제264 보병사단방첩부대 상급수사관
　　　　대위　　(서명)　　　　　　　　　　　/아멜리차코프/

통역관 극동군사관구 방첩부대
　　　　상사　　(서명)　　　　　　　　　　　/에반쉰/

(104–110쪽)

심문 조서

1946년 7월 19일   남 사할린스크시

  본인, 제264 보병사단방첩부대 상급수사관 대위 아멜리차코프와 극동군사관구 방첩부대 4국 2과 수사관 중위 그리쉰은 이날 피의자 구니모토 토후쿠와 증인 무라카미 사부로, 또는 최－봉－섭의 대질심문을 진행했다.

  15시 40분에 시작되었다.

  증인 무라카미에게 러시아사회주의연방공화국 형법 제95조에 의거하여 거짓증언에 책임이 따른다는 것을 주지시켰다. (증인 崔鳳燮 서명)

  대질심문은 통역관 에반쉰을 통해 한국어로 진행되었으며 피의자 진술의 잘못된 통역에 대해 책임이 따른다는 것을 러시아사회주의연방공화국 형법 제95조에 의거하여 주지시켰다. (통역관 서명)

  피의자 구니모토 토후쿠와 증인 무라카미는 두 사람이 가미시스카시에서 거주하던 1945년 4월부터 알고 지냈으며 그들 사이에 사적인 이해관계는 없다고 언급했다.

증인에게 질문: 구니모토 토후쿠의 범죄행위에 대해 아는 대로 상세하게 증언하겠소?
증인의 답변: 나는 1945년 4월부터 1945년 6월까지 짧은 기간 동안 구

니모토 토후쿠와 알고 지냈는데 그냥 가미시스카시에 같이 사는 사람들 사이 같은 거였습니다. 나는 그가 가미시스카시에 살면서 무슨 일을 하는지조차도 몰랐습니다. 사실 그가 가미시스카시의 경찰서에 드나드는 것을 몇 차례 보았습니다. 나는 구니모토가 경찰서에서 일을 하거나 다른 어떤 연유로 불려가는 거라고 생각했습니다.

1945년 6월 29일 내 집에 온 구니모토 토후쿠가 내게 어디서 무슨 일을 하느냐고 묻기 시작했습니다. 나는 아사시 국경마을에 있는 다카하이 데지로의 집에서 일하고 있으며 국경지대에서 사냥과 어획을 한다고 말했습니다. 구니모토는 그를 내 일터로 데려가 줄 수 있는 지 물었습니다. 나는 지금은 약속할 수 없지만 주인에게 말해보겠다고 했습니다. 구니모토 토후쿠와 내가 이런 대화를 나눈 날이 1945년 6월 29일 오전입니다. 그날 저녁 구니모토가 두 번째로 나를 찾아와서 우리가 아침에 나누었던 주제로 동일한 대화를 다시 시작했습니다. 이때 구니모토는 내게 도움을 청하러 왔다고 말했습니다. 나는 무엇을 어떻게 도와주어야 하는지 물었습니다. 그러자 그는 한국인 정-연-달은 소비에트스파이 혐의를 받고 이미 일본경찰에 의해 체포되어 있는데 자신(즉 구니모토)도 정-연-달과 함께 소비에트의 스파이활동을 했다고 말했습니다.

그래서 자신을 체포할 수도 있다고 했습니다. 마치 상황이 아주 복잡한 척하면서 나에게 소비에트 쪽으로 국경을 넘도록 도와달라고 하였습니다. 이를 위해서는 우선 그를 아사시 마을의 내 일터로 데려가야만 했습니다. 구니모토의 이 말을 듣자 나는 그가 어떤 특별한 목적을 가지고, 즉 경찰의 명령을 받고 내게 왔다는 것을 확신했습니다. 그래서 나는 그에게 노골적으로 국경지역으로 인도해 줄 수는 없다고 말했습니다. 이를 위해서는 경찰의 허가가 있어야 한다고 했습니다. 내가 아사시 마을로 데려가 달라는 그의 부탁을 거절하자 나에게 그가 가지고 있는 어떤 작은 책자를 가지라고 부탁하기 시작했습니다. 나는 그가 내게 넘겨주려는 책이 어떤 책이냐고 묻자 그는 책을 먼저 받으면 그 내용을 설명해 주겠다고 했습니다. 하지만 나는 그에게서 이 책을 받는 것을 결단코 거절했습니다. 이미 어떤 목적을 가진 경찰의 스파이라는 것이 확실해졌기 때문입니다. 그때 나는 우리 집 창문가에서 나와 구니모토의 대화를 엿듣고 있는 경찰을 발견했습니다.

그런 식으로 구니모토는 1945년 7월 3일 까지 두 번 내 집에 왔습니다.

언젠가는 저녁때 구니모토와 경찰이 함께 왔는데 경찰은 내 집 근처에 서서 나와 구니모토의 대화를 엿듣고 있었습니다. 이것은 나, 가족들, 이웃 사람들이 직접 보았습니다. 한번은 구니모토와 대화를 할 때 그는 나에게 남 사할린에 미군이 올 경우 어디로 도망칠 거냐고 물었습니다. 그런데 구니모토와 대화를 나눌 때 나는 구니모토의 모든 질문에 대해 충성스런 일본인처럼 대답을 했습니다. 1945년 7월 3일 구니모토는 내가 아직 자고 있는 이른 아침 우리 집에 왔다가 갔습니다. 오전 9시쯤 구니모토는 두 번째로 나를 찾아왔습니다. 나는 그에게 아침을 같이 먹자고 했고 그는 나와 함께 아침식사를 했습니다. 아침 식사를 할 때 그가 나보고 언제 아사시 마을로 떠날 생각이냐고 물었습니다. 나는 오늘이라고 대답했습니다. 그리고 구니모토는 우리 집을 나갔습니다. 몇 시간 뒤 즉 1945년 7월 3일 12시쯤 일본경찰이 집에서 나를 체포한 뒤 시스카시의 감옥으로 이송했습니다. 시스카시에서 나를 심문할 때 일본경찰은 나에게 소비에트 스파이란 것을 자백하라고 강요했습니다. 이때 12차례 나를 참혹하게 때렸는데 어깨 상처와 나의 건강상태가 이를 증명합니다.

　1946년 6월 20 - 21일 나는 우연히 기차에서 구니모토 토후쿠를 만났는데 그는 자신이 나를 경찰에 밀고했다고 말하면서 그 자리에서 죽여달라고 했습니다.

피의자에게 질문 : 당신은 증인 무라카미의 증언을 인정합니까?

피의자의 답변 : 나는 증인 무라카미의 증언을 완전하게 인정합니다. 사실 1945년 6월 29일부터 1945년 7월 3일까지 가미시스카시 경찰의 정치범담당 경찰 사사야의 명령을 받고 무라카미의 집을 찾아갔습니다. 사사야는 내게 무라카미가 소비에트 스파이인지 여부를 밝히라는 과제를 주었습니다. 이를 위해 사사야는 나에게 무라카미와 대화할 때 이용하라고 스파이활동과 관련된 무용담을 내게 들려주었습니다. 그 내용은 무라카미가 이미 말한 바와 같습니다. 나는 무라카미 집을 나온 뒤 사사야의 사무실로 가서 사사야에게 무라카미가 나를 소비에트 국경지대로 데려다 주기로 했다고 말했습니다. 하지만 무라카미는 내게 그런 말을 하지 않았습니다. 나의 거짓밀고로 무라카미가 체포되었습니다.

피의자에게 질문 : 당신은 어떤 목적으로 무라카미가 소비에트 스파이라는 거짓밀고를 일본경찰에 했습니까?

피의자의 답변 : 무라카미와 관련된 거짓밀고를 할 때 나는 어떤 목적도 가지고 있지 않았습니다. 이 모든 것은 단지 나의 사적인 이익 때문이었습니다.

증인에게 질문 : 구니모토 토후쿠의 범죄행위에 대해 더 알고 있는 것이 있습니까?

증인의 답변 : 구니모토 토후쿠의 범죄행위와 관련하여 내가 개인적으로 알고 있는 것은 더 이상 없습니다. 하지만 1945년 8월 17일 총살

을 피해 가미시스카시에서 도망친 한국인 신-학-순의 말에 의
하면 1945년 8월 17일 가미시스카시에서 일본경찰에 의해 총살
된 17명의 한국인은 모두 구니모토 토후쿠의 밀고로 잡혀왔다고
합니다. 그런데 이것이 얼마나 진실성이 있는 지는 확신할 수 없
습니다. 신-학-순은 시스카시에 거주했지만 시스카시를 떠나
어디론가 갔기 때문에 지금은 어디에서 살고 있는지 모릅니다.

피의자에게 질문: 당신은 증인 무라카미의 증언을 인정합니까?

피의자의 질문: 나는 이전에 이미 증언했습니다. 나는 무라카미, 수니모
토와 정-연-달 이외에는 누구도 일본경찰에 밀고하지 않았습
니다. 그래서 증인 무라카미의 증언을 부인합니다. (피의자 李斗福
서명)

대질심문은 18시 30분에 끝났다.

조서는 우리에게 통역관 에반쉰이 한국어로 완전하게 읽어주었고 우
리의 진술은 정확하게 기록되었습니다. 이 사실에 대해 서명합니다. (증
인 崔鳳雙 서명)

대질심문을 진행했음:
제264 보병사단방첩부대 상급수사관 대위
(서명)   /아멜리차코프/
극동군사관구 방첩부대 4국 2부 수사관 중위
(서명)   /그리쉰/
통역관 극동군사관구 방첩부대 상사
(서명)   /에반쉰/

심문 조서

1946년 7월 23일   돌린스크시

  본인, 제264 보병사단방첩부대 상급수사관 대위 아멜리코프는 이날 1927년 한국 거제 출생으로 농민출신이며 한국인으로 일본시민권자이며 6학년을 마쳤고 전과는 없고 돌린스크시에 거주하며 제지공장에서 의용소방대원으로 근무하는 정-연-섭 또는 나부하타 미쓰스케를 증인자격으로 심문했다.

  심문은 통역관 체르느이쉐바 지나이다 이바노브나에 의해 일본어로 진행되었으며 통역관은 러시아사회주의연방공화국 형법 제95조에 의거하여 잘못된 통역에 대해 책임이 따름을 주지받았다. (통역관 체르느이쉐바 서명)

  증인은 러시아사회주의연방공화국 형법 제95조에 의거하여 거짓진술에 대해 책임이 따름을 주지받았다. (증인 鄭然燮 서명)

질문 : 당신은 일본경찰에게 체포되었습니까?
답변 : 예, 1945년 6월19일 가미시스카시에 거주할 때 가미시스카시의 일본경찰에게 체포 되었습니다.
질문 : 당신이 일본경찰에게 체포된 사실에 대해 더 자세하게 진술해 주십시오?
답변 : 대략 1945년 6월초 내 친구 히로야마 마사오는 조선의 해방을 위해 일본 압제자들에게 대항하는 한국 민중들의 투쟁을 찬양하

는 노래를 지었습니다. 이 노래를 그와 함께 읽으면서 일제의 법에 복종하지 말고 한국말로만 이야기를 나누자고 했습니다.

우리들의 계획을 어떤 한국인에게도 발설하지 않았는데 하물며 일본인에게는 더 말할 것도 없습니다. 그런데 우리에게 불행이 찾아왔습니다: 어느 날, 정확하게 기억나지는 않지만 히로야마 마사오는 자신이 쓴 노래를 어딘가에서 잃어버렸습니다. 그 결과 1945년 6월 19일 나와 나의 형 정 – 연 – 달 또는 구니모토 젠타쓰는 우리 집에서 체포되었고 히로야마 마사오는 그 시간에 이발소에서 나와 길거리에서 경찰에게 체포되었습니다. 이 날 우리 셋은 가미시스카시에서 시스카시의 감옥으로 이송되었습니다.

질문 : 시스카시에서 누가 당신을 심문했고 어떤 죄로 고발되었나요?

답변 : 이름은 기억나지 않지만 정치국 국장 토다와 또 이름이 기억나지 않는 경찰간부 사사키가 나를 심문했습니다. 나를 위에서 언급한 항일노래를 작곡했다는 죄목으로 고발했습니다. 내가 고발내용을 인정하지 않자 심문하면서 10번 이상 밧줄로 나를 구타했습니다. 1945년 8월 19일 우리는 붉은 군대에 의해 감옥에서 풀려났습니다.

질문 : 당신의 형 정 – 연 – 달은 왜 체포되었습니까?

답변 : 나의 형 정 – 연 – 달이 왜 체포되었는지 정확하게 말할 수가 없습니다. 하지만 그에게도 반일을 기도했다는 고발장이 제출되었습니다.

질문 : 당신은 누군가의 밀고로 당신들이 일본경찰에게 체포되었다는 사실을 알았습니까?

답변 : 이에 대해 아무 것도 모르기 때문에 누구의 밀고인지는 정확하게 증언할 수 없습니다. 내 큰 형 정 – 연 – 달 또는 구니모토의 말에 의하면 그도, 나도 한국인 구니모토 토후쿠의 밀고로 체포되었다

고 합니다.

질문 : 당신은 구니모토 토후쿠를 압니까?

답변 : 한국인 구니모토 토후쿠를 나는 잘 압니다. 그는 자주 내 큰 형정 – 연 – 달을 찾아왔지만 그의 실질적인 활동에 대해서 전혀 모릅니다. 가미시스카시에 거주하는 한국인들의 말을 듣고서 구니모토가 경찰의 비밀첩자이고 그가 많은 한국인들을 일본경찰에 밀고했다는 사실을 알게 되었습니다.

구니모토 토후쿠에 대해서 더 이상 아는 바가 없습니다.

조서를 통역관 체르니이쉐바가 나에게 모두 읽어주었고 나의 진술은 정확하게 기록되었습니다. 이 사실에 대해 서명합니다. (증인 鄭然雙 서명)

심문했음 :

　　　　제264 보병사단방첩부대 상급수사관 대위

　　　　　　(서명)　　　　　　　　　　　　　/아멜리차코프/

통역관 제264 보병사단방첩부대　　(서명)　　　　　　/체르느이쉐바/

심문 조서

1946년 7월 24일   가미시스카시

　본인, 제264 보병사단방첩부대 상급수사관 대위 아멜리차코프는 증인으로 1927년 한국 전라도 장성군 대도리 출생으로 농민출신이며 6학년을 졸업했고 한국인으로 전과는 없으며 가미시스카에 거주하고 현재 군 야전통신부대인 54797부대의 통역관으로 근무하는 히로야마 마사오 또는 신 - 춘 - 우를 심문했다.

증인에게 질문 : 어떤 언어로 증언을 하기를 원합니까 라고 묻자 러시아어를 잘하기 때문에 러시아어로 증언하기를 원한다고 했다.

　증인은 러시아사회주의연방공화국 형법 제95조에 의거하여 거짓진술에 대해 책임이 따름을 주지받았다. (증인 신춘우 서명)

질문 : 당신은 가미시스카시에서 일본경찰에게 체포된 적이 있습니까?
답변 : 예, 가미시스카시에서 일본경찰에게 체포되었습니다. 1945년 6월 19일이었습니다.
질문 : 당신이 가미시스카시에서 일본경찰에게 체포된 이유에 대해 상세하게 증언하겠습니까?
답변 : 1945년 6월초 나는 한국인에 대한 일본정부의 정책에 불만을 품고 있었기 때문에 일본어로 일본 압제자들과 대항하는 한국 민중들의 투쟁을 찬양하고 이 투쟁에 한국인들의 동참을 호소하는 노래를 작곡했습니다. 이 노래를 나는 친구인 정 - 연 - 섭에게만 읽

어주었습니다. 그 이외에는 그 누구에게도 이 노래에 대해 발설하지 않았습니다. 그런데 어째서인지 그것이 일본경찰의 수중에 넘어가 있었습니다. 1945년 6월 19일 이발소에서 나와 집으로 가려는데 가미시스카시의 일본경찰이 길거리에서 나를 체포했습니다. 경찰은 두 명이었는데 이름은 둘 다 기억나지 않습니다.

동시에 나와 함께 즉 1945년 6월 19일 한국인 정 – 연 – 섭과 그의 형인 정 – 연 – 달 또는 구니모토 젠타쓰가 자신의 집에서 체포되었습니다. 체포된 날 우리 셋은 시스카시의 일본경찰서로 이송되었습니다.

질문: 시스카시에서 누가 당신을 심문했고 어떤 죄로 고발되었나요?

답변: 이름은 둘 다 모르지만 시스카시 경찰서 정치국장 토다와 경찰간부 사사키가 나를 심문했습니다. 위에서 언급한 항일노래를 작곡했다는 죄목으로 나를 고발했습니다. 심문에서 나를 매우 비인간적으로 취급했습니다. 나는 붉은 군대가 입성할 때까지 가미시스카시[24] 감옥에 갇혀있었습니다.

질문: 당신은 가미시스카시에서 누구의 밀고로 일본경찰에게 체포되었는지 알았습니까?

답변: 누구의 밀고로 가미시스카시에서 나, 정 – 연 – 섭과 정 – 연 – 달이 일본경찰에게 체포되었는지 모릅니다. 그러나 한국인 무라카미 사부로의 말에 의하면 구니모토 토후쿠의 밀고로 우리 모두 체포되었다고 합니다. 하지만 나는 이에 대해 모르기 때문에 확증할 수는 없습니다.

질문: 당신은 개인적으로 구니모토 토후쿠를 압니까?

---

24) 원본에도 가미시스카로 되어 있기에 그대로 번역했으나 신춘우가 갇혀 있던 감옥은 그의 "1945년 6월 19일 가미시스카시 경찰에게 잡혀 곧 시스카시 경찰서로 이송되었다는 진술"에서도 알 수 있듯이 시스카시 경찰서 감옥이다. 가미시스카시는 조서작성자 또는 신춘우의 실수로 판단된다. –역자

답변 : 한국인 구니모토 토후쿠를 나는 잘 압니다. 나는 정 – 연 – 섭, 정 – 연 – 달과 함께 살았습니다. 구니모토 토후쿠가 정 – 연 – 달을 자주 찾아왔기 때문에 그와 이야기를 나누기는 했지만 구니모토 토후쿠는 한 번도 정치적인 이야기를 꺼낸 적이 없었습니다. 그런데 두 차례에 걸쳐 개인적으로 나에게 건초 베는 날품팔이 노동자로 일하게 해주겠다고 제안했으나 거절했습니다.

질문 : 구니모토 토후쿠가 당신에게 일자리를 소개시켜준다고 했을 때 당신은 이미 반일 노래를 작곡했나요, 안했나요?

답변 : 예, 구니모토 토후쿠가 내게 건초 베는 날품팔이 노동자로 일하게 해주겠다고 제안했을 때는 이미 반일 노래를 작곡했을 때입니다. 대략 1945년 6월 9 – 10일 사이에 우리 집에서 구니모토 토후쿠와 대화를 했습니다.

질문 : 당신은 붉은 군대 입성 전 가미시스카시에서 구니모토 토후쿠의 행적을 알고 있습니까?

답변 : 나는 가미시스카시의 주민으로 하청업자로 일했던 구니모토 토후쿠를 압니다. 구니모토 토후쿠에 대해서 더 이상 아는 바가 없습니다.

질문 : 가미시스카시에 일본인 마쓰부로가 거주하고 있습니까?[25]

답변 : 붉은 군대 입성 전까지 일본인 마쓰부로는 가미시스카시에 거주했으나 현재는 가미시스카시에 거주하지 않습니다. 그의 현 거주지는 모릅니다.

조서는 나에게 모두 읽혀졌고 정확하게 기록되었다. 이에 대해 서명합니다. (증인 신춘우 서명)

---

25) 마쓰부로는 이두복에게 벤진을 내주었다는 가연성물질 창고 소유자이다. – 역자

심문했음: 제264 보병사단방첩부대 상급수사관 대위

(서명)   /아멜리차코프/

심문 조서

1946년 7월 24일   가미시스카시

    본인, 제264 보병사단방첩부대 상급수사관 대위 아멜리차코프는 1919년 한국 함안군 신평 출생으로 농민출신이며 6학년을 졸업했고 한국인으로 일본시민권자이며 전과가 없으며 가미시스카시 나카네가 No.10번지에 거주하는 수니모토 하루오 또는 박-봉-춘을 증인으로 심문했다.

    증인은 러시아사회주의연방공화국 형법 제95조에 의거하여 거짓진술에 대해 책임이 따름을 주지받았다. (증인 朴逢春 서명)

    심문은 한국어로 통역관 히로야마 마사오에 의해 진행되었고 러시아사회주의연방공화국 형법 제95조에 의거하여 잘못된 통역에 대해 책임이 따름을 주지받았다. (통역관 신춘우 서명)

질문 : 당신은 가미시스카시에 살 때 일본경찰에게 체포되었습니까?
답변 : 예, 1945년 7월 20일 가미시스카시에서 일본경찰에게 체포되었습니다.
질문 : 당신이 가미시스카시에서 일본경찰에게 체포된 이유에 대해 상세하게 진술하십시오?
답변 : 나는 일본경찰에게 체포되었을 때 그 이유를 몰랐습니다. 나는 심문과정에서 가미시스카시의 일본경찰에 대한 불만으로 인해 가미시스카시의 경찰건물에 폭탄을 투하하겠다고 누군가에게 발설

한 사실로 고발을 당했음을 알게 되었습니다. 실제로 가미시스카시의 그 누구에게도 이런 계획을 발설하지 않았습니다. 그런데 심문할 때 마다 가미시스카시의 경찰 사사야가 나를 몽둥이를 때렸기 때문에 나는 실제로 그런 계획을 세웠었다고, 즉 가미시스카시의 경찰 건물에 폭탄을 투하할 계획이었다고 말했습니다.

　1945년 9월초 한국인 구니모토 토후쿠가 내게 이런 말을 했습니다. 그는 하청업자 나리타의 부채를 갚지 않는다고 내가 그에게 욕을 했기에 나에 대한 불만으로 가미시스카시의 경찰건물에 내가 폭탄을 투하할 계획을 세우고 있다고 거짓으로 밀고했다고 했습니다.

질문 : 즉 당신은 구니모토 토후쿠의 거짓밀고로 체포되었네요?

답변 : 예, 나는 구니모토 토후쿠의 거짓밀고로 체포되었습니다. 이에 대해 그가 직접 말했습니다.

질문 : 당신은 가미시스카시의 일본경찰에 얼마동안 체포되어있었나요?

답변 : 나는 가미시스카시의 일본경찰서에 삼일동안 체포되어있었고 그 이후 감금에서 풀려났습니다.

질문 : 정확하게 진술하십시오. 당신은 가미시스카시의 경찰서건물에 폭탄을 투하하려 했다는 죄목으로 고발을 당했습니까?

답변 : 아니요, 내가 주민들에게 어째서 비행기가 가미시스카시 경찰서 건물에 폭탄을 투하하지 않는지 모르겠다고 말했다는 죄목으로 고발당했습니다.

질문 : 당신은 정말로 구니모토 토후쿠가 관청하청업자 나리타의 부채를 갚지 않는다고 그에게 욕을 했습니까?

답변 : 예, 나는 정말로 구니모토 토후쿠가 관청하청업자 나리타의 부채를 갚지 않는다고 그에게 욕을 했습니다. 이것은 1945년 5월 말이었습니다.

질문: 구니모토 토후쿠는 당신 이외에 가미시스카시의 주민들 중 또 누구를 일본경찰에 밀고했나요?

답변: 구니모토 토후쿠가 나 이외에 어떤 사람을 일본경찰에 밀고했는지 모릅니다.

질문: 1945년 8월 17일 가미시스카시에서 있었던 17명의 한국인 총살에 구니모토 토후쿠가 참가했습니까?

답변: 1945년 8월 17일 가미시스카시에서 17명의 한국인 총살에 구니모토 토후쿠가 참여했는지 나는 모릅니다. 이때 나는 가미시스카시를 떠나서 시스카시에 있었기 때문입니다.

질문: 당신은 가미시스카시에 살았던 일본인 마쓰부로를 압니까?

답변: 예, 나는 가미시스카시에 살았던 일본인 마쓰부로를 압니다. 그는 붉은 군대가 입성하기 전까지 가미시스카시에 살았습니다. 하지만 그는 지금은 가미시스카시에 살지 않습니다. 1945년 8월 그는 가미시스카시를 떠났고 지금은 어디에 살고 있는지 모릅니다.

조서는 통역관 히로야마가 나에게 처음부터 끝까지 모두 읽어 주었고 내 진술은 정확하게 기록되었습니다. 이 사실에 대해 서명합니다. (증인 朴逢春 서명)

심문을 진행했음 :

　　　　　제264 보병사단방첩부대 상급수사관 대위

　　　　　　(서명)　　　　　　　　　　　/아멜리차코프/

한국어 통역관 :

　　　　　　(서명)　　　　　　　　/히로야마, 또는 신 - 춘 - 우/

심문 조서

피의자 구니모토 토후쿠
1946년 7월 25일   가미시스카시

　심문은 극동군사관구 방첩부대 통역관 상사 에반쉰에 의해 한국어로
진행되었고 러시아사회주의연방공화국 형법 제95조에 의거하여 잘못된
통역에 대해 책임이 따름을 주지받았다. (통역관 에반쉰 서명)

질문: 당신이 알고 있는 일본경찰의 이름과 특징들을 모두 진술하시오.
　　　그들의 실질적인 활동에 대해 무엇을 알고 있습니까?
답변: 내가 알고 있는 일본경찰은 다음과 같습니다.
　　　1. 가미시스카시 경찰서장 아오야마(이름은 모름), 34－35세,
중키보다 조금 큰 편, 길고 통통한 얼굴, 깎은 머리, 금니(정확하
지는 않음), 흔들림 없이 꼿꼿하고 균형 잡힌 걸음걸이. 1945년
8월부터 남 사할린에 붉은 군대가 입성하기 전까지 가미시스카시
경찰서장으로 근무했습니다. 도요하라시에서 가미시스카시로 전
근해왔고 도요하라시에의 직책은 모릅니다. 그는 가미시스카시
경찰서장으로 근무하던 1945년 8월 17일 일본경찰들과 함께 체
포된 18명의 한국인을 총살시켰습니다. 아오야마가 한국인들의
총살에 참가했는지는 정확하게 말할 수 없습니다. 한국인들을 총
살시킨 뒤에 총살된 한국인들의 사체가 있는 경찰서건물을 방화
했습니다. 총살 후에 모든 경찰들은 가미시스카시에서 시스카시
로 철수했는데 아오야마도 포함되어 있었습니다. 1945년 9월 5－
6일 가미시스카시와 시스카시의 경찰들은 시스카시에서 붉은 군

대사령부에 의해 체포되어 어디론가 이송되었습니다. 이후 나는 아오야마를 보지 못했고 그가 지금 어디에 거주하는지 모릅니다.

2. 니시모리(이름은 모름), 1945년 7월까지 즉 아오야마가 오기 전까지 가미시스카시 경찰서서장으로 근무했습니다. 그의 특징과 실질적인 활동에 대해서는 1946년 7월 15일 심문 때 진술했습니다.

3. 사사야(이름은 모름), 그의 특징과 실질적인 활동에 대해서는 1946년 7월 15일 심문 때 진술했습니다.

4. 미야지마(이름은 모름), 30 - 35세, 중키, 마른 체형, 약간 길고 마른 얼굴형, 곧은 코, 각은 머리, 안경을 끼고 있으며 다른 특징은 모르겠습니다. 1944년부터 가미시스카시의 일본경찰에 근무했습니다. 가미시스카시에서 그가 어떤 일을 했는지는 모릅니다. 그의 특징과 실질적인 활동에 대해서는 1946년 7월 15일 심문 때 증언했습니다.

5. 나고야마(이름은 모름). 27 - 28세, 중키, 마르고 검은 얼굴, 짧게 각은 머리, 금니를 끼었지만 몇 개인지는 모르겠고 안경은 끼지 않았고 다른 특징은 모르겠습니다. 평경찰관으로 근무했으며 가미시스카시에서 18명의 한국인 총살과 경찰서건물 방화 시 경찰에 근무하고 있었고 18명의 한국인 총살과 경찰서건물 방화에 참가했는지는 정확하게 진술할 수 없습니다. 시스카시에서 1945년 9월 초에 그를 마지막으로 보았습니다. 9월 5 - 6일 다른 경찰들과 함께 붉은 군대에 체포되었고 현재 거주지는 모릅니다.

6. 하시모토(이름은 모름). 25 - 26세, 작은 키, 균형 잡히고 마른 체격, 약간 길고 마른 얼굴형, 짧게 각은 머리, 안경은 끼지 않았고 곧고 균형 잡힌 걸음걸이, 다른 특징은 모르겠습니다. 1945년 8월 17일 가미시스카시에서 18명의 한국인 총살과 경찰

서건물 방화 시 경찰에 근무하고 있었고 18명의 한국인 총살과 경찰서건물 방화에 참석했는지는 정확하게 증언할 수 없습니다. 1945년 8월 17일 다른 경찰들과 함께 시스카시로 떠나서 1945년 9월 초까지 있었고 이후 다른 경찰들과 함께 붉은 군대에 의해 어디론가 보내졌습니다. 현재 거주지는 모릅니다. 가미시스카시 경찰에서 평경찰관으로 근무했습니다.

7. 기오모토(이름은 모름). 37－38세, 중키보다 작은 키, 균형 잡히고 마른 체격, 둥근 얼굴형, 긴 코, 검은 얼굴, 짧게 깍은 머리, 안경을 쓰고 있으며 금니가 4개로 다른 특징은 모르겠습니다. 가미시스카시 경찰에서 평경찰관으로 근무했습니다. 1945년 8월 17일 가미시스카시에서 18명의 한국인 총살과 경찰서건물 방화 시 경찰에 근무하고 있었고 18명의 한국인 총살과 경찰서건물 방화에 참가했는지는 정확하게 진술할 수 없습니다. 1945년 8월 17일 나와 다른 경찰들과 함께 가미시스카시에서 시스카시로 철수한 뒤 1945년 9월 초까지 있었고 이후 다른 경찰들과 함께 붉은 군대에 의해 어디론가 보내졌습니다. 현재 거주지는 모릅니다.

8. 기쿠티 또는 기쿠치(이름은 모름). 24－25세, 중키, 중간 체격, 약간 길고 마른 얼굴형, 검은 얼굴, 안경을 쓰고 있으며 다른 특징은 모르겠습니다. 가미시스카시 경찰에서 평경찰관으로 근무했습니다. 1945년 8월 17일 가미시스카시에서 18명의 한국인 총살과 경찰서건물 방화 시 경찰에 근무하고 있었고 18명의 한국인 총살과 경찰서건물 방화에 참가했는지는 정확하게 진술할 수 없습니다. 1945년 8월 17일 나와 다른 경찰들과 함께 가미시스카시에서 시스카시로 철수했으며 현재 거주지는 모릅니다. 1945년 9월 초 시스카시에서 그를 마지막으로 보았습니다.

다른 경찰관은 모릅니다.

질문: 시부야, 이토, 히노시타 또는 히사카 및 아오야마의 일본경찰에서의 직책에 대해 무엇을 알고 있는 지 진술하시오?

답변: 시부야, 이토, 히노시타(히사카)와 아오야마에 대해서는 모릅니다. 일본경찰에서 그들의 직책에 대해 아는 바가 전혀 없습니다. 나는 경찰서장이었던 아오야마에 대해서만 알고 있는데 그에 대해서는 오늘과 지난번의 심문에서 진술했습니다.

질문: 일본군 헌병과 일본군 중에 아는 사람이 있습니까?

답변: 일본군 헌병과 일본군 중에는 아는 사람이 없습니다.

질문: 일본 첩보부대와 보안부대원 중에 아는 사람을 전부 대시오?

답변: 일본 첩보부대와 보안부대원 중에는 아는 사람이 없습니다.

심문은 10시 20분에 시작되었다.

심문은 13시 05분에 끝났다.

조서는 한국어로 내게 읽혀졌고 내 진술은 정확하게 기록되었습니다.

(李斗福 서명)

심문했음 : 극동군사관구 방첩부대 4국 2부 수사관
　　　　　　중위　　(서명)　　　　　　　　　　　　/그리쉰/

통역했음 : 극동군사관구 방첩부대 통역관
　　　　　　상사　　(서명)　　　　　　　　　　　　/에반쉰/

심문 조서

피의자 구니모토 토후쿠

1946년 7월 26일   남 사할린스크시

심문은 극동군사관구 방첩부대 통역관 상사 에반쉰에 의해 한국어로 진행되었고 러시아사회주의연방공화국 형법 제95조에 의거하여 잘못된 통역에 대해 책임이 따름을 주지받았다. (통역관 에반쉰 서명)

심문은 20시 30분에 시작되었다.

질문: 당신은 지난 심문들에서 진술한 사람들 이외에 누구를 일본경찰에 밀고했나요?

답변: 지난 심문들에서 내가 일본경찰에 밀고했다고 진술한 인물들 즉 구니모토, 수니모토와 무라카미 이외에 그 누구도 일본경찰에 밀고하지 않았습니다.

질문: 당신은 한국인 히로야마 마사오를 압니까?

답변: 예, 나는 한국인 히로야마 마사오를 알지만 그리 잘 알지는 못합니다. 그는 구니모토 또는 정-연-달과 같은 집에서 살았기 때문에 내가 구니모토를 찾아갔을 때 그곳에서 히로야마를 만났습니다. 정확히 기억나지는 않지만 나는 그와 개인적으로 한두 번 정도 대화를 나누었습니다. 한 번의 대화에서 내가 히로야마 마사오에게 건초 베는 노동을 제안했습니다.

질문: 당신은 히로야마 마사오와 무슨 이야기를 나누었나요?

답변: 히로야마 마사오와 어떤 문제에 대해 이야기를 나눈 적은 없습니다.

질문: 당신은 히로야마 마사오가 체포된 이유를 알고 있나요?

답변: 나는 히로야마 마사오가 구니모토 또는 정－연－달과 정－연－ 달의 동생과 함께 1945년 6월 19일 체포된 사실을 알고 있습니다. 하지만 히로야마 마사오가 일본경찰에 체포된 이유는 모릅니다.

질문: 당신은 히로야마에 대한 감시와 관련해 일본경찰로부터 어떤 임 무를 받았습니까?

답변: 아니요, 나는 히로야마에 대한 감시와 관련해 일본경찰로부터 어 떠한 임무도 받지 않았습니다.

질문: 1946년 7월 19일 심문에서 당신은 구니모토 또는 정－연－달이 1945년 5월 27일 당신의 밀고로 인해 일본경찰에게 체포되었다 고 진술했습니다. 그런데 지금은 구니모토 또는 정－연－달이 1945년 6월 19일 체포되었다고 진술하고 있습니다. 정확하게 진 술하시겠소?

답변: 1946년 7월 19일 진술에서 나는 구니모토 또는 정－연－달이 1945년 5월 27일 체포되었다고 체포된 날짜를 잘못 진술했습니 다. 실제로 정－연－달은 1945년 6월 19일 체포되었습니다. 나 는 지난 진술에서 내가 구니모토 또는 정－연－달을 5월에 경찰 에 밀고했다고 잘못된 진술을 했습니다. 나는 그가 체포되기 2－3 일 전에 즉 1945년 6월 16－17일경에 그를 경찰에 밀고했습니다.

질문: 1946년 7월 15일자 심문에서 당신은 또 정－연－달과 한국으로 가는 문제에 대해 이야기를 할 때 정－연－달이 많은 빚 때문에 한국에 돌아갈 수 없다고 했다고 진술했습니다. 그런데 1946년 7월 19일자 심문에서는 그가 아니라 당신이 많은 빚이 있어서 한 국에 돌아갈 수 없다는 진술을 했습니다. 1946년 7월 15일과 19 일자 진술 중 어떤 것이 맞는 것인지 정확하게 말하십시오?

답변: 1946년 7월 15일자 증언에서 나는 정－연－달이 많은 빚 때문에

한국에 돌아갈 수 없다고 했다고 잘못된 진술을 했습니다. 실제로 이 말은 내가 한 것이고 이 문제에 관한 내 진술은 1946년 7월 19일자 진술이 정확한 것입니다.

질문 : 1946년 7월 19일 진술에서 당신은 1945년 8월 17일 사사야의 명령으로 일본인 마쓰부로의 집에서 벤진 통을 가지고 왔다고 했습니다. 당신이 개인적으로 마쓰부로에게 벤진을 달라고 했습니까?

답변 : 아니요, 마쓰부로는 창고의 주인입니다. 내가 벤진을 가지러 그에게 갔을 때 그는 집에 없었습니다. 내가 그의 일꾼(이름은 모름)에게 갔을 때 내게 벤진 통을 주었습니다.

질문 : 당신은 어떤 목적으로 벤진을 요청했나요?

답변 : 벤진을 달라고 마쓰부로의 일꾼에게 요청하면서 나는 사사야가 벤진을 부탁했다고 말했습니다. 그러자 그는 아무 말 없이 벤진 통을 주었습니다. 그는 어떤 목적으로 벤진을 가져 가냐고 내게 묻지 않았고 나도 그에게 아무 말도 하지 않았습니다.

심문은 23시 20분에 끝났다.

심문했음 : 제264 보병사단방첩부대 상급수사관
    대위 (서명)   /아멜리차코프/
   극동군사관구 방첩부대 통역관 상사 (서명) /에반쉰/

심문 조서

증인 수니모토 하루오와
피의자 구니모토 토후쿠의 대질심문
1946년 7월 26일　　　　　　　　　　　　남 사할린스크시

　　대질심문은 러시아사회주의연방공화국 형사소송법 제137조에 의거
하여 한국어로 극동군사관구 방첩부대 통역관 상사 에반쉰에 의해 진행
되었고 잘못된 통역에 대해 책임이 따른다는 것을 러시아사회주의연방
공화국 형법 제95조에 의거하여 주지시켰다. (통역관 에반쉰 서명)

　　증인 수니모토 하루오는 러시아사회주의연방공화국 형법 제95조에
의거하여 거짓진술에 대해 형사상 책임이 따름을 주지받았다. (증인 朴逢
春 서명)

　　피의자 구니모토와 증인 수니모토는 서로를 인정한 후에 그들은
1943년부터 알게 되었고 그들 사이에 사적인 이해관계는 없으며 1945
년 여름 전까지 잘 알고 지냈다고 진술했다. 통역관 에반쉰의 진술통역
에 대한 반대는 없었다. (피의자 李斗福과 증인 朴逢春 서명)

　　대질심문은 14시 40분에 시작되었다.

증인 수니모토 하루오에게 질문 : 당신은 가미시스카시에서 언제, 왜 일본
　　경찰에게 체포되었습니까?
답변 : 가미시스카시에서 1945년 6월 중순 일본경찰에게 체포되었는데

처음에는 체포된 이유를 몰랐습니다. 체포된 후 나는 일본정부에 불만을 품고 가미시스카시 경찰서건물에 폭탄을 투하할 계획을 누군가에게 발설했다는 이유로 고발당했습니다. 사실 나는 경찰서건물에 폭탄을 투하할 계획을 누군가에게 발설한 적도 없고 그런 계획도 가진 적이 없습니다. 그런데 나를 심문한 사사야가 나를 몽둥이로 때렸고 나는 할 수 없이 실제로 내가 경찰서건물에 폭탄투하 계획을 세웠다고 자백 했습니다. 1945년 8월 말이나 9월 초 구니모토 토후쿠가 자신의 밀고로 내가 체포되었다고 직접 내게 말하면서 경찰에 거짓밀고를 한 자신을 용서해 달라고 했습니다. 심지어는 자신을 죽여도 좋다고 말했습니다. 이후 나는 구니모토 토후쿠가 경찰에게 나에 대한 거짓정보를 넘긴 것을 알게 되었습니다.

피의자 구니모토 토후쿠에게 질문 : 당신은 수니모토 하루오에 대해 가미시스카시 경찰에 어떤 밀고를 했습니까?

답변 : 가미시스카시 일본경찰에게 한국인 수니모토 하루오가 일본정부에 대한 불만으로 경찰서건물에 폭탄을 투하하여 일본경찰들을 살해할 계획을 가지고 있다고 밀고했습니다.

피의자 구니모토 토후쿠에게 질문 : 수니모토가 경찰서건물에 폭탄을 투하할 계획이라고 일본경찰에 밀고한 것은 거짓으로 꾸며낸 것이죠. 그렇지 않습니까?

답변 : 아닙니다, 나는 수니모토로부터 직접 들은 말을 밀고했지 거짓으로 수니모토를 밀고한 것은 아닙니다.

피의자 구니모토 토후쿠에게 질문 : 당신이 수니모토로부터 그가 경찰서건물에 폭탄을 투하할 계획이라는 말을 들은 것은 언제입니까?

답변 : 1945년 6월 초 나는 잠시 수니모토의 집에 거주하게 되었습니다. 그때 그가 두 명의 다른 한국인들(이름은 모름)과 술을 마시면서

일본경찰에 대한 불만으로 경찰서건물을 모두 부수기 위하여 폭탄을 투하할 것이라고 말했습니다. 이때 나는 식사를 하기 위해 수니모토가 있던 방에 있었습니다.

증인 수니모토 하루오에게 질문 : 당신은 경찰에 대한 불만과 경찰서건물에 폭탄을 투하할 것이라는 말을 한 적이 없다고 자신의 증언에서 주장하고 있지 않습니까?

답변 : 예, 나는 구니모토가 증언한 것과 같은 말들을 결코 한 적이 없다고 주장합니다. 또 내가 그런 발언을 한다면 일본경찰이 나를 체포할 뿐만 아니라 즉시 죽일 수도 있다는 사실을 알고 있었기 때문에 결코 그런 말을 하지 않았습니다. 만일 내가 실제로 그런 발언을 했다면 일본경찰은 절대 나를 풀어주지 않았을 겁니다. 비록 사사야로부터 이런 죄를 인정할 것을 강요당했음에도 나는 풀려났습니다. 이외에도 나는 거짓증언을 할 필요성이 전혀 없으며 만일 내가 실제로 그런 말을 했다면 지금 당장 인정할 겁니다. 구니모토 토후쿠는 나를 거짓으로 밀고했고 지금은 자신의 거짓된 활동이 드러나는 것을 두려워하는 것입니다.

대질심문은 16시 40분에 끝났다.

대질심문 조서에서 우리의 진술은 한국어로 명확하게 읽혀졌으며 정확하게 기록되었습니다. 이에 서명합니다. (피의자 李斗福과 증인 朴逢春 서명)

심문했음 : 극동군사관구 방첩부대 4국 2과 수사관
중위   (서명)   /그리쉰/

제264 보병사단방첩부대 상급수사관

대위 　(서명) 　　　　　　　　　/아멜리차코프/

통역했음 : 극동군사관구 방첩부대 통역관

상사 　(서명) 　　　　　　　　　/에반쉰/

〈〈확인함〉〉

극동군사관구 방첩부대 4국장

소령: - (서명) /쉬르닌/

1946년 7월 26일

보고서[26)

(사건번호 No.73에 대한 서류첨부의 건)

1946년 7월 26일   남 사할린스크시

　본인, 제264 우수리스크 보병사단 방첩부대 대위 아멜리차코프는 이 날 가미시스카시 경찰서에서 일본기관에 의한 한국인들의 총살과 방화와 관련하여 1945년 8월 30일 가미시스카시의 사건장소를 조사한 법의학적 서류[27)들을 검토했다.

발견함:

　가미시스카시 경찰서에서의 한국인 총살과 방화에 대한 법의학적 검토서류들은 피의자 구니모토 토후쿠의 사건번호 No.73과 직접적인 관

---

26) 이 보고서는 소련군이 이미 1945년 8월 30일 학살방화현장인 가미시스카 경찰서를 조사했고 그 이후 이두복에 대한 조사가 진행되면서 발견되어 첨부되었다는 것을 입증하는 문서이다. 가미시스카 학살현장 보고서에 첨부된 도면 No.1과 No.2는 이 때 이미 분실된 상태였을 가능성도 있다.─역자
27) 본 번역문 1-3쪽과 73-75쪽에 실린 보고서를 의미한다.─역자

런이 있으며, 체포된 한국인들에 대한 짐승 같은 살육의 참가자로써 러시아사회주의연방공화국 형법 제58조 4항 위반에 해당하는 범죄행위가 인정된다.

위의 사항은 러시아사회주의연방공화국 형사소송법 제67조에 의거하여 아래와 같이 조치한다.

조치내용:

1945년 8월 30일 가미시스카시의 사건장소에 대한 의학적 검증보고서와 사체 해부에 관한 서류를 피의자 구니모토 토후쿠와 직접적인 관련이 있다고 판단하여 사건번호 No.73에 첨부한다.

제264 보병사단방첩부대 상급수사관 대위 :   (서명) /아멜리차코프/

《〈확인함〉》
극동군사관구 방첩부대 4국장
소령: - (서명) /쉬르닌/

1946년 7월 26일

보고서[28]

(심리사건 분리에 관한 건)

1946년 7월 26일   남 사할린스크시

본인, 제264 우수리스크 보병사단 방첩부대 대위 아멜리차코프는 이 날 피의자 구니모토 토후쿠의 사건번호 No.73의 서류를 검토한 결과 러시아사회주의연방공화국 형법 제58조 4항 위반에 해당하는 범죄행위 가 인정된다고 판단한다.

발견함:

구니모토 토후쿠는 여러 번의 심문에서 일본경찰 아오야마, 니시모 리, 사사야, 미야지마, 나카야마, 하시모토, 기오모코 및 기쿠치와 함께

---

28) 이 보고서는 가미시스카 학살 당시의 가미시스카 경찰을 체포하여 수사해야 한다는 내용의 보고서로 가미시스카 한인학살사건의 전모를 밝혀낼 수 있는 중 요한 단서가 되는 문서이다. 왜냐하면 이들이 체포되어 재판을 받았다면 가미 시스카 한인학살의 이유, 희생자 및 직접 학살을 자행한 자 등에 대해 자세히 밝혀냈을 것이기 때문이다. -역자

가미시스카시에서 소비에트 연방에 반하는 범죄행위를 자행했음을 인정했다.

따라서 범죄행위를 자행한 위의 인물들의 체포가 요구되나 현재 그들의 거주지가 파악되지 않은 상태이다. 이에 러시아사회주의연방 형사소송법 제117조에 의거하여 아래와 같이 조치한다.

조치내용:

아오야마, 니시모리, 사사야, 미야지마, 나카야마, 하시모토, 기오모코와 기쿠치의 범죄행위에 관한 서류들을 사건번호 No.73과 분리하여 극동군사관구 우수리스크 방첩부대 2국으로 이관하고 범죄자들의 수색과 향후의 수사에 활용한다.

제264 보병사단방첩부대 상급수사관 대위 : (서명)   /아멜리차코프/

보고서

(수사종결과 수사사건 공소에 관한 건)

1946년 7월 27일   남 사할린스크시

   본인, 제264 우수리스크 보병사단 방첩부대 대위 아멜리차코프와 극
동군사관구 군법무 검사보인 소령 차폽스키는 이날 러시아사회주의연
방공화국 형사소송법 제206조에 의거하여 피의자 구니모토 토후쿠에게
사건번호 No.73에 따른 수사종결을 고지하고, 그에게 사건과 관련한
총 122쪽에 달하는 한 권 분량의 수사서류를 보여준 후 이 서류를 검토
할 수 있는 권리가 있다는 것을 밝힌 다음 피의자에게 수사서류에 더
추가할 내용이 있는지 여부에 대해 물었다.

   피의자 구니모토는 수사서류에 더 추가할 내용이 없다고 말했다.

   보고서는 내게 모국어인 한국어로 통역관 에반쉰을 통해 공지되었다.

(피의자 서명 李斗福)

제264 보병사단방첩부대 상급수사관 대위:

     (서명)   /아멜리차코프/

극동군사관구 군법무 검사보   소령   (서명)   /차폽스키/

통역관 극동군사관구 방첩부대   상사   (서명)   /에반쉰/

《〈확인함〉》

극동군사관구 방첩부대 부대장

소장 : -   /보브일레프/   (서명)

1946년 7월 31일

공소장

(사건 No.73의 심리에 관한 건)

러시아사회주의연방공화국 형법
제58조 4항과 관련하여 기소된
구니모토 토후쿠에 관한 건

1946년 7월 5일 극동군사관구 제264 우수리스크 보병사단방첩부대
는 적대행위를 한 한국인이며 일본시민권자인 구니모토 토후쿠를 체포
하고 형사입건하였다.

위사건 수사결과를 기록한다:

구니모토 토후쿠는 1945년 4월부터 자신의 사리사욕을 위해 자발적
으로 가미시스카시의 일본경찰에 협력하기 시작했다.
/л.д. 31, 32, 33/.[29]

---

29) л.д.는 공소장에 첨부한 심리서류 쪽을 의미하는 약자이다. 즉 /л.д. 31, 32,
    33/은 위에 적시한 혐의내용의 증거에 해당하는 심리서류 31, 32, 33쪽을 보라

1945년 6월과 7월 한국인 수니모토와 구니모토(또는 정 - 연 - 달)를 일본경찰에 밀고하여 이들이 소비에트 첩보기관과 관계되어 있고 반일 행위를 하였다는 혐의로 체포되고 감옥에 갇히게 하였다.

/л.д. 31, 32, 33, 75, 76, 78, 94, 95/.

1945년 7월초에 일본경찰 스파이로 활동하면서 한국인 무라카미(또는 최 - 봉 - 섭)에 대한 거짓정보를 제공하였다. 최봉섭은 소비에트 스파이 혐의로 체포되어 붉은 군대에 의해 풀려나기 전까지 감옥에 갇혀 있었다.

/л.д. 27, 27 об., 28, 29, 70, 71, 72, 73, 74/.

1945년 8월 17일 경찰이 시스카시로 철수할 때 적극적으로 참가했다: 경찰 건물 방화에 사용된 벤진 통을 가져왔고, 체포된 한국인 18명이 경찰에 의해 총살·방화될 때 함께 있었다. /л.д. 36, 37, 38, 40, 14, 42, 43/.

1946년 8월 18일 한국인 주민에 대한 짐승과 같은 만행을 은폐하기 위해 다른 5명의 경찰들과 함께 총살된 한국인 사체 18구와 유골의 방화에 참가했다 /л.д. 44, 45/.[30]

는 뜻이다. 그러나 원본은 입수 당시부터 보존상태가 좋지 않아 원래 매긴 쪽 번호가 정확하지 않은 관계로 인해 이미 해제에서 밝혔듯이 역자가 시간 순으로 쪽 번호를 매겼다는 점을 참고하기 바란다. -역자
30) 가미시스카 경찰서에서 학살된 희생자의 정확한 수에 대해서는 신학순과 사토 마사오의 증인심리조서에서 보는 바와 같이 정확하다고 보기 어렵고 이두복의 진술도 체포된 사람과 희생자의 수가 진술 시에 서로 다르게 언급되고 있다. 마찬가지로 하야시 에이다의 『증언·사할린조선인의 학살사건』에 기술된 증언 자들의 진술에서도 체포되고 희생된 사람들의 정확한 수를 찾기 어렵고 가미시스카 학살현장에서 살아난 사람들의 이름과 수도 명확하지 않다. 따라서 새로운 객관적 자료가 발견되기 전까지는 학살과 가장 가까운 시기에 종합 검토하

러시아사회주의연방공화국 형법 제58조 4항에 의거한 기소에서 구니모토는 자신의 죄를 완전하게 인정했다 /л.д. 56, 57, 58, 59, 60/.

이외에도 그의 범죄행위는 증인들인 무라카미 사부로 또는 최－봉－섭의 증언/л.д. 70－74/, 구니모토 젠타쓰 또는 정－연－달/л.д. 75－78/, 히로야마 가쿠쏜/л.д. 79－81/, 사토 마사오/л.д. 84－86/, 정－연－섭/л.д. 88－89/, 히로야마 마사오/л.д. 91－92/, 수니모토 하루오/л.д. 94－94/, 사토 마사오와의 대질심문/л.д. 97－99/, 무라카미와의 대질심문/л.д. 100－106/, 수니모토 하루오와의 대질심문/л.д. 108－110/과 공식서류/л.д. 112－117/에 의해 확인되었다.

이에 근거하여 **공소한다**:

구니모토 토후쿠는 1917년 한국 전라도 춘리 출생, 한국인, 일본시민권자, 노동자, 한국 보통학교 5학년 졸업, 전과는 없음, 독신, 체포 전 거주지는 남 사할린주 마오카 지역 쿠라시 마을로

1945년 4월부터 붉은 군대가 남 사할린에 입성하기 전까지 일본경찰의 스파이로서 적극적으로 협력하였다.

1945년 5월－7월 반일활동과 소비에트 첩보기관의 요원이라는 거짓 혐의로 한국인 수니모토, 구니모토와 무라카미를 일본경찰에게 밀고하여 체포된 후 감옥에 갇히게 했다.

가미시스카시에 붉은 군대가 입성하기 전 경찰의 철수작업에 적극적

여 쓰여진 위 공소장대로 학살희생자를 18명(탈출하여 살은 사람 제외)으로 보는 것이 타당할 것이다. 구니모토 토후쿠의 희생자 수에 대한 진술(번역문 175－180쪽)은 이에 신빙성을 더하여 준다. －역자

으로 협력했으며 가미시스카시 경찰서건물을 방화하는 데 사용한 벤진통을 가져왔고 18명의 체포된 한국인의 총살현장에 있었으며, 18일 짐승 같은 이 범죄행위를 은폐하기 위해 총살된 사체와 유골의 방화에 참가했다. 이는 러시아사회주의연방공화국 형법 제58조 4항 위반의 범죄행위에 해당된다.

본 사건은 러시아사회주의연방공화국 형사소송법 제208조에 의거하여 사건수사를 종결하고 극동군사관구 군 검사를 통해 군사재판에 회부한다.

이날부터 피의자 구니모토 토후쿠는 극동군사관구 남 사할린시의 내무부 감옥에 구금한 후 이어지는 절차는 극동군사관구 군 검사가 담당한다.

공소장은 1946년 7월 31일 남 사할린시에서 작성되었다.

제264 우수리스크 보병사단방첩부대 상급수사관
        대위   (서명)   /아멜리차코프/
동의함 : 극동군사관구 방첩부대 4국장
        소령   (서명)   /쉬린/

수사기록서

(사건 진행에 대하여)

1945년 4월 - 8월 범죄행위 자행

1946년 7월 4일 형사고발

1946년 7월 5일 수사승인

1946년 7월 5일 사건 수사착수

1946년 7월 19일 기소

1946년 7월 27일 수사종결

물증 - 사건장소와 사체해부에 관한 검사보고서를 첨부함.[31]

제264 보병사단방첩부대 상급수사관

대위   (서명)   /아멜리차코프/

목록

법정에 소환되어야 할 사람들

피의자

구니모토 토후쿠 - 남 사할린 내무부 감옥에 수감

증인들

무라카미 사부로(또는 최 - 봉 - 섭), 돌린스크시 타르고바야 거리 76번

---

31) 앞에 기술한 바와 같이 본 번역집 1 - 3쪽과 73 - 75쪽에 실린 1945년 8월 30
일 조사한 사건현장과 사체해부에 관한 보고서를 의미한다. - 역자

지 거주.

구니모토 젠타쓰(또는 정 – 연 – 달), – 상동.

정 – 연 – 섭, 돌린스크시 제지공장 노동자마을에 거주.

제264 보병사단방첩부대 상급수사관

　　　　　　대위　　(서명)　　　　　　　　　　　/아멜리차코프/

(139쪽)

인수증

본인은 내가 피고인으로 되어 있는 공소장 사본을 1946년 8월 6일 접수했다:

이 때 나에게 다음과 같은 사항이 고지되었다: 변호사나 동급의 자신을 변호할 인물을 재판정의 지명에 의해 선임할 수 있으며 또 증인, 전문가를 추가해 줄 것을 청원을 할 수 있다. 또한 공소장의 내용과 관련하여 새로운 증거를 보충하거나 새로운 청원서를 제출할 수 있다.

청원합니다

_____

_____

_____

피고인 李斗福 서명
인수증을 접수한 사람의 서명

재판준비회의 조서

1946년 8월(날짜를 읽을 수 없음 – 역자)[32]   남 사할린스크시

극동군사관구 군사재판 구성원:

   의장 군법무관 대령 시넬리니크와 재판관: 군법무관 중령 키쉬쿠르노와 코틀랴르, 극동군사관구 군 부검사인 법무관 중령 무라토프는 행정업무 비서인 대위 사가르닥의 참석 하에, 1946년 8월 3일 극동군사관구 군 검사로부터 공소된 사건 즉 러시아사회주의연방공화국 형법 제58조 4항 위반혐의로 기소된 구니모토 토후쿠 사건처리를 위한 준비회의를 갖고 검토하였다.

   의장은 13시 25분 회의가 개최되었음을 선언하였다.

   발표자 – 극동군사관구 군 부검사인 법무관 중령 무라토프는 본 사건의 핵심을 설명하고 공소사실을 인정하여 러시아사회주의연방공화국 형법 제58조 4항 위반으로 기소된 구니모토 토후쿠를 군사재판에 회부할 것을 요청하였다.

   공동발표자 – 군법무관 대령 시넬리니크(의장)는 무라토프의 의견에 동의하고 공소사실을 인정할 것을 제안했다.

---

32) 원본의 훼손으로 날짜를 읽을 수 없으나 이두복이 공소장 인수증을 1946년 8월 6일 받고 같은 해 8월 8일 판결이 선고되는데, 이는 공소사실에 대한 준비회의임으로 6일 또는 7일로 판단된다. – 역자

러시아사회주의연방공화국 형법 제58조 4항 위반혐의로 기소된 구니모토 토후쿠를 군사재판에 회부한다.

13시 45분 재판절차에 대한 협의에 들어갔다.

14시 00분 협의 회의실에서 돌아온 의장은 러시아사회주의연방공화국 형법 제58조 4항 위반으로 기소된 구니모토 토후쿠 군사재판 회부에 대한 재판절차에 대해 공고하였고, 이후 준비회의 폐회를 선언했다.

의장 법무관 대령   (서명)   /시넬리니크/
행정비서   (서명)   /사가르닥/

재판조서

공판예심

1946년 8월 8일 군사재판소 건물에서 재판장인 법무관 대령 시넬리니크의 주재로 극동군사관구 군사재판 재판관인 법무관 중령 베즈노시코프와 법무관 대위 만젤은 비서인 대위 쎄로슈탄의 참석 하에 비공개로 러시아사회주의연방공화국 형법 제58조 4항과 관련된 범죄행위로 기소된 구니모토 토후쿠의 사건에 대해 심의하였다.

12시 40분에 공판은 공개로 전환되었고 재판장은 공판진행을 선언했다.

피고인 구니모토 토후쿠는 재판정에 오기 전까지 극동군사관구 우수리스크 방첩부대 구치소에 수감되어 있었으며 재판정으로 호송되었다.

본 사건의 증인들은 재판정에 호출되지 않았다.

구니모토 토후쿠 공판에 한국어 통역관으로 에반쉰 표트르 페트로비치가 참석했다.

재판장은 통역관 에반쉰에게 법정에서의 그의 역할에 대해 설명하고 잘못된 통역에 대해 책임이 따른다는 것을 러시아사회주의연방공화국 형법 제95조에 의거하여 주지하고 이에 대해 통역관으로부터 서명을 받았다.

재판장은 통역관을 통해 피고인의 개인인적사항을 확인했고 피고인
은 다음과 같이 말했다:

〈〈본인, 구니모토 토후쿠는 1917년 한국 전라도 춘리 출생으로 보통
학교 5학년을 마쳤고 당적은 없으며 독신으로 거주지는 남 사할린 주
마오카 지역 쿠라시 마을이고 군복무를 한 적이 없으며 1945년 6월부터
8월까지 일본경찰 협조자로 일했습니다. 1946년 6월 17일 체포되었으
며 내 사건에 대한 공소장을 보았습니다.〉〉

재판장은 통역관을 통해 피고인 구니모토에게 러시아사회주의연방공
화국 형사소송법(조항은 낭독되지 않았다)에 의거하여 재판정에서의 권
리를 설명했으며, 본 사건을 담당한 재판관들과 비서를 밝혔고 그의 법
적권리의 이해여부에 대해 물었다. 또한 재판관과 비서 중 거부하고
싶은 인물이 있는지, 공판심리에 어떠한 청원이 있는지를 물었다.

피고인 구니모토 토후쿠는 대답했다: 〈〈나의 권리를 이해합니다. 재
판관과 비서 중 거부하고 싶은 인물은 없으며 공판심리 시작을 앞둔
지금은 청원사항이 없습니다.〉〉

공판심리

재판장은 피고인 구니모토 토후쿠에게 통역관을 통해 공소사실의 요
지를 밝혔고 그가 기소된 이유를 이해하는 지, 공소내용대로 자신의 죄
를 인정하는지, 공소요지대로 재판진행을 원하는지 여부에 대해 물었다.

피고인 구니모토 토후쿠: −〈〈나에게 기소된 이유를 이해하며 나의
죄를 인정하며 공소요지대로 재판진행을 원합니다.〉〉

사건요지에 대해 피고인 구니모토 토후쿠가 진술했다:

《《나는 다음과 같은 상황에서 일본경찰에 들어갔습니다. 나는 친한 사이인 구니모토 젠타쓰에게 돈을 빌렸는데 돈이 없어 그에게 갚을 수가 없었습니다. 그는 나를 일본경찰에 고발했습니다. 경찰간부 사사야가 나를 심문했습니다. 그는 나에게 돈을 갚던가 아니면 일본비밀경찰로 활동할 것을 제안하면서 내가 동의하면 재판에 회부하지 않겠다고 했습니다. 나는 동의했습니다.

나는 구니모토가 반일감정이 있는 사람인 것처럼 밀고하였고 그 결과 그는 체포되었습니다.

또한 나의 밀고로 한국인 수니모토가 체포되었는데 나는 마치 그가 일본경찰에 대한 불만으로 경찰들을 죽이기 위해 경찰서건물에 폭탄을 투하할 계획을 가지고 있는 것처럼 일본경찰에 보고했습니다.

경찰서건물의 방화에 참가했는데 단지 경찰간부의 명령에 따라 벤진을 가져왔을 뿐입니다. 나는 도시가 불타고 경찰서건물이 불에 타오르는 것을 보기 전까지는 벤진을 어떤 목적에 쓰려고 하는지 몰랐습니다.

나는 건물을 방화하기 전에 그곳에 사람이 있는 것을 알고 있었지만 방화 시에 그들을 밖으로 내보냈을 거라고 생각했습니다. 사격이 시작되었을 때 두 명의 경찰이 창문에 대고 사격을 하는 것을 보았습니다. 그때 나는 그곳에 체포된 18명의 사람들이 총살을 당하고 방화되는 것이란 걸 알게 되었습니다. 또한 불타는 건물의 창문을 통해 도망가려는 어떤 사람을 경찰서장 미야지마가 죽이는 것을 본 기오고쿠가 이것을 확증해주었습니다.33)

그곳에 나의 밀고로 체포된 사람들이 수감되어 있었는지는 모릅니다.

경찰서건물 방화 시 나는 없었습니다. 사거리에서 다른 경찰들을 기다리라는 명령을 받았기 때문입니다.

---

33) 이두복은 심문 조서에서 가미시스카 경찰서장을 아오야마라고 일관되게 진술했으나 이곳에서는 미야지마라고 언급하고 있다. ─역자

8월 18일 나는 18명의 체포된 한국인을 총살하고 방화한 범죄행위 흔적을 은폐하는 일에 참가했습니다.

경찰서장 미야지마는 불에 탄 사체를 땅에 묻기 위해 삽을 찾아오라고 했지만 나는 삽을 찾지 못했습니다. 그때 나는 경찰간부 사사야와 함께 범죄흔적을 은폐하기 위해 미처 다 타지 않은 사체와 유골들을 불에 던지기 시작했습니다.

나는 경찰서 식당에서 식사를 했지만 나에게 제복을 주지는 않았습니다. 철수할 때 내게 군도와 권총을 주었습니다.

붉은 군대로 인해 홋카이도 섬으로 가지 못했습니다.

한국인 무라카미, 수니모토와 구니모토 이외에 나의 밀고로 체포된 사람은 더 이상 없습니다.〉〉

재판장은 피고인의 마지막 부분 진술과 관련하여 증인 히로야마 마사오의 심문 조서(л.д.90-91)를 공지하였으나 피고인은 이를 부정하였다.

〈〈내가 경찰의 스파이가 되었을 때 나에게 어느 누구에게도 일본경찰에서 근무하고 있다는 사실을 말하지 말라고 했습니다.

소비에트 사령부 앞으로 청원서를 썼습니다. 거기에 쓴 광산에서 일하는 일본군과 라디오수신을 한 사람에 대한 내용은 거짓입니다. 이는 일본경찰에서 자행한 나의 범죄행위를 은폐하고 소비에트 사령부의 신임을 얻기 위해서였습니다. 나는 내 범죄행위에 대한 책임이 두려웠기 때문에 나의 죄를 거짓 청원서를 써서 숨기려 했던 것입니다.〉〉

재판부의 질문에 피고인은 대답했다:

〈〈내가 함께 일한 경찰 중 어느 누구도 홋카이도 섬으로 가지 못하고 체포되었습니다.

도마리키시 마을에 거주하면서 하급노동에 종사하다가 어부가 되려고 쿠라시 마을로 떠났습니다.〉〉

재판장은 피고인에게 공판심리에 더 추가할 것이 있는지를 물었다. 피고인 구니모토 토후쿠는 공판심리에 아무 것도 추가하지 않았다.

재판장은 사건에 관한 공판심리가 종결되었음을 공지하였고 피고인 구니모토에게 최후진술을 하라고 했다.

피고인 구니모토는 최후진술을 했다:

〈〈나는 일본경찰에 3명의 한국인을 밀고했으며 경찰서건물 방화를 위해 벤진을 가져왔고, 총살된 한국인들의 사체 방화에 참가했습니다. 이 모든 죄를 인정합니다. 나의 죄 값을 치룰 기회를 주시기 바랍니다.〉〉

13시 35분 재판부는 협의에 들어갔다.

13시 50분 재판부는 협의 회의실에서 돌아왔다.

재판장은 판결을 했고 그 요지를 밝혔다.[34]

신병처리에 대해 재판부는 그 자리에서 상의한 후 협의 하에 결정했다.

피고인 구니모토 토후쿠를 예전과 같이 구금한다.

14시 00분 재판장은 구니모토 토후쿠에 관한 재판이 종결되었음을

---

34) 판결은 1심 공판이 열린 같은 날 즉 1946년 8월 8일 선고되었는데 판결내용은 바로 뒤의 판결문을 참조하기 바란다. —역자

언명했다.

재판장
법무관 대령   (서명)   /시넬리니크/

비서
대위   (서명)   /쎄로슈탄/

판결문 No.0092
소비에트 연방공화국의 이름으로

극동군사관구 군사재판부는 1946년 8월 8일 군사재판소 건물에서 재판장인 법무관 대령 시넬리니크 주재로 법무관 중령 베즈노시코프와 법무관 대위 만젤을 구성원으로 하여, 비서인 대위 쎄로슈탄의 참석 하에, 피고인과 변호인의 참석 없이 비공개로, 러시아사회주의연방공화국 형법 제58조 4항과 관련된 범죄행위로 기소된 1917년 한국 전라도 춘리 출생으로 보통학교 5년을 마쳤으며 무 당적이며 전과는 없고 독신으로 거주지가 남 사할린 마오카 지역 쿠라시 마을인 구니모토 토후쿠의 사건에 대해 심리하였다.

군사재판 예심자료들에 의해 아래의 내용이 사실로 인정된다 :
구니모토는 1945년 4월부터 8월까지 일본정치담당경찰의 스파이로 활동하면서 적극적으로 협력했다. 또 1945년 5월 - 7월 구니모토는 한국인 수니모토, 구니모토와 무라카미를 마치 반일활동과 소비에트 기관과 연계가 있는 것처럼 거짓으로 일본경찰에게 밀고했다.
그해 8월에는 경찰에 의해 18명의 한국인이 총살되는 현장에 있었으며 이를 은폐하기 위해 총살된 사체방화에 참가했다.

위의 내용에 근거하여 군사재판부는 구니모토가 러시아사회주의연방공화국 형법 제58조 4항 위반의 범죄를 자행했음을 인정한다.

군사재판부는 러시아사회주의연방공화국 형사소송법 제319조와 제320조에 의거하였다.

선고한다:

구니모토 토후쿠를 러시아사회주의연방공화국 형법 제58조 4항 위반으로 10년 동안 교정노동수형소에 감금하고 자유를 박탈하며 공민권은 박탈하지 않고 재산이 없기에 재산은 몰수하지 않는 형벌에 처한다.
구니모토의 형량은 1946년 7월 5일부터 산입한다.
선고는 끝났으며 항소는 허용되지 않는다.

재판장 :   (서명)
재판관들 :   (서명)

인수증

판결 받은 나 구니모토 토후쿠에게
1946년 8월 8일자 극동군사관구 군사재판부의 판결이
1946년 8월 8일 내게 공지되었다.

　　　(李斗福 서명)　　　　　　　　　　　　　　/구니모토/

　인수증을 수수했음 : 극동군사관구 군사재판부 재판비서
　　대위　　(서명)　　　　　　　　　　　　/세로슈탄/

제 2 장

1955년

결정보고서

1955년 10월 31일   남 사할린스크시

    본인, 소련연방 내각 산하 국가안전보장위원회(KGB) 행정국 사할린 주 담당 수사국 상급수사관 대위 페리크료스토프는 문서보관소 심리자료로 기소번호가 No. 189578인,

    1917년 한국 전라도 춘리 출생으로 한국인이며 일본시민권자이고 보통학교 5학년을 마쳤고 무 당적이며 체포되기 전 남 사할린 주 마오카 지역 쿠라시 마을에서 거주한 구니모토 토후쿠에 관한 심리자료를 검토했다.

발견했음:

    극동군사관구 군사재판부는 1946년 8월 8일 재판을 열고 구니모토 토후쿠에게 러시아사회주의연방공화국 형법 제58조 4항 위반죄로 10년 동안 교정노동수형소에 감금하고 재산은 몰수하지 않는 형벌을 선고했다.

    재판부에서 죄인의 항소는 허용되지 않았다.

    구니모토 토후쿠는 재판에서 일본경찰의 스파이로 활동하면서 1945년 5월부터 7월 사이에 한국인 3명을 마치 반일활동을 한 것처럼 꾸며 일본경찰기관에 넘긴 사실을 시인하였다. 같은 해 8월에는 일본경찰이 18명의 한국인을 총살시키는 현장에 있었으며, 이러한 사실을 은폐할 목적으로 총살된 사체방화에 참가했다.

    구니모토 토후쿠는 재판예심에서 공소장에 적힌 자신의 죄를 전적으

로 인정했다.

구니모토는 소비에트 군대에 의해 해방되기 전, 남 사할린에 거주하면서 1945년 6월 수니모토 하루오와의 대화 중 그가 반일감정을 갖고 있다는 것을 알고 이에 대해 자발적으로 가미시스카 경찰에 알렸고 그 결과로 수니모토는 체포되었고 3일 동안 감금되었다 풀려났다. /Л.Д. 32, 59, 134/.

1945년 6월말 구니모토 토후쿠는 관청하청업자에게 빌려 써버린 돈을 갚지 못한 것에 대한 책임을 두려워하여 가미시쿠카 경찰 중 한 명에게 경찰에게 협력하겠다고 동의했다. 한국인들 중에 반일선동을 하고 소비에트 첩보기관과 연계가 있는 자를 적발하는 임무를 수행하면서, 그는 1945년 6월 - 7월 한국인 구니모토 젠타쓰와 무라카미 사부로가 마치 반일선동을 주도하고 소비에트 첩보기관과 연루되어 있는 것처럼 일본경찰에 밀고하였고 그 결과 그들은 체포되었다. 그들은 남 사할린이 소비에트 군대에 의해 해방되면서 감옥에서 풀려났다. /Л.Д. 27 - 29, 56 - 59, 67 - 68, 134 - 136/.

이외에도 구니모토 토후쿠는 1945년 8월 남 사할린에 소비에트 군대가 입성하기 전 경찰들의 재산을 후송하는데 협력했을 뿐만 아니라, 1945년 8월 18일 경찰이 체포한 후 총살한 18명의 한국인에 대한 범죄행위를 은폐시키려고 다른 경찰들과 함께 사체와 유골의 방화에 참가했다. /Л.Д. 40 - 46, 60, 134, об. - 135, 136/.

구니모토 토후쿠의 범죄행위는 그의 자인이외에 증인 무라카미 사부로, 구니모토 젠타쓰와 수니모토 하루오/Л.Д. 70 - 74, 75 - 78, 93 -

95/의 증언과 그들과의 대질심문에 의해서도 입증되었다./л.д. 100 -
106, 107 - 110/.

구니모토 토후쿠의 범죄행위는 사건수사 자료에 의해 완전히 입증되
며 재판에서의 형벌은 범죄의 흉악성에 상응하여 결정되었다.

조치의견:

1946년 8월 18일 극동군사관구 군사재판부의 구니모토 토후쿠의 판
결에 대한 재심의 근거는 없다고 판단된다.

소련연방 내각 산하 국가안전보장위원회(KGB) 행정국 사할린 주 담당
수사국 상급수사관
대위   (서명)   /페리크료스토프/

〈〈동의함〉〉 특별사건 담당 사할린 주 부검사
법무고문   (서명)   /글레보프/

보고서 No. 29의 발췌문

형사사건 재심담당 사할린 주위원회 심의

1955년 11월 30일   남 사할린스크시

Ⅱ. **청취함**: 기소번호 No. 189578로 기소된 구니모토 토후쿠는 고문서보관소 심리자료에 의하면, 1917년 한국 전라도 춘리 출생으로 보통학교 5학년을 마쳤으며 무 당적이며 체포되기 전까지 남 사할린 주 마오카 쿠라시 마을에서 거주하였고, 러시아사회주의연방공화국 형법 제58조 4항 위반으로 극동군사관구 군사재판부에서 1946년 8월 8일 소유한 재산이 없으므로 재산권 몰수 없이 소비에트연방공화국 내무부 교정노동수용소에 10년 감금되는 형벌을 선고받았다.

보고함 : 페리크료스토프, 글레보프/

판결함: 1946년 8월 18일 극동군사관구 군사재판부의 구니모토 토후쿠의 판결에 대한 재심 근거는 없다.

확증함: 형사사건 재심사건담당 사할린 주위원회 비서국 국장
               소령   (서명)   /수슬로프/

1955년 12월 9일

제 3 장

1967년 ~ 1968년, 1970년

알마-아타 42, 비슈녭스카야 3번 가, 4호에 거주하는
구니모토 토후쿠(또는 이-두-복)가
소비에트연방 대검찰청 총장에게

소원장

(직권조사에 관한 건)

1946년 8월 8일 극동군사관구 군사재판부는 나에게 러시아사회주의
연방공화국 형법 제58조 4항 위반으로 유죄를 인정하는 판결을 내렸습
니다.

그 이유는 내가 1945년 4월부터 8월까지 일본경찰의 스파이로 활동
하면서 그들에게 협력했고 1945년 5월과 7월에 한국인 수니모토, 구니
모토와 무라카미를 반일활동으로 일본경찰에게 밀고했으며, 그해 8월
에는 18명의 한국인 총살현장에 있었고 이를 은폐시킬 목적으로 총살된
사체방화에 참가한 점이 인정된다는 것이었습니다.

나는 10년 동안 자유를 박탈당하는 선고받았고, 처음에는 1954년까
지 크라스나야르스크 지방의 노릴스크에 감금되었고, 나머지 2년은 이
르쿠츠크 주 타이쉐트에 감금되어 있었습니다.

나는 어떠한 범죄행위도 하지 않았기 때문에 러시아사회주의연방공
화국 형법 제58조 4항 위반으로 나에게 내려진 판결이 부당하다고 생각
합니다.

나는 1941년 일본기업가들에게 고용되어 일하기 위해 한국에서 남
사할린으로 이주해왔습니다. 초기에는 탄광에서 일을 했고 1946년 3월

부터는 쿠라시 마을에서 살았습니다.

　나에게 유죄판결을 선고한 군사재판의 재판관들은 나를 일본스파이라고 인정할 만한 어떠한 증거도 가지고 있지 않았습니다. 나는 그런 일을 한 적도 없고 경찰에 어떠한 도움도 준 적이 없습니다. 내가 한국인 수니모토, 구니모토와 무라카미를 일본경찰에 밀고했다는 군사재판 판결문의 내용은 근거가 없습니다. 나는 1945년 나의 전 주인집으로부터 집을 구입한 수니모토의 집에 거주했습니다. 수니모토와 나는 그다지 사이가 좋지 않았습니다. 그는 도박을 했고 그에게는 항상 돈이 필요했으며 나에게 돈을 요구했습니다. 나는 돈을 주지 않았습니다. 그러자 그는 나를 집에서 내쫓았습니다. 나는 수니모토가 나에게 한 그러한 행위가 옳지 않다고 생각했기 때문에 그가 나에게 한 행위에 대해 일본경찰에 호소했을 뿐입니다.

　구니모토와 무라카미에 관하여 말하자면, 나는 그들을 일본경찰에 밀고하지 않았습니다. 대략 6월 쯤 일본경찰이 나를 체포했습니다. 1945년이었는데 이때 무라카미도 체포되었습니다. 내가 왜 체포되었는지 모르지만 감옥에서 무라카미에 대해서 내게 물었습니다. 나는 두 달 뒤에 풀려났으며, 그때 나는 정말 우연히 구니모토를 만났는데 그도 일본경찰에 체포되어 있었으며 감옥에서 일본경찰들이 그에게도 나에 대해 물었다는 사실을 알게 되었습니다. 이것이 이 사람들에 대해 내가 아는 전부이며 내가 나의 첫 죄목에 대해 말할 수 있는 전부입니다. 내가 확실히 아는 단 한 가지는 내가 경찰의 첩자가 아니었으며 사람들에게 어떠한 비겁한 행동도 하지 않았다는 것입니다.

　이와 같은 연유에서 나는 나의 두 번째 죄목에 대해서 다음과 같이 설명 합니다: 대략 8월 14일 쯤 나를 감옥에서 풀어주었고 나는 시내로 갔지만 도시를 자유롭게 활보하는 것은 금지되어있었고 모든 주민들을 방공호로 몰았습니다. 방공호에서 온밤을 꼬박 지새운 다음 날 나는 도시가 불타고 있고 주위에 연기가 자욱하며 감옥이 있는 곳에서 들려오는 사격소리를 들었는데 누가 누구에게 사격하는 지는 보지 못했습니다. 다음 날 나는 감옥 근처를 지나면서 사람들의 사체를 보았지만 사체의 매장에 더군다나 그들을 방화하는 데는 참가하지 않았습니다. 석탄이 불타고 있는 창고에서 일본경찰들이 사체를 태우고 있었는데 나는 쌓아놓은 감자더미 뒤에 숨어서 이것을 지켜보았습니다. 군사재판부의 재판관들은 내 죄를 입증할 만한 어떠한 자료나 증거도 가지고 있지 않은 채 나를 중형에 처했습니다. 나는 유죄판결을 받았고 10년의 형기를 마쳤습니다.

나는 위에 언급된 죄를 지은 적이 없습니다. 사건은 충분한 자료에 의해 검증되지 않은 채 아무런 근거도 없이 터무니없게 나에게 정당하지 않은 선고를 내린 결과, 나는 불법적인 고통을 당했습니다.

청원합니다:

구니모토 토후쿠의 범죄에 관한 형사사건을 무혐의와 복권에 해당하는 형사사건 취하대상으로 분류하여 직권으로 항소하여 주시기 바랍니다.

판결문의 사본을 첨부합니다.

1967년 6월 8일

　　　　　(서명)　　　　　　　　　　　　　　　　　　/이 - 두 - 복/

내 사건의 추가검증 시에 다음과 같은 증인들을 심문할 것을 청원합니다: 18명이 총살된 날 감옥에 수감되어 있었지만 감옥에서 도망치는 데 성공한 아라이, 다카하시입니다. 그들은 내가 총살된 사람들의 체포에 가담하지 않았다는 것을 확증해 줄 것입니다.

사건 수사를 진행할 때 나는 이 사람들을 증인으로 요청했습니다.

그러나 내 요청은 거부되었습니다.

또한 (교정노동수용소 수감 시 – 역자) 크라스나야르스크 지방의 북 – 에니세이 광산공장에서 일할 때 일에 임하는 나의 성품에 대해서 말할 수 있는 사람을 증인으로 채택하여 심문해 주실 것을 요청합니다.

사할린 주 검사 앞으로 보내는 청원서에도 일에 임하는 나의 긍정적인 성품에 대한 내용이 첨부되어 있었습니다.

(서명)   /이 – 두 – 복/

(156쪽)

알마-아타 42, 비슈넵스카야 3번 가, 4ª에 거주하는
구니모토 토후쿠(또는 이-두-복)가
소비에트연방 대검찰청 검찰총장에게

청원서

1946년 나에게 내려진 판결 사안에 대해 직권으로 조사해주시길 청원합니다.

나의 사건에 대한 재심을 거부한 사할린 주 검찰청의 결정은 나에게 내려진 판결이 근거가 없고 내가 어떠한 범죄행위도 하지 않았기 때문에 동의할 수 없습니다.

자세한 호소문과 사할린 주 검사의 답신 통지문을 첨부합니다.

1968년 3월 5일   이-두-복

보고서

구니모토 토후쿠(國本斗福)은 1943년 칭따오 헌병대 스파이였고, 1945년 사할린 섬 가미시스카시 일본경찰의 스파이였음 (스파이 목록에 기록되어 있음).

사할린에서 1946년 7월 5일 극동군사관구 제264 보병연대에 의해 체포되었음. 판결 후에 크라스나야르스크 지방의 노릴스크 교정노동수용소에 감금되어 있었음.

구니모토에 대한 다른 정보는 없음.

국가안전보장위원회(KGB) 행정국 제10국 최고작전담당 위원

소령 클리모프

1968년 8월 5일

보고서

구니모토 토후쿠에 대해서 일본어원문을 번역한 번역본에 다음과 같이 적혀있다[35] :

"1943년 칭따오[36] 헌병대의 스파이였다. 투밍시에서 민족해방운동에 참가하고 있다고 의심되는 인물을 적발하는 임무를 맡았다. 1943년 7월과 8월에 헌병대로부터 한 달에 10고베를 받았다."

인적 사항뿐만 아니라 구니모토에 대한 다른 자료들은 우리에게 없다.

방첩부대에 의해 체포된 동양인 목록에 구니모토에 대한 카드가 있다. 거기에 그는 1946년 7월 5일 극동군사관구 제264보병연대에 의해 사할린 섬의 가미시스카시에서 스파이 활동을 한 혐의로 체포되었다고 기록되어 있다.

그가 방첩부대에 의해 끌려갔기 때문에 우리는 그의 형사사건에 관한 것뿐만 아니라 체포와 관련된 다른 어떤 기록도 가지고 있지 않다.

국가안전보장위원회(KGB) 행정국 제10국 최고작전담당 위원
　　소령 클리모프

　　　　　　　　　　　　　　　　　　　　　　　　1968년 10월 7일

---

35) 일본어원문은 일제가 패망한 후 미처 소각하지 못하고 남기고 간 서류를 의미한다. —역자
36) 중국 칭따오를 말한다. —역자

조서

증인 심문

심문 장소: 홈스크시   1968년 8월 16일

    국가안전보장위원회(KGB) 행정국 사할린 주 관할수사국 수사관 대위 니키틴은 국가안전보장위원회 홈스크 지부의 건물에서 러시아사회주의연방공화국 형사소송법 제157조, 제158조와 제160조를 준수하며 아래에 기록한 최봉섭을 증인자격으로 심문했다.

    심문은 11시 00분에 시작되었고 14시 45분에 끝났다.

1. 성, 이름, 부칭: 최봉섭
2. 출생 년도: 1906
3. 태어난 곳: 한국 강원도
4. 민족: 한국인
5. 당적: 무 당적
6. 교육: 문맹
7. 가정형태: 기혼
8. 직업: 무
9. 직책과 직위: 무
10. 재판회부 여부: 없음
11. 거주지: 홈스크 클류치바야, 20

질문 : 어떤 언어로 증언하길 원합니까?

답변 : 한국어입니다.

질문 : 당신에게 한국어 통역관 **리**를 제안합니다. 그가 당신의 증언을 통역하는 것을 신뢰합니까?

답변 : 예, 신뢰합니다.

    한국어 통역관 **리**에게 러시아사회주의연방공화국 형사소송법 제57조에 의거하여 그의 의무에 대해 설명했다.

    러시아사회주의연방공화국 형법 제181조에 의거하여 고의성 있는 잘못된 통역에 대해 책임이 따름을 주지시켰다. (통역관 리 서명)

    최봉섭에게 러시아사회주의연방공화국 형사소송법 제158조 2항에 상응한 증인의 의무를 설명했다. 또한 그에게 러시아사회주의연방공화국 형법 제182조에 의거하여 증언거부 및 회피의 경우와 러시아사회주의연방공화국 형법 제181조에 의거하여 고의성 있는 거짓증언에 대해 책임이 따름을 주지시켰다. (증인 崔鳳燮 서명)

    그는 (설명을 듣고 – 역자) 그가 증인자격으로 심문에 호출된 상황과 이유에 대해 모든 것을 알았고, 다음과 같이 증언했다:

질문 : 당신은 어떤 상황에서 언제, 어디에서 구니모토 토후쿠 또는 이두복과 알게 되었습니까?

답변 : 1944년 8월 이전까지 나는 북 사할린과의 국경에 아주 인접해 있는 아사시에나이 마을에서 거주했습니다. 1944년 8월 나는 가미시스카 마을(레오니도보 마을)로 이주했습니다. 1945년 5월 이전까지 나는 한국인 구니모토 토후쿠와는 전혀 모르는 사이였습

니다. 그런데 나는 1945년 5월 레오니도보 마을에 있는 내 집에서 처음 그를 알게 되었습니다. 구니모토 토후쿠는 내게 미리 알리지 않고 그냥 혼자 내 집으로 찾아왔습니다. 그리고 지금 전쟁 상황이 매우 복잡하니 이 상황에서 살아남을 방법을 궁리해야 한다고 했습니다. 나는 만일 죽어야 된다면 그렇게 할 수밖에 없지 않겠냐고 대답했습니다. 이 말을 들은 구니모토는 출구가 있다고 즉, 소비에트연방으로 도주하면 된다고 했습니다. 나는 이것이 어떻게 가능한지에 대해 관심을 가졌습니다. 구니모토는 그가 이것에 대해 잘 알고 있다고 말했습니다.

구니모토는 첫 번째 나를 찾아왔을 때는 사기소개를 하지 않았지만, 레오니도보 마을에 구니모토 토후쿠라는 이름을 가진 한국인이 살고 있는데 그는 일본경찰과 연결되어 있으며 나쁜 짓을 일삼고 있다고 다른 한국인들에게 들었기 때문에 그가 바로 사람들이 말하는 구니모토라고 추측했습니다.

질문 : 구니모토는 당신의 집에 얼마나 자주 찾아왔고 당신의 어떤 점에 관심을 보였습니까?

답변 : 구니모토는 나를 자주 찾아왔는데 가끔은 하루에 두 번 오기도 했습니다. 그는 아무 때나 나를 찾아 왔습니다: 아침이건, 낮이건, 저녁이건. 구니모토는 나를 찾아와서 아사시에나이 마을에서의 내 일과 마을이 국경에서 얼마큼 떨어져 있는 지에 대해 관심을 보였습니다. 주로 그는 나에게 국경을 넘어 소비에트 연방으로 도망치라고 제안했습니다. 하지만 나는 그를 믿지 않았기 때문에 도주 성공가능성이 의심스럽다고 말했습니다.

질문 : 일본경찰과 구니모토 토후쿠는 어떤 관계였나요?

답변 : 내가 이미 증언한 것처럼 레오니도보 마을에 사는 다른 한국인들에게서 구니모토가 일본경찰들에게 협력하고 있다는 말을 들었습

니다. 그러한 의혹은 구니모토가 아무 때나 나를 찾아와서 소비에 트 연방으로 도망을 치라고 점점 강하게 제의하는 것으로 인해 더욱 굳어졌습니다. 이외에도 나는 경찰들과 함께 있는 그를 거리에서 자주 보았습니다. 또 어느 날은 밤에 나를 찾아와서 소비에 트 연방으로 도주하라고 다시 제안했습니다. 그런데 이때 누군가가 창문 아래에서 우리의 대화를 엿듣고 있었습니다. 나는 그때 경찰이 창문 아래에 서있다고 생각했습니다.

질문: 당신은 언제 일본경찰에게 체포되었나요?

답변: 일본경찰은 1945년 5월 중순경에 나를 체포했습니다.

질문: 1946년 6월 22일 심문과정에서 당신은 일본경찰에게 1945년 7월 3일 체포되었다고 증언했습니다. 당신이 일본경찰에게 체포된 날짜를 정확하게 증언하겠습니까?

답변: 지금 이미 내가 언제 일본경찰에게 체포되었는지 정확하게 기억이 나지 않습니다. 그렇지만 기억을 더듬어 보면 1945년 5월 1일 내 결혼식이 있었고 5월 초부터 구니모토 토후쿠가 나를 찾아오기 시작했습니다. 나는 5월 상반기에 나의 집에서 일본경찰에게 체포되었습니다. 기억을 더듬어보면 아침에 구니모토가 나를 찾아왔고 그가 떠난 후 곧 나는 체포되었습니다.

질문: 체포된 후 당신은 어디에 수감되었습니까?

답변: 나를 대략 오전 9시경에 체포했고 그 후에 레오니도보 마을 경찰서에 있는 감옥에 수감했습니다. 나를 감방으로 데려갔을 때 거기에는 어째서인지 구니모토 토후쿠가 있었습니다. 나를 감방에 데려가자마자 구니모토는 불려나갔고 나는 더 이상 그를 보지 못했습니다. 그 후 3－4시간 뒤 포로나이스크로 나를 이송했고 붉은 군대가 포로나이스크를 해방시킬 때까지 경찰서 감옥에 수감되어 있었습니다. 그곳에서 3일에 한 번씩 심문을 당했습니다.

질문 : 레오니도보 마을 경찰서 감옥에 당신이 수감되었을 때, 구니모토는 자신의 체포이유에 대해서 무엇이라고 말했나요?

답변 : 나를 감옥에 데려갔을 때 구니모토는 내가 왜 체포되었는지에 대해 관심을 보였습니다. 나는 이유를 몰랐기 때문에 아무 말도 하지 않았습니다. 나는 또 그에게 체포된 날 마침 바다표범을 잡으러 갈 계획이었다고 말했습니다. 경찰이 나의 소총과 탄약을 몰수했습니다. 일본경찰이 나를 심문했느냐는 구니모토의 질문에 나는 아직 안했다고 답했습니다. 구니모토는 자신이 체포된 이유에 대해서는 내게 한 마디도 하지 않았습니다. 그리고 나는 그의 말에 대해 관심이 없었습니다. 나는 그의 밀고로 내가 체포되었다고 확신했기 때문입니다.

질문 : 포로나이스크시의 경찰은 심문과정에서 당신에게 어떤 질문을 했으며 구니모토 토후쿠와의 관계에 대해 경찰은 무슨 말을 했나요?

답변 : 포로나이스크시 경찰서에서 심문을 할 때마다 내가 소비에트 첩보기관의 스파이이고 비밀정보를 수집해서 그것을 소비에트에 넘겨주었다고 자백하라고 강요했습니다. 이 물음에 대해 나는 당연히 그렇지 않다고 대답했습니다. 나는 실제로 소비에트 첩보기관과 아무런 관련도 없었기 때문입니다. 그럼에도 불구하고 자백을 강요했고 심문할 때마다 잔인하게 폭력을 휘둘렀습니다. 어느 날 심문할 때 경찰은 내가 정말로 구니모토 토후쿠와 소비에트 연방으로 도주하는 문제에 대해 대화를 한 적이 있는 가에 대해 관심을 보였습니다. 나는 실제로는 구니모토가 내게 그와 함께 국경을 넘자고 제안을 했지만 나는 이것이 성공할 수 없다고 생각했기 때문에 소비에트 연방으로 도주하는 것을 거절했다고 말했습니다. 경찰은 더 이상 나와 구니모토의 관계에 대해 전혀 관심을 가지지 않았습니다.

질문 : 당신은 한국인 신 – 학 – 순 또는 히로야마 가쿠쑨을 압니까?

답변 : 예, 나는 한국인 신 – 학 – 순 또는 히로야마 가쿠쑨을 압니다.

질문 : 신 – 학 – 순이 구니모토 토후쿠에 대해 당신에게 무엇이라고 말했습니까?

답변 : 1946년 봄 나는 돌린스크 마을에 있는 친척 집에서 살았습니다. 내가 체포되었던 사실에 대해 한국인들로부터 들어서 알게 된 신 – 학 – 순이 나를 찾아왔습니다. 나와 이야기를 나누면서 신 – 학 – 순은 1945년 8월 초에 그도 레오니도보 마을에서 일본경찰에게 체포되었다고 말했습니다. 그는 다른 한국인들과 함께 경찰서의 감옥에 수감되어 있었다고 했습니다. 레오니도보 마을의 감옥에 체포되어 있던 한국인들이 서로 이야기를 했는데 이야기 중에 그들 모두 한국인 구니모토 토후쿠의 밀고로 체포되었다는 말이 나왔다고 합니다. 그러나 거기에 체포되어 있던 사람들의 체포이유에 대해서는 말하지 않았습니다. 신 – 학 – 순은 1945년 8월 중순 붉은 군대가 레오니도보 마을을 해방하기 전에 레오니도보 마을의 감옥에 체포되어 있던 모든 한국인들을 경찰이 경찰서건물에서 직접 총살을 시켰다고 내게 말했습니다. 그 당시 총살된 사람이 몇 명인지 신 – 학 – 순은 내게 정확하게는 말하지 않았습니다 다만 그의 말에 따르면 자기가 갇혀 있던 바로 옆 감방에서 그를 총살했답니다. 그를 이 방으로 불렀을 때 그곳에는 이미 7구의 한국인 사체가 바닥에 있었답니다. 신학순은 배에 총상을 당했지만 의식을 잃지 않았기 때문에 변소를 통해 거리로 뛰어나와서 도망칠 수 있었다고 했습니다. 그의 말에 따르면 한국인을 총살시킨 후 경찰은 사체가 타고 있는 경찰서건물에 방화를 했습니다. 이런 짐승과 같은 만행에 대해서는 신학순이 나를 찾아오기 전에 이미 다른 한국인들로부터 들었지만 누구에게 들었는지 지금은

기억이 나지 않습니다.

질문: 1946년 봄 당신과 대화를 나눌 때, 레오니도보 마을에서 체포된 한국인들을 총살시키고 경찰서건물을 방화할 때 구니모토 토후쿠가 직접 참가했는지에 대해서 신학순이 무슨 말을 했나요?

답변: 아니요, 이에 대해 그는 내게 아무 말도 하지 않았습니다.

질문: 당신은 구니모토 토후쿠가 일본경찰에 체포되어 두 달 동안 감시를 받았다는 말에 대해 알고 있습니까?

답변: 아니요, 이에 대해 전혀 아는 바가 없습니다.

질문: 1946년 6월 22일 심문에서 당신은 1946년 1월 포로나이스크로 가는 열차 안에서 우연히 구니모토 토후쿠를 만났는데 그때 그가 자신이 당신을 일본경찰에 밀고했으니 죽여도 좋다는 말을 했다고 진술했습니다. 실제로 그런 일이 있었나요?

답변: 1946년 증언은 이미 기억이 나지 않지만 나는 열차 안에서 구니모토 토후쿠를 만난 적이 없고 그와 그런 대화를 나눈 적도 없습니다. 만일 내가 그를 만났다면 그를 붙잡았을 겁니다. 1946년 봄 돌린스크에 있는 군 방첩부대에서 내게 그를 잡을 것을 부탁했기 때문입니다.

1946년 초여름 돌린스크에 있는 내 집으로 홈스크에 사는 아는 한국인 박-서-찬이 찾아 왔습니다. 박은 내가 구니모토 토후쿠의 밀고로 일본경찰에 체포되었었다는 소문을 듣고 찾아 왔다고 했습니다. 박서찬은 구니모토가 대충 어디쯤 살고 있는지 안다고 했습니다. 나는 이에 대해 군 방첩부대에 알렸습니다. 나와 박과 함께 어떤 중사가 처음에는 홈스크로 다음에는 체홉으로 갔습니다. 체홉에서 박은 구니모토가 살고 있는 집을 알려주었고 구니모토는 체포되었습니다.

질문: 구니모토 토후쿠가 체포된 뒤에 당신과 그의 대질심문이 있었습

니까?

답변 : 예, 있었습니다.

질문 : 대질심문에서 구니모토 토후쿠는 어떤 진술을 했나요?

답변 : 1946년 여름 대질심문 시 재판에서 구니모토 토후쿠는 나와 다른 한국인들이 소비에트 첩보기관과 연결되어있다고 일본경찰에게 밀고했다고 진술했습니다. 구니모토는 일본권력에 충성하여 그들과 함께 일본으로 가기 위해 이런 일을 했다고 말했습니다.

질문 : 구니모토가 체포되었을 때 당신에게 무슨 말을 했나요?

답변 : 1946년 여름 체포되었을 때 구니모토는 일본경찰들이 나를 죽였다고 알고 있었기 때문에 나와는 절대 만날 일이 없을 거라고 생각했다고 했습니다. 이 말을 한 후 그는 바닥에 엎드려서 자신으로 인해 내가 고통을 당했다며 내게 용서를 구했습니다.

질문 : 현재 사할린에 사는 한국인들 중 구니모토 토후쿠를 아는 사람들 가운데 1945년 8월 이전 그의 행적에 대해 증언해 줄 수 있는 사람이 있나요?

답변 : 1945년 8월 이후 많은 시간이 흘렀습니다. 구니모토를 아는 많은 사람들이 북한으로 떠났거나 죽었습니다. 나는 구니모토에 대해 무엇인가 증언을 할 수 있는 사람으로서 남 사할린스크시에 살고 있으며 대략 57-58세쯤 된 박-서-찬만을 알고 있습니다.

질문 : 당신의 증언에 더 추가할 내용이 있습니까?

답변 : 아니요, 구니모토 토후쿠에 관해서는 내가 증언한 것 이외에는 더 추가할 내용은 없습니다.

　내가 구두로 한 심문 조서의 번역은 내 진술과 일치합니다. 내 진술은 정확하게 기록되었습니다. (崔鳳雙 서명)

심문했음 : 국가안전보장위원회(KGB) 행정국 사할린 주 관할수사국 상
급수사관
대위 (서명) /니키틴/

통역했음 : (서명) /리/

조서

증인심문

심문 장소: 남 사할린스크시   1968년 8월 23일

　국가안전보장위원회(KGB) 행정국 사할린 주 관할수사국 수사관 대위 니키틴은 국가안전보장위원회 행정국 사할린지부 건물에서 러시아 사회주의연방공화국 형사소송법 제157조, 제158조와 제160조를 준수하며 아래에 기록한 박서찬을 증인자격으로 심문했다.

　심문은 10시 00분에 시작되었고 12시 30분에 끝났다.

1. 성, 이름, 부칭: 박 서 찬
2. 출생 년도: 1910
3. 태어난 곳: 니콜라예프스크 − 나 − 아무레
4. 민족: 한국인
5. 당적: 무 당적
6. 교육: 한국학교 2학년
7. 가족형태: 기혼, 8살 − 19살 사이의 6명의 자녀
8. 직업: 유치원 No.5
9. 직업과 직책: 화부
10. 재판회부 여부: 없음
11. 거주지: 남 사할린스크 달리나야, 4

질문 : 어떤 언어로 증언하길 원합니까?

답변 : 일본어입니다.

질문 : 당신에게 일본어 통역관 중사 우다비첸코를 제안합니다. 그가 당신의 증언을 통역하는 것을 신뢰합니까?

답변 : 예, 신뢰합니다.

일본어 통역관 우다비첸코에게 러시아사회주의연방공화국 형사소송법 제57조에 의거하여 그의 의무에 대해 설명했다.

러시아사회주의연방공화국 형법 제181조에 의거하여 고의성 있는 잘못된 통역에 대해 책임이 따름을 주지했다. (통역관 우다비첸코 서명)

박서찬에게 러시아사회주의연방공화국 형사소송법 제158조 2항에 상응한 증인의 의무를 설명했다. 또한 그에게 러시아사회주의연방공화국 형법 제182조에 의거하여 증언거부 및 회피의 경우와 러시아사회주의연방공화국 형법 제181조에 의거하여 고의성 있는 거짓증언에 대해 책임이 따름을 주지시켰다. (증인 박서찬 서명)

그는 (설명을 듣고 – 역자) 그가 증인자격으로 심문에 호출된 상황과 이유에 대해 모든 것을 알았고, 다음과 같이 증언했다:

질문 : 당신은 한국인 최 봉 – 섭을 압니까?

답변 : 1946년 봄 다음과 같은 상황에서 나는 한국인 최봉섭을 알게 되었습니다. 돌린스크시에 거주하는 최 – 봉 – 섭은 1946년 봄 내가 살고 있는 홈스크시로 일자리를 찾으러왔습니다. 당시 최 – 봉 – 섭은 건강이 좋지 않았기 때문에 가벼운 일을 찾고 있었습니다. 그런 일자리를 찾던 최 – 봉 – 섭은 나를 찾아와서 조언을 구

했습니다. 그렇게 우리는 알게 되었습니다.

질문 : 당신은 한국인 구니모토 토후쿠를 압니까?

답변 : 1946년 여름 이전까지 나는 구니모토 토후쿠를 개인적으로는 알지 못했습니다. 그런데 1945년 말 – 1946년 초 그에 대해 다른 한국인들로부터 많은 이야기를 들었습니다.

질문 : 당신은 그에 대해 어떤 이야기를 들었나요?

답변 : 홈스크시에 살 때 구니모토 토후쿠에 대해 구체적으로 이야기를 한 한국인이 누구인지 지금은 이미 기억이 잘 나지 않습니다. 구니모토 토후쿠는 가미시스카 마을(레오니도보 마을)에 살았고 일본경찰의 스파이로 많은 한국인들을 무고했습니다. 그의 밀고로 인해 10명의 한국인이 소비에트 첩보기관의 요원으로 몰려 체포되었고 그들은 남 사할린에 붉은 군대가 오기 전에 일본경찰에 의해 총살되었습니다.

또한 호에 마을(지금의 뷰클리 마을)에 살던 나의 형 박 – 강 – 윤도 구니모토 토후쿠가 일본경찰에 밀고했다고 한국 사람들이 나에게 말했습니다. 체포 위험을 느낀 박 – 강 – 윤은 마을에서 도망쳐서 숲 속으로 숨었습니다. 그리고 남 사할린으로의 붉은 군대 입성을 조금 앞두고 박 – 강 – 윤은 숲 속에서 목매달았습니다.

1946년 봄 구니모토 토후쿠에 대해 내게 한국인 최 – 봉 – 섭이 말했습니다. 자세히 말하자면, 그는 내게 1945년 여름 레오니도보 마을에서 한국인 구니모토 토후쿠의 밀고로 소비에트 첩보기관 요원 혐의를 받고 체포되었다고 말했습니다. 최 – 봉 – 섭의 말에 의하면 그와 함께 대략 57명의 한국인이 구니모토 토후쿠의 밀고로 체포되었습니다. 최 – 봉 – 섭이 숫자를 정확하게 내게 말하지 않았지만 그들의 일부는 붉은 군대가 레오니도보 마을에 오기 전에 일본경찰에 의해 총살당한 후 방화되었습니다. 최 – 봉 –

섭 자신도 그 당시 시스카시(지금의 포로나이스크시)감방에 수감되어 있었으며 그를 심문할 때 소비에트 스파이란 자백을 받아내기 위해 가혹한 폭력을 당했다고 했습니다. 최-봉-섭은 포로나이스크시에서 1945년 8월 붉은 군대에 의해 풀려났습니다.

1946년 봄 최-봉-섭이 처음으로 나를 찾아왔고 우리는 구니모토 토후쿠를 찾는 문제에 대해 의논했습니다. 이때 최-봉-섭은 구니모토의 초상을 자세하게 내게 그려 주었습니다.

질문: 언제 그리고 어떤 상황에서 당신은 구니모토 토후쿠와 알게 되었나요?

답변: 1946년 나는 홈스크 어업콤비나트에서 통역관으로 일했습니다. 나의 직업적 성격상 나는 사할린 서부의 거의 모든 해변마을을 돌아다닐 수 있었습니다. 이 상황을 이용하여 나는 구니모토를 찾기 시작했습니다. 1946년 어느 여름 날 나는 일 때문에 체흡시 근처에 있는 어떤 마을에 가게 되었습니다. 지금은 당시 그 마을의 이름은 기억나지 않습니다. 그곳에서 나는 내게 한국인 최-봉-섭이 그려준 인물과 너무나도 흡사한 어떤 한국인을 만나게 되었습니다. 위의 한국인이 최근에 이 마을로 들어왔다는 말을 들은 나는 최 봉-섭이 살고 있는 돌린스크로 가서 내가 본 모든 것을 최-봉-섭에게 말했습니다. 그리고 우리는 이에 대해 방첩부대에 가서 보고 했습니다. 그 다음 우리는 방첩부대 요원 두 명과 함께 내가 구니모토 토후쿠를 닮은 한국인을 발견한 마을로 갔습니다. 나는 좋은 제안을 하면서 이야기를 하자고 방첩부대 요원과 최-봉-섭이 있는 차로 이 한국인을 불러냈습니다. 최-봉-섭을 보자 내가 끌고 온 한국인은 순간 땅으로 쓰러지면서 최-봉-섭에게 말했습니다. 〈〈나를 죽여줘〉〉. 최-봉-섭은 이 사람이 구니모토 토후쿠가 확실하다고 확증을 해주었고 그는

체포되었습니다.

질문: 당신은 구니모토 토후쿠에 대해 더 아는 것이 있습니까?

답변: 아니요, 나는 구니모토 토후쿠에 대해 더 이상 아는 것이 없습니다.

질문: 현재 사할린에 사는 한국인들 가운데 구니모토 토후쿠를 아는 사람들 중 1945년 8월 이전 그의 행적에 대해 증언해 줄 수 있는 사람이 있나요?

답변: 그런 한국인을 나는 알지 못합니다.

내가 구두로 한 심문 조서의 번역은 내 증언과 일치합니다. 내 증언은 정확하게 기록되었습니다. (증인 박서찬 서명)

심문했음 : 국가안전보장위원회(KGB) 행정국 사할린 주 관할수사국 상급수사관

　　　　　대위　　　(서명)　　　　　　　　　　　/니키틴/

통역했음 :　　(서명)　　　　　　　　　　　/우다비첸코/

조서

증인심문

심문은 1968년 9월 19일 14시 30분에 시작되었다.
심문은 1968년 9월 19일 17시 30분에 끝났다.

카자흐스탄 소비에트사회주의공화국 내각 산하 국가안전보장위원회 (KGB) 수사국 수사관 중위 킬랴치코프는 가자흐스탄 소비에트사회주의공화국 내각 산하 국가안전보장위원회 건물에서 카자흐스탄 소비에트사회주의공화국 형사소송법 제145-151조를 준수하며 증인자격으로 심문했다:

1. 성, 이름, 부칭: 이-두-복
2. 출생 년도: 1926
3. 태어난 곳: 한국 춘리
4. 민족: 한국인
5. 당적: 무 당적
6. 교육: 초등교육
7. 가족 구성: 기혼
8. 직장: 알마-아타주 일리치 콜호wm
9. 직책 및 직위: 노동자
10. 재판회부 여부: 1946년 러시아사회주의연방공화국 형법 제58조4항 위반으로 10년 감금형
11. 거주지: 알마-아타주 엔베크쉬-카자흐 지역, 라하트 농촌소비에트

이 – 두 – 복에게 카자흐스탄 소비에트사회주의공화국 형사소송법 제
148 – 151조에 상응한 증인의 의무와 권리를 설명했다. 또한 카자흐스
탄 소비에트사회주의공화국 형법 제193조 1항에 의거하여 증언거부 및
회피의 경우와 카자흐스탄 소비에트사회주의공화국 형법 제187조에 의
거하여 고의성 있는 거짓증언에 대해 책임이 따름을 주지시켰다. (증인
이두복 서명)

그는 (설명을 듣고 – 역자) 그가 증인자격으로 심문에 호출된 상황과 이
유에 대해 모든 것을 알았고, 다음과 같이 증언했다:

러시아어를 잘하기 때문에 통역은 필요하지 않습니다. 현재 정확한
내 이름은 이 – 두 – 복입니다. 1943년부터 1960년까지 나는 일본이름
구니모토 토후쿠를 사용했습니다. 남 사할린 섬의 일본정부 명령에 의
해 이름을 바꾸었습니다. 이름은 내가 지은 것이 아니라 일본인들이
내게 지어줬습니다. 그들의 명령에 의해 섬의 모든 한국인들은 일본이
름을 가지고 있어야만 했습니다. 1960년 소비에트 시민권과 여권을 받
으면서 이 – 두 – 복이라는 이름을 다시 사용하기 시작했습니다.

나는 1917년 한국의 춘리에서 태어났습니다. 소비에트 여권을 수령
할 때 내 출생년도가 1926년으로 잘못 기재되었습니다. 나는 일련번호
가 XV – ИЛ No.539209인 여권을 1960년 5월 25일 크라스나야르스크
지방정부 북 – 에니세이 경찰지부에서 받았습니다.

1943년 이전 나는 남 사할린의 도마리키시에서 거주했으며 이 도시
에서 가까운 탄광에서 일을 했습니다. 탄광에서 계약기간이 끝난 후
나는 1943년 가미시스카시로 이주해서 날품팔이 노동자로 일을 했습니
다. 이 도시에서 거주하면서 1943 – 45년 사이에 여러 번 일본경찰에
의해 체포되었습니다. 도마리키시에서 가미시스카시로 이주한 후 1943
년 처음 체포되었습니다. 처음에 나는 일을 하지 않았습니다. 일을 찾으

러 도요하라시로 갔다가 부랑자라는 이유로 일본경찰에게 체포되었습니다. 내게 어떤 죄목도 붙이지 않았습니다. 경찰서에서 나에게 폭력을 휘둘렀고 1-1.5주 수감시킨 뒤에 풀어 주었습니다. 내가 왜 일하지 않는지를 경찰이 알았기 때문입니다.

시스카시에서 나는 두 번째로 체포되었습니다. 나는 그곳에 일을 찾으러 갔었습니다. 가미시스카의 날품팔이 노동은 계절적인 것이었는데 주로 겨울에만 있었기 때문입니다. 그곳에서 부랑자라는 이유로 나를 또 고발했고 경찰서에 감금한 뒤에 5일 뒤에 풀어주었습니다. 바로 그 해 1944년 10월경에 나는 부랑자라는 이유로 또 다시 시스카시에서 체포되었습니다. 이때 경찰은 나를 대략 2주 동안 감금했습니다. 시스카시와 도요하라시의 경찰서에 감금되어 있는 동안 일본경찰은 내게 그들에게 협력하라는 제안을 하지 않았으며 나도 그 누구에게도 그런 제안을 하지 않았고 어떤 계약도 하지 않았습니다.

1945년 가미시스카시에서 나는 세 번째이자 마지막으로 일본경찰에 의해 체포되었습니다. 이 도시에서 나는 구니모토라[37]는 성을 가진 한 한국인을 알게 되었습니다. 1945년 봄 그는 한국으로 떠났고 곧 다시 가미시스카시로 돌아왔습니다. 그와 함께 한국에서 어떤 한국인이 같이 왔는데 현재 이름은 기억나지 않습니다. 그는 일본경찰에게 의심스런 인물로 찍히면서 구니모토와 함께 체포되었습니다. 경찰에서 구니모토와 내가 전혀 모르는 이 한국인 그리고 수니모토에 대해 내게 심문했습니다. 나는 이들에 대해 아는 것이 없었기에 아무 말도 하지 않았습니다. 단지 나는 수니모토에 대해서는 내가 그의 집에서 살고 있었는데 그는 카드노름을 하면서 내게 돈을 요구했고 내가 돈을 주지 않자 그는 나를 자신의 집에서 내쫓기로 했다는 말을 했습니다. 이것이 수니모토

---

37) 구니모터 젠타쓰 즉 정연달을 의미한다. —역자

에 대해 경찰에게 한 진술의 전부입니다. 경찰은 처음에는 나를 때렸고 그 다음에 심문했습니다.

일본경찰과 나는 아무런 관계도 갖지 않았습니다. 그들의 어떠한 임무도 수행하지 않았고 경찰간부 사사야와 나는 어떠한 관계도 맺지 않았습니다.

나는 가미시스카시의 많은 경찰들을 알았습니다. 내가 사는 집이 일본경찰서와 멀지 않은 곳에 있었기 때문입니다. 나는 소비에트 군대가 오기 전까지 수감되어 있었습니다. 소비에트 군대의 가미시스카 입성이 임박하자 일본경찰은 도망치기 시작했고, 체포되었던 사람들은 일본경찰서 가까이에 있는 방공호에 숨으려고 했습니다.

도시에서 도망가기 전에 일본경찰들은 경찰서건물을 방화했습니다. 경찰간부 미야지마는 나에게 벤진 통을 가져오라고 했습니다. 나는 그것을 어디에서 가져와야 하는지를 몰랐기 때문에 거절했습니다. 체포된 다른 사람들도 거절했습니다. 어떤 상황에서 경찰서건물에 불이 붙기 시작했는지 나는 모릅니다. 경찰들이 누군가를 향해 창문으로 총을 쏘았지만 누구에게 쏘는지 나는 몰랐습니다. 나는 이때 방공호 근처에 있었고 어떤 행동도 하지 않았습니다. 단지 바라보기만 했습니다. 다음날 나는 창고에서 옷가지라도 찾으려고 경찰서 건물로 갔습니다. 내게 옷이 없었기 때문입니다. 건물근처에는 18구의 한국인 사체가 있었습니다. 누가 그들에게 총을 쏘았고 누가 그들을 죽였는지 나는 모릅니다. 이때 건물로 일본경찰이 탄 차 한대가 다가왔습니다. 나는 놀라서 감자밭으로 숨었습니다. 차에서 내린 경찰들은 죽은 한국인들의 사체를 불타는 석탄창고에 던지기 시작했습니다. 나는 여기에 참가하지 않았으며 계속 밭에 엎드려 있었습니다. 불 속에 사체를 다 던진 후 경찰들은 떠났습니다. 밭에는 나 혼자만 있었으며 누군가가 또 보았는지는 모릅니다. 경찰들이 떠난 후 나는 창고에서 옷을 찾아가지고 시스카시로 떠났습니다.

그 후 나는 일자리를 찾기 위해 여러 도시를 전전했으며 마침내 쿠라시 마을에 정착하게 되었습니다. 그곳에서 나는 어업콤비나트에서 어부로 일했습니다. 이곳에서 나는 소비에트 군 기관에 의해 체포되었고 도요하라시에서 10년 감금형을 선고받았습니다. 지금까지도 내가 왜 선고를 받았는지를 모르겠습니다. 심리를 할 때 나는 왜 나를 체포했는지 알지 못했습니다.

명예회복을 호소하는 내 청원서에서 나는 아라이와 다카하시라는 두 명의 한국인을 언급했습니다. 그들은 가미시스카시에서 일본경찰에 의해 체포된 사람들의 그룹에 속합니다. 그들 중 18명은 일본경찰서에서 총살당했습니다. 그들은 내가 한국인들의 총살과정에 참가하지 않았다는 것을 확증해 줄 수 있습니다. 그들의 한국이름은 모릅니다. 그리고 그들이 현재 어디에 살고 있는 지, 그들의 현 거주지가 어디인지도 모릅니다. 나는 또 그들이 생존해 있는지 여부도 모릅니다. 그들의 출생지와 나이도 모릅니다.

나의 청원에 의해 이루어진 심문 조서는 수사관에 의해 구두로 읽혀졌고 정확하게 기록되었으며 따로 언급할 내용이나 추가할 것은 없습니다. (이두복 서명)

심문했음 : 카자흐스탄 소비에트사회주의공화국 내각 산하 국가안전보장위원회 수사국 수사관
　　　　　중위　　 (서명)　　　　　　　　　　　　 /킬랴치코프/

조서

증인심문

심문은 1968년 11월 18일 11시 25분에 시작되었다.
심문은 1968년 11월 18일 15시 25분에 끝났다.

 카자흐스탄 소비에트사회주의공화국 내각 산하 국가안전보장위원회 (KGB) 수사국 수사관 중위 킬랴치코프는 카자흐스탄 소비에트사회주의공화국 내각 산하 국가안전보장위원회 건물에서 카자흐스탄 소비에트사회주의공화국 형사소송법 제145 – 151조를 준수하며 아래의 인적 사항을 지닌 청원자를 심문했다:

1. 성, 이름, 부칭: 이 – 두 – 복
2. 출생년도: 1926
3. 태어난 곳: 한국 춘리
4. 민족: 한국인
5. 당적: 무 당적
6. 교육: 초등교육
7. 가정형태: 기혼
8. 직장주소: 알마 – 아타시 비슈넵스카야 거리, 4 – a
9. 직책과 직위: 노동자
10. 재판회부 여부: 1946년 러시아사회주의연방공화국 형법 제58조4항 위반으로 10년 감금형
11. 거주지: 알마 – 아타 주 엔베크쉬 – 카자흐 지역, 일리치 콜호wm

이-두-복에게 카자흐스탄 소비에트사회주의공화국 형사소송법 제 148-151조에 상응한 증인의 의무와 권리를 설명했다. 또한 카자흐스탄 소비에트사회주의공화국 형법 제193조 1항에 의거하여 증언거부 및 회피의 경우와 카자흐스탄 소비에트사회주의공화국 형법 제187조에 의거하여 고의성 있는 거짓증언에 대해 책임이 따름을 주지시켰다. (증인 이두복 서명)

그는 (설명을 듣고-역자) 그가 증인자격으로 심문에 호출된 상황과 이유에 대해 모든 것을 알았고, 다음과 같이 증언했다:
러시아어를 잘하기 때문에 통역은 필요하지 않습니다.

질문 : 1968년 9월 19일 심문에서 당신은 일본경찰과 아무런 관계가 없으며 18명의 한국인 총살과 이 범죄 흔적의 은폐에 참가한 적이 없기 때문에 1946년 판결은 근거가 없다고 증언했습니다. 이 증언을 확증할 수 있습니까?

답변 : 예, 나는 1968년 9월 19일 나의 증언을 완벽하게 확증할 수 있습니다.

질문 : 당신은 1945년부터 남 사할린에 붉은 군대가 오기 전까지 일본경찰의 스파이 노릇을 하면서 한국인 수니모토, 구니모토와 무라카미를 일본경찰에게 소비에트의 스파이라고 밀고하여 그들이 체포되어 감옥에 수감되게 하였다는 이유로 1946년 기소되었습니다. 당신은 현재 이것을 인정합니까?

답변 : 나는 이에 대한 내 범죄행위를 인정하지 않습니다. 나는 일본경찰의 스파이도 아니었고 가미시스카의 일본경찰에게 한국인 수니모토, 구니모토와 무라카미에 대해 어떠한 보고도 하지 않았습니다.

질문 : 당신은 1946년 6월 22일 최-봉-섭 또는 무라카미의 증언을 읽

었습니다. 증언내용을 인정합니까?

답변 : 1946년 6월 22일 최 - 봉 - 섭 또는 무라카미의 증언을 수사관이 내게 읽어 주었는데 일부분만 인정합니다. 사실 나는 가미시스카 시에 거주하면서 한국인 구니모토 그리고 무라카미와 알고 지냈습니다. 나는 자주 그들의 집을 찾아갔습니다. 그들이 나와 이웃에 살고 있었기 때문입니다. 구니모토에게는 여동생 - 그녀의 이름은 이미 잊어 버렸습니다 - 이 있었는데 나는 그녀에게 내 이불 세탁을 부탁했습니다. 구니모토와 무라카미의 집을 찾아가면서 나는 그들과 일, 돈 버는 문제, 그리고 다른 일상적인 삶의 문제에 대해 이야기를 나누었습니다. 정치에 대해 나는 그들과 전혀 이야기를 하지 않았습니다. 그로부터 얼마 뒤 1945년에 구니모토는 아내와 함께 한국으로 떠났습니다. 그는 그곳에서 오래 머물지 않았으며 1 - 2달 후 다시 가미시스카시로 되돌아왔습니다. 구니모토는 한국에서 히로야마라는 한국인과 함께 왔습니다. 내가 구니모토의 집으로 갔을 때 그가 나를 히로야마와 소개시켜주었습니다.

대략 반 달 뒤 구니모토와 그의 여동생 그리고 히로야마가 일본 경찰에게 체포되었습니다. 나는 그들이 왜 체포되었는지 모릅니다. 그들이 체포된 뒤에 나는 무라카미의 집을 찾아가기 시작했습니다.

여기서 그때의 상황을 설명하고 싶습니다. 나는 구니모토와 히로야마가 체포된 다음 날 길거리에서 한국인 지도자 - 가미시스카시의 한국인들을 통치하는 관리 - 를 만났는데 그는 내게 자신의 일터로 가자고 제안을 했습니다. 내가 그에게 갔을 때 그는 나에게 구니모토와 히로야마가 체포된 정황을 알고 있는지 물었습니다. 나는 아무것도 모른다고 대답했습니다.

나는, 한국인 관리를 만나고 이틀이 지난 뒤에, 무라카미의 집을 찾아가서 그가 어디에서 일을 하고 있으며 나에게도 그 일을 소개시켜 줄 수 있는지를 물었습니다. 무라카미는 내게 자신의 일터의 이름과 무슨 일을 하는지 말해주었지만 지금은 생각이 나지 않습니다. 하지만 그의 일터가 국경과 접해있는데 어떤 나라인지는 말해주지 않았습니다. 그리고 국경에 접해 있는 나라가 어떤 나라였는지는 지금도 모릅니다. 또 무라카미는 그곳에는 많은 국경수비대와 군부대가 있으며 이 지역에서 아무나 일을 할 수 있는 것이 아니라고 설명했습니다. 나는 그에게 그 일은 나와 맞지 않는 것 같다고 말했습니다. 사실 나는 체포된 구니모토와 히로야마와 안다는 이유로 경찰에 체포될까봐 나의 일을 바꾸어 보려는 목적으로 그에게 물어본 것입니다.

　내가 무라카미를 찾아갔던 바로 그날 저녁 일본경찰이 나를 체포해서 경찰서 감방에 감금했습니다. 이틀 뒤 일본경찰 사사야가 나를 불러서 경찰들과 함께 무라카미의 집으로 가라는 명령을 내렸습니다. 사사야는 내게 무라카미에게 구니모토와 히로야마가 체포된 사신에 대해 설명하라는 명령을 내렸습니다. 이는 구니모토가 무라카미의 친척이었기 때문입니다. 내 웃옷을 내주었고 나와 함께 일본경찰 기오고쿠가 무라카미의 집으로 갔습니다. 내가 그의 집에 다가갈 때 경찰은 거리에 있었고 나만 집 안으로 들어갔습니다. 집에는 무라카미 혼자 있었습니다. 나는 그에게 구니모토와 히로야마에 대해서는 아무 말도 하지 않았습니다. 단지 일과 돈벌이 그리고 기타의 것들에 대해서만 이야기했습니다. 그 후 창문을 통해 경찰을 본 무라카미는 아무 말도 하지 않았습니다. 나도 아무 말도 하지 않았습니다. 얼마 지나지 않아 나를 데리러 무라카미 집으로 경찰이 왔고, 나와 경찰은 집을 나갔습니다. 나는 무라카미의 집에 10-15분 정도 머물렀습니다.

경찰서에 간 나는 사사야에게 무라카미와 구니모토, 히로야마에 대해 이야기를 해 봤는데 무라카미도 나처럼 구니모토와 히로야마에 대해 아무 것도 모른다고 말했습니다. 사실 나는 사사야를 속인 것입니다. 경찰은 나를 다시 감옥에 집어넣었습니다. 다음 날 나는 옆 감방에서 무라카미의 목소리를 들었습니다. 그리고 대략 2-3시간 뒤 그를 끌고 나갔습니다. 나는 그 뒤 1946년 이전까지 그를 더 이상 보지 못했습니다. 나는 무라카미를 끌고 나가는 것을 감방 문이 열리는 소리로 알았는데 감방에는 우리 이외에는 아무도 없었기 때문입니다.

구니모토와 히로야마도 체포된 후에 곧 시스카시로 이송되었습니다. 이에 대해 나는 체포되기 전 구니모토의 엄마를 통해 알았습니다.

질문 : 그런데 왜 당신은 시스카시로 이송되지 않았나요?

답변 : 모릅니다.

질문 : 경찰서에서 구니모토와 히로야마에 대해 당신에게 심문을 했나요?

답변 : 예, 그러나 이미 그들을 시스카시로 이송한 후였고 그들을 어떻게 알게 되었고 왜 그들을 자주 찾아갔으며 그들과 어떤 내용의 대화를 나누었는지를 심문했습니다. 내가 그들에 대해 아는 모든 것을 경찰에게 이야기 했는데 즉 내 일자리와 세탁을 위해 그들의 집을 방문했다고 말했습니다.

질문 : 당신은 가미시스카시 일본경찰서 감옥에 얼마동안 수감되어 있었습니까?

답변 : 가미시스카시 일본경찰서 감옥에 붉은 군대가 오기 전까지 대략 한 달 정도 수감되어 있었습니다.

질문 : 당신은 정-연-달 또는 구니모토 젠타쓰의 1946년 6월 26일 중

언을 읽었습니다. 이 증언 내용을 인정합니까?

답변: 아니요, 나는 이 증언을 인정할 수 없습니다. 나는 이미 구니모토에게 여동생이 있다고 증언했습니다. 나는 그녀와 결혼하려고 했습니다. 나는 이를 구니모토에게 말했고 결혼식은 나중에 하자고 제안했습니다. 그때 내게 돈이 없었고 한국에 어머니가 살고 있었기 때문입니다. 나는 그의 여동생과 함께 한국에 가서 어머니를 모시고 결혼식을 치루겠다고 말했습니다. 구니모토는 내가 (자기 여동생을 데리고 – 역자) 한국으로 가는 것을 허락하지 않았습니다.

나는 단 한 번도 하청업자로 일 한 적이 없고 단지 관청하청업자 기타야마에게서 단순 노동자로 일했을 뿐입니다. 나는 구니모토를 일본경찰에 밀고하지 않았고 18명의 한국인 학살에도 참가하지 않았습니다. 나는 무라카미와 구니모토가 왜 나에 대해 그런 말을 했는지 알 수가 없습니다. 아마 심문할 때 일본경찰이 그들의 자백을 얻어내려고 내 이야기를 꺼냈을 것입니다. 나는 이것이 사사야와 다른 경찰들이 꾸민 교란행위라고 생각합니다. 나는 무라카미와 구니모토와 관계가 좋았습니다.

질문: 당신은 수니모토 하루오 또는 박-봉-춘의 1946년 6월 24일 증언을 읽었습니다. 이 증언 내용을 인정합니까?

답변: 수니모토 하루오 또는 박-봉-춘의 1946년 6월 24일자 증언을 주의 깊게 읽었습니다. 나는 이 증언내용을 인정할 수 없습니다. 모든 것이 사실과 다릅니다. 내가 살던 집은 1945년 수니모토가 구입한 것입니다. 수니모토는 집 주인이 된 후 카드도박을 하기 위해 나에게 돈을 요구하기 시작했습니다. 나는 그에게 정기적으로 집세를 지불했습니다. 하지만 카드도박을 위한 돈은 주지 않았습니다. 어느 날 내가 집에 왔을 때 내 방을 어떤 사람들이 차지하고 있고 담배연기로 자욱한 것을 보았습니다. 그들은 수니모토와

함께 카드도박을 했습니다. 내 물건들은 방 여기저기에 널려있었습니다. 수니모토가 내게 말했습니다. 이 방에서 이제부터 다른 사람들이 살게 될 거니 나는 다른 곳을 찾아보라고. 나는 수니모토 때문에 화가 났습니다. 그래서 경찰서로 가서 수니모토가 노름을 하고 있다고 고발했습니다. 나는 수니모토가 경찰서건물에 폭탄을 투하할 계획이라는 말을 경찰에게 하지 않았습니다. 나는 수니모토가 자신이 체포된 것이 나 때문이라고 오해하면서 나를 무고했다고 생각합니다.

질문: 당신은 무라카미 사부로 또는 최-봉-섭과의 1946년 6월 19일 대질심문 조서를 읽었습니다. 이 증언내용을 인정합니까?

답변: 아니요, 나는 이 증언을 인정할 수 없습니다. 내가 오늘 무라카미에 대해 진술한 것이 진실입니다. 내 진술에 덧붙일 내용은 없습니다. 무라카미와의 대질심문에서 내가 진술한 내용으로 되어 있는 기록은 내가 말한 것이 아닙니다.

또한 나는 수니모토 하루오와의 대질심문에서 내가 했던 진술도 모두 들었습니다.[38] 수니모토의 심문조서 내용을 인정할 수 없듯이, 대질심문에서의 그의 진술도 인정할 수 없습니다. 실제로 1945년 9월 수니모토를 만났고 그가 도박한다고 경찰에 밀고했으니 용서해 달라고 한 것까지는 사실입니다. 나는 경찰에 수니모토가 도박을 한다고만 했습니다. 다른 말은 전혀 한 적이 없습니다.

질문: 당신에게 1968년 8월 16일 최-봉-섭의 증언과 1968년 8월 23일 박서찬의 증언을 읽어주었습니다. 이 증언을 인정합니까?

답변: 아니요, 나는 이 증언을 인정할 수 없습니다. 나는 이미 모든 것에 대해 진술했고 더 이상 할 말이 없습니다.

---

38) 심문 조서 내용을 수사관이 읽어주었기에 "들었다"는 표현을 쓰고 있다. -역자

질문: 당신에게 1946년 8월 극동군사관구 군사재판정에서 당신이 한 진술을 읽어주었습니다. 이 진술내용을 인정합니까?

답변: 나는 군사재판정에서의 내 진술내용을 주의 깊게 들으면서 그렇게 기록된 것에 대해 놀랐습니다. 나는 재판정에서 완전히 다르게 진술했는데 누가 그렇게 기록했는지 기억이 나지 않습니다. 내 재판과정에 대해 잘 기억이 나지 않습니다. 단지 10년 감금형을 선고받은 것만 똑똑히 기억합니다.

18명의 한국인 학살과 경찰서건물의 방화와 범죄흔적 은폐에 대해 말하자면 나는 어떠한 총살 현장에도 참여하지 않았습니다. 유일하게 진실 된 증언은 1968년 9월 19일 심문에서 했던 나의 진술입니다. 단지 나는 무라카미, 구니모토, 수니모토가 내가 모르는 어떤 이유로 나를 음해했다고 생각합니다.

질문: 당신은 몇 년도에 남 사할린에 왔고 그 이전에는 어디에서 살았습니까?

답변: 1941년 이전에는 한국의 춘리에 살았습니다. 한국의 다른 마을이나 고장에서는 살아본 적은 없습니다. 1941년 노동자로 징집되어 남 사할린에 왔으며 1946년까지 남 사할린을 떠난 적이 없습니다.

나의 청원에 의해 이루어진 심문 조서는 수사관에 의해 구두로 읽혀졌고 정확하게 기록되었으며 보충이나 다른 언급할 내용은 없습니다.

(이두복 서명)

심문했음 : 카자흐스탄 소비에트사회주의공화국 내각 산하 국가안전보장위원회 수사국 수사관

중위　 (서명)　　　　　　　　　　　　　/킬랴치코프/

알마-아타시, 판필로바, 53에 거주하는
전과자 이-두-복(또는 구니모토 토후쿠)이
소비에트연방 군사재판 최고회의 의장에게

소원장

(직권조사에 관한 건)

　1946년 8월 8일 극동군사관구 군사재판부는 이두복(구니모토 토후쿠)에게 러시아사회주의연방공화국 형법 제58조 4항 위반으로 10년 감금형에 처하는 유죄판결을 내렸습니다.

　기소이유는 마치 내가 1945년 4월부터 8월까지 일본경찰의 스파이로 활동하면서 그들에게 협력했고 1945년 5월과 7월에 한국인 수니모토, 구니모토와 무라카미를 반일활동으로 일본경찰에게 밀고했으며, 그해 8월에는 18명의 한국인 총살현장에 있었고 이를 은폐시킬 목적으로 총살된 사체방화에 참가한 점이 인정된다는 것이었습니다.

　나는 형벌로 1954년까지 크라스나야르스크 지방의 노릴스크에 감금되었고, 나머지 2년 즉 1956년까지는 이르쿠츠크 주 타이쉐트에 감금되어 있었습니다.

　나는 다음과 같은 이유로 위의 판결이 부당하다고 생각합니다.

　1. 극동군사관구 군사재판부는 내가 하지도 않은 범죄를 자행했다고 하는 부당한 판결을 내렸습니다. 이 모든 사건은 나를 음해하기 위해

수니모토에 의해 조작된 것인데, 그는 나의 전 집주인으로부터 집을 구입하였기에 나는 그의 집에서 함께 살았습니다. 수니모토와 나는 그다지 사이가 좋지 않았습니다. 그는 도박을 했기에 항상 돈이 필요했는데 나에게 돈을 요구했습니다. 나는 돈을 주지 않았습니다. 그러자 그는 나를 집에서 내쫓았습니다.

그런데 이때 남 사할린은 일본권력 하에 있었기 때문에 나는 일본경찰에게 수니모토의 옳지 않은 행동을 호소했습니다.

2. 구니모토와 무라카미에 관하여 말하자면, 나는 그들을 일본경찰에 밀고한 적이 없습니다. 이것은 1945년 6월에 일본경찰이 나를 체포했는데 이때 무라카미도 체포되었다는 사실이 이를 반증하는 것입니다. 내가 왜 체포되었는지 모르지만 감옥에서 무라카미에 대해 내게 물었습니다.

두 달 뒤 나를 풀어주었고 나는 우연히 구니모토를 만나서 그도 일본경찰에 체포되어 있었다는 것을 알게 되었습니다. 나에게 무라카미에 대해 물은 것처럼 일본인들은 그에게도 나에 대해 물었다고 합니다. 이것이 내가 이 사람들에 대해 아는 전부입니다.

이 모든 것은 내가 노름에 쓸 돈을 주지 않고 나를 쫓아낸 것을 경찰에 호소했다고 하여 수니모토가 나와 사람들과의 관계에 대해서 지어낸 것입니다. 나는 사람들에게 어떠한 비겁한 행동도 하지 않았습니다.

3. 두 번째 죄목에 대해서도 결코 죄를 인정할 수 없습니다. 1945년 8월 14일 나를 감옥에서 풀어주었고 나는 시내로 갔습니다. 하지만 도시를 자유롭게 활보하는 것은 금지되어있었고 모든 주민들을 방공호로 몰고 갔습니다. 방공호에서 온밤을 꼬박 지새운 나는, 다음 날 도시가 불타고 있고 주위에 연기가 자욱하며 감옥이 있는 곳에서 울리는

총소리를 들었지만 누가 누구에게 사격하는 지는 보지 못했습니다.

다음 날 나는 감옥 근처를 지나가면서 사람들의 사체를 보았습니다. 사체의 매장에 더군다나 그들의 방화에는 어떠한 형태로든 참가하지 않았습니다. 일본경찰들이 창고에 있는 불타는 석탄더미에 사체를 태우는 것을 감자더미 뒤에 숨어서 보았습니다.

이와 같이 군사재판부는 내 죄를 입증할 만한 어떠한 객관적 자료나 증거를 가지고 있지 않은 채 나를 범죄자로 만들었습니다.

당시 총살된 18명과 함께 체포되어 있었지만 감옥에서 도망치는데 성공한 아라이와 다카하시는 심문하지 않았습니다. 이 사람들은 내가 그들의 체포와 관련이 없다는 것을 입증해 줄 것입니다.

서술한 바와 같이 군사재판부는 내 죄를 입증할만한 어떤 근거도 없는 상태에서 나에게 유죄판결을 내렸고, 그 결과 아무 죄도 짓지 않은 나는 10년이라는 긴 세월동안 고통 받았습니다.

위에 기술한 점을 근거로 구니모토 토후쿠의 범죄에 관한 형사사건을 무혐의와 복권에 해당하는 형사사건 취하대상으로 분류하고 직권조사를 통하여 재심에 붙여주실 것을 청원합니다.

수형자 :　(서명)　　　　　　　　　　　　/이 - 두 - 복/

　　　　　　　　　　　　　　　　　　　（구니모토 토후쿠）

1970년 2월 16일

조서

증인심문

심문장소 : 버스크레센스커예 마을　　　　　　1970년 6월 18일

　국가안전보장위원회(KGB) 행정국 사할린 주 관할수사국 상급수사관 대위 그리고리예프는 노인과 장애인을 위한 건물에서 러시아사회주의 연방공화국 형사소송법 제157조, 제158조와 제160조를 준수하며 아래에 기록한 사토 마사오를 증인자격으로 심문했다.

　심문은 12시 20분에 시작되어 14시 45분에 끝났다.

1. 성, 이름, 부칭: 사토 마사오
2. 출생 년도: 1905
3. 태어난 곳: 혼슈섬, 후쿠시마현, 다데군 하시라가와무라, 오아자-토코로자와
4. 민족: 일본인
5. 당적: 무 당적
6. 교육: 일본학교 2학년
7. 가정형태: 독신
8. 직장: 노령으로 인해 직업이 없음
9. 직업과 직책: ーーーーーーー
10. 재판회부 여부: 없음
11. 거주지: 사할린 주 아니바 지역 버스크레센스커예 마을 양로원에 거주

질문 : 어떤 언어로 증언하길 원합니까?

답변 : 일본어로 증언하기를 원합니다.

질문 : 당신에게 일본어 통역관 대위 니키틴을 제안합니다. 그가 당신의 증언을 통역하는 것을 신뢰합니까?

답변 : 일본어 통역관 대위 니키틴이 내 증언을 통역하는 것을 신뢰합니다.

일본어 통역관 니키틴에게 러시아사회주의연방공화국 형사소송법 제57조에 의거하여 그의 의무에 대해 설명했다.

러시아사회주의연방공화국 형법 제181조에 의거하여 고의성 있는 잘못된 통역에 대해 책임이 따름을 주지했다. (통역관 니키틴 서명)

사토 마사오에게 러시아사회주의연방공화국 형사소송법 제158조 2항에 상응한 증인의 의무를 설명했다. 또한 그에게 러시아사회주의연방공화국 형법 제182조에 의거하여 증언거부 및 회피의 경우와 러시아사회주의연방공화국 형법 제181조에 의거하여 고의성 있는 거짓증언에 대해 책임이 따름을 주지시켰다. (증인 サトマサ大 서명)

그는 (설명을 듣고 - 역자) 그가 증인자격으로 심문에 호출된 상황과 이유에 대해 모든 것을 알았고, 다음과 같이 증언했다:

나는 대략 1928년쯤 혼슈섬 후쿠시마현에서 사할린으로 이주했고 마카로바의 철도역에서 철도노동자로 일을 하기 시작했습니다. 1941년부터 1944년 12월까지 포로나이스크, 레오니도보와 스미르느이 지역에서 여러 가지 일용 노동에 종사했습니다. 이때 나는 포로나이스크 근처의 어떤 마을에서 살았는데 지금 그 마을 이름은 기억나지 않습니다. 그런데 그곳에서 그리 오래 살지는 않았습니다. 일을 하는 곳에서 살아야

했기 때문이지요. 1944년 12월 시니고르스크로 떠났고 그곳의 탄광에서 1946년 이전까지 일을 했습니다. 한국인 이ー두ー복 또는 일본이름 구니모토 토후쿠라는 사람을 나는 알았던 적이 없고 지금도 모릅니다.

1945년 나는 일본경찰과 헌병대에서 일을 하지 않았고 한 번도 체포된 적이 없습니다. 내가 1941ー1944년 포로나이스크와 레오니도보 지역에 거주하는 동안 일본이름이 나와 같은 사토 마사오라는 사람은 없었습니다. 그곳에서 나 이외에 그런 이름과 성을 가진 사람은 없었고 우연히 단 한 번이라도 그런 사람에 대해 들어본 적이 없습니다.

질문: 1913년 혼슈 섬 에이사나군 아라마치읍 출생인 사토 마사오의 1946년 7월 10일 심문 조서와 같은 날 구니모토 토후쿠 또는 리ー두ー복과의 대질 심문 조서를 제출했고 당신에게 보여주고 읽어주었습니다. 이 조서들에 서명한 사람이 당신이 맞는지 그리고 그 조서에 쓰인 내용이 당신이 알고 있는 것인지를 말씀해주십시오?

답변: 내게 통역관이 보여주며 읽어주었고 나는 잘 알아들었습니다. 1913년 혼슈섬 에이사나군 아라마치읍 출생인 사토 마사오의 1946년 7월 10일 자 심리조서와 같은 날 구니모토 토후쿠 또는 이ー두ー복과의 대질 심문 조서였습니다. 이 조서에서 증인 사토 마사오는 1945년 8월 그가 일본경찰에 의해 체포되었고, 체포되어 있으면서 구니모토 토후쿠와 함께 부엌에서 일을 했으며 이후에는 경찰들이 16명을 총살하고 경찰서건물을 방화하는 것을 직접 목격했다고 했습니다. 증인의 증언을 이해합니다만 나는 개인적으로 이 사건에 대해 아는 바가 없습니다. 이 조서에 서명한 것은 내 것이 아닙니다. 나는 한자를 읽을 줄도 모르고 쓸 줄도 모릅니다.[39] 쿠니미토 토후쿠 사건으로 나에게 질문한 적이 없습

니다.

질문 : 당신은 박봉춘 또는 수니모토 하루오, 신춘우 또는 히로야마 마사오, 정연섭 또는 나부하타 미쓰스케, 신학순 또는 히로야마 가쿠쑌, 정연달 또는 구니모토 젠타쓰, 최봉섭 또는 무라카미 사부로를 압니까?

답변 : 질문에 열거된 사람들을 나는 알지 못했고 지금도 모릅니다.

질문 : 당신의 여권에는 왜 출생지가 명시되어 있지 않나요?

답변 : 나는 러시아어를 잘 못하고 읽기는 전혀 못합니다. 그래서 왜 여권에 나의 출생지가 명시되어 있지 않은지 설명할 수가 없습니다.

구두로 나에게 읽혀진 심문 조서의 번역은 내가 한 진술과 일치하며 추가하거나 다른 언급할 내용은 없습니다. (증인 サトマサ大 서명)

심문했음 : 국가안전보장위원회(KGB) 행정국 사할린 주 관할수사국 상급수사관

　　　　　대위 　 (서명) 　　　　　　　　　　　　 /그리고리예프/

통역했음 : 대위 　 (서명) 　　　　　　　　　　　　 /니키틴/

---

39) 1946년 7월 10일 심문 조서와 대질심문 조서에 서명한 사토 마사오는 서명란에 한자로 左藤이라고 쓰고 있다. 번역문 56-60쪽, 61-64쪽 참조.-역자

조서

증인심문

심문장소 : 프타로이 - 자보드 마을   1970년 6월 21일

　국가안전보장위원회(KGB) 행정국 사할린 주 관할수사국 상급수사관 대위 그리고리예프는 증인의 집에서 러시아사회주의연방공화국 형사소송법 제157조, 제158조와 제160조를 준수하며 아래에 기록한 최봉섭을 증인자격으로 심문했다.

　심문은 10시 25분에 시작되어 20시 00분에 끝났으며 14시 00부터 14시 30분까지 휴식을 가졌다.

1. 성, 이름, 부칭: 최봉섭
2. 출생 년도: 1906
3. 태어난 곳: 한국 강원도, 북한시민
4. 민족: 한국인
5. 당적: 무 당적
6. 교육: 본인 이름만 쓸 수 있음
7. 가정형태: 기혼
8. 직장: 직업이 없음
9. 직업과 직책: － － － － － － －
10. 재판회부 여부: 없음
11. 거주지: 홈스크시 클류치바야, 20.

질문 : 어떤 언어로 진술하길 원합니까?

답변 : 한국어입니다.

질문 : 당신에게 한국어 통역관으로 당신의 아들 최금영을 제안합니다. 그가 당신 증언을 통역하는 것을 신뢰합니까?

답변 : 예, 신뢰합니다.

한국어 통역관 최금영에게 러시아사회주의연방공화국 형사소송법 제57조에 의거하여 그의 의무에 대해 설명했다.

러시아사회주의연방공화국 형법 제181조에 의거하여 고의성 있는 잘못된 통역에 대해 책임이 따름을 주지했다. (통역관 서명)

최봉섭에게 러시아사회주의연방공화국 형사소송법 제158조 2항에 상응한 증인의 의무를 설명했다. 또한 그에게 러시아사회주의연방공화국 형법 제182조에 의거하여 증언거부 및 회피의 경우와 러시아사회주의연방공화국 형법 제181조에 의거하여 고의성 있는 거짓증언에 대해 책임이 따름을 주지시켰다. (증인 崔鳳燮 서명)

그는 (설명을 듣고 – 역자) 그가 증인자격으로 심문에 호출된 상황과 이유에 대해 모든 것을 알았고, 다음과 같이 증언했다 :

질문 : 어떤 상황에서 당신은 한국인 구니모토 토후쿠 또는 이두복을 알게 되었는지 진술하십시오?

답변 : 1944년 8월에 나는 영구거주하려고 가미시스카(레오니도보) 마을로 왔고 들린나야(러시아 명칭으로 번역하여 적음) 거리에 있는 내 집에서 살기 시작했습니다. 1944년 – 1945년 겨울 마을주민의 누군가로부터 나는 레오니도보 마을에 구니모토 토후쿠라는

한국인이 있다는 사실을 알게 되었고 얼마 후인, 어떤 상황에서인지는 기억나지 않지만, 1945년 봄 나는 그와 거리에서 무언가에 대해 이야기를 하게 되었습니다. 레오니도보는 작은 마을이었고 주민들은 항상 서로서로 알고 지냈습니다. 이 만남 이후에 여러 가지 문제로 구니모토 토후쿠와 대화를 나누었지만 우리들의 대화 내용은 기억할 수가 없습니다. 구니모토 토후쿠가 당시 일정한 거주지가 없었고 우연히 수니모토 하루오의 집에서 지냈던 것을 압니다. 그 당시 구니모토의 활동과 어디에서 일을 했는지는 기억나지 않습니다.

질문 : 구니모토 토후쿠의 범죄행위에 대해 아는 것이 있습니까?

답변 : 1945년 봄 레오니도보 마을주민 중 누구인지는 구체적으로 생각이 나지 않지만 그는 일본경찰과 연결되어 있으며 나쁜 짓을 일삼고 있다고 즉 지역주민들의 다양한 정보를 경찰에 보고한다고 했습니다. 이외에도 나는 직접 여러 번 (구체적인 상황이 지금은 기억나지 않습니다) 구니모토 토후쿠가 경찰서를 드나드는 것을 목격했습니다. 그리고 가끔은 길거리에서 경찰들과 이야기를 나누기도 했습니다. 그는 당시 평범한 옷을 입고 다녔는데 그에게서 무기는 보지 못했습니다. 경찰과 그의 관계가 어떤 것인지 그가 경찰기관의 요원이었는지 또 별도로 경찰임무를 수행했는지는 모릅니다. 1945년 5월 이전에 내 조카 구니모토 젠타쓰가 일본에서 내게 아내를 데려다 주었고 5월 초에 결혼식을 올렸습니다. 결혼식이 끝난 뒤, 날짜는 구체적으로 기억나지 않습니다만, 내 집으로 구니모토 토후쿠가 와서 북 사할린 국경에 위치한 아사시 마을에서의 나의 일에 관심을 가지기 시작했습니다. 이때 토후쿠가 지금은 긴박한 상황이고 전쟁에서 살아남을 방도를 생각해야만 한다고 말하기 시작했습니다. 그때 내가 토후쿠에게 구체적으로

무슨 말을 했고 그와 내가 어떤 대화를 나누었는지 지금은 정확하게 기억할 수 없습니다. 나는 그가 경찰과 관련이 있다는 소문을 들었기 때문에 그와 대화할 때 매우 조심스러워했고 반일감정에 대해서는 전혀 말을 하지 않았던 것만 기억납니다. 그 외에도 그가 우리 집에 와서 내 맞은편에 앉아 있을 때 그의 호주머니에서 권총과 형체가 비슷한 물체형태를 보고 그가 경찰과 연결되어 있다고 확신이 섰고, 그 다음에 우리 집에 왔을 때 직접 권총손잡이 부분을 보았기에 그가 호주머니에 권총을 넣고 다닌다고 확신하게 되었습니다.

토후쿠는 자주 나를 찾아왔으며 가끔은 하루에 2 - 3번씩 오기도 했습니다. 그가 올 때마다 우리가 무엇에 대해 구체적인 대화를 나누었는지는 기억이 나지 않아 말하기 어렵습니다. 기억나는 것은 그 당시 대화를 나눌 때 토후쿠가 나에게 아사시 마을에서 일을 하고 소비에트 연방으로 도주할 수 있도록 도와달라고 제안했던 것만은 알고 있습니다. 어느 날 대화를 나눌 때 나는 창문 아래에서 내가 아는 경찰이 평범한 옷차림으로 서있는 것을 눈치챘습니다. 어째서 이 경찰이 창문 아래에 서있기만 하고 집으로 들어오지는 않았는지 나는 설명할 수가 없습니다. 토후쿠와 내가 나눈 대화를 이 경찰이 엿들었을 수 있습니다. 여름에는 우리의 대화가 방에서 창문을 통해 거리로 잘 들렸기 때문입니다.

아사시 마을에서 일을 할 수 있게 해달라는 그의 부탁에 내가 어떤 말을 했는지 지금은 이미 기억나지 않습니다만 소비에트 연방으로 도주할수있게 도와주는 것은 단호하게 거절했습니다. 이것이 토후쿠가 벌이는 스파이 행각이라고 확신했기 때문입니다. 내가 이렇게 확신한 근거는 이렇습니다. 마을주민들 사이에는 토후쿠와 경찰의 연관성에 대한 이야기가 팽배해 있었고 그가 경찰서를 드나드는 것과 가끔은 길거리에서 경찰들과 이야기를 나누는 것을 내가 직접 목격했기 때문이며 또한 내가 토후쿠와 대화를 나눌 때 그의 호주머니 속의 권총과 평범한 옷으로 바꿔 입은 경찰을 보았기 때문입니다. 그런 상황에서 국경마을에서 일을 하고 더군다나 소비에트 연방으로 도주하는 것을 도와달라는 그의 부탁은 의심스러운 스파이활동이라고 보기에 충분했습니다.

어느 날 아침, 시간은 정확하게 기억나지 않지만 내게 토후쿠가 와서 그의 친구 구니모토 젠타쓰가 소비에트 첩보기관과 관련되어 체포되었기 때문에 자신도 체포될 까봐 두렵다고 했습니다. 체포를 피해 도주하려고 하니 국경을 넘어 소비에트 연방으로 도주하게 해달라고 끈질기게 부탁했습니다. 그 자리에는 내 아내(1945년 여름 일본으로 떠났습니다)도 있었는데, 나는 창문 너머로 내 집 근처에서 즉 창문에서 약 2m쯤 떨어진 거리에서 내가 모르는 사람이 서 있는 것을 보았습니다. 이것이 정해진 스파이활동이란 것을 알아차린 나는 그의 부탁을 들어 줄 어떤 가능성도 내게는 없다고 말했습니다. 당시 토후쿠가 어떤 말을 더 했는지 지금은 기억나지 않습니다. 토후쿠가 떠난 후 나는 문을 살짝 열어서 거리를 보았습니다. 그런데 이때 집 근처에는 이미 아무도 없었습니다. 옆집 모퉁이 뒤로, 우리 집에서 15m쯤 떨어진 곳에 평범한 옷을 입은 두 명의 경찰이 서있었습니다. 그들의 이름을 지금 기억할 수는 없습니다. 그들이 우리 집 쪽을 보고 있었기 때문에 나는 그들을 관찰하는 것을 그만두었습니다.

이 일이 있은 지 대략 일주일 뒤에 나는 구니모토 젠타쓰, 나부하타 미쓰스케와 히로야마 마사오가 정말로 일본경찰에게 체포되었다는 것을 알게 되었지만 그들이 왜 체포되었는지는 몰랐고 소비에트 첩보기관과 연결되었다는 이유로 그들을 체포했다는 사실도 전혀 듣지 못했습니다. 내가 체포된 후에 나는 포로나이스크의 경찰서 감옥에서 그들을 보았는데 심문을 하기 위해 한 명씩 내 옆으로 끌고 갔습니다. 그리고 그들이 언제 어떤 상황에서 풀려났는지는 모릅니다.

나는 다음과 같은 상황에서 체포되었습니다. 날짜는 기억나지 않지만 아침에 내게 구니모토 토후쿠가 와서 무엇인가에 대해 내게 물었습니다. 그리고 우리는 어떤 주제에 대해 대화를 나누었는데 토후쿠가 오늘 무슨 일을 할 계획이냐고 내게 물었던 것이 기억납니다. 나는 그에게 한 시간 뒤에 바다표범을 잡으러 갈 계획이라고 대답했습니다.

토후쿠가 나가고 30분 후에 우리 집은 경찰에 의해 포위되었습니다. 세 명의 경찰이 집으로 들어왔으며 나를 체포한다고 언표한 뒤 그들은 집을 샅샅이 수색하기 시작했습니다. 나의 사냥용 소총과 모든 사냥도구를 모은 뒤 나를 경찰서로 끌고 갔습니다. 경찰서 감옥 감방으로 나를 끌고 갈 때(경찰 6명이 끌고 갔습니다)에 감금된 나는 옆방에 토후쿠가 있다는 것을 눈치 챘습니다. 토후쿠는 평범하지만 깔끔한 옷을 입고 있었고 구타의 흔적은 없었습니다. 철근으로 된 감방 문은 살짝 열려있었습니다. 문을 통해 옆방에 누가 있는지 알 수 있었고 사람과 대화도 할 수 있었습니다. 내 기억으로 토후쿠와 나는 이야기를 하지 않았습니다. 30분 후 간수가 내 방으로 그를 데리고 들어왔습니다. 토후쿠를 왜 내 방으로 데리고 왔는지 설명할 수는 없습니다. 하지만 그의 이전의 행적으로 나는 일본인들이 관심을 가지고 있는 문제에 대한 대답을 얻어내려고 그와 나를 한 방에 수감하려는 것이라고 추측했습니다. 토후쿠는 곧바로 내게 왜 체포되었는지 묻기 시작했습니다. 왜 체포되었냐는 그의 질문에 나는 그가 더 잘 알 것이라고 대답한 채 그와 아무런 이야기도 나누지 않았습니다. 대략 30분 동안 아무 말도 하지 않았는데, 그때 문이 열렸고 토후쿠를 나오라고 했습니다. 토후쿠는 간수의 호위 하에 경찰서 감옥의 복도를 따라 나갔고 저녁까지 감방으로 돌아오지 않았습니다. 대략 저녁 9시쯤 나는 문 사이로 토후쿠를 옆방으로 끌고 오는 것을 보았는데 그곳에는 이미 어떤 사람이 체포되어 있었습니다. 20 - 30분 후에 옆방에서 무엇엔가에 대해 작게 이야기 하는 소리가 들렸지만 대화 내용은 알 수가 없었습니다. 그리고 10 - 15분 쯤 지난 뒤 조용해졌고 조금 지나 토후쿠가 간수의 경비 하에 경찰서감옥 복도를 따라 나가는 것을 보았습니다. 레오니도보 마을의 경찰서감옥에 내가 수감되어 있을 때 토후쿠는 더 이상 나타나지 않았습니다.

다음 날 11시에 나를 포로나이스크 경찰서 감옥으로 이송했습니다. 그곳에서 나를 여러 차례 심문했고 비인간적인 폭력을 휘둘렀습니다. 내가 국경을 넘어 소비에트연방으로 도주할 계획을 가지고 있음을 이미 알고 있으니 소비에트 첩보기관의 요원임을 자백하라고 나에게 강요했습니다. 경찰은 폭력과 협박으로 나에게서 자신들에게 필요한 증언을 받아내려고 했습니다. 그러나 그들의 질문에 나는 소비에트 연방으로 도주할 계획도 없고 소비에트 첩보기관과는 아무런 관련이 없다고 대답했습니다. 그런데 심문과 질책은 포로나이스크에서 풀려날 때까지 계속되었습니다. 심문과정에서 나에게 토후쿠에 대해서는 묻지 않았으며 내가 소비에트연방으로 도주할 계획이고 소비에트 첩보기관과 관련이 있다고 토후쿠가 밀고했다는 말도 하지 않았습니다.

하지만 나는 심문할 때 어떤 경찰도 위에 말한 질문이외에는 어떠한 다른 내용의 심문도 하지 않았고 토후쿠 이외에는 이런 질문을 한 사람이 없었기 때문에 토후쿠가 나를 밀고했다고 확신했습니다.

다음과 상황에서 나는 풀려났습니다: 대략 8월 20일 쯤 포로나 이스크는 소비에트 비행기에 의해 심한 폭격을 당했습니다. 이때 수감된 사람들 사이에서는 일본경찰이 수감된 사람들을 총살하고 건물에 방화하려고 한다는 무서운 이야기가 떠돌고 있었습니다. 그 다음 나는 복도를 걷는 발자국 소리와 수감된 건물이 불타고 있고 헌병대가 도망치고 있다고 수감된 사람들이 외치는 소리를 들었습니다. 나는 감방에 혼자 갇혀 있었는데 문을 통해 도망가는 사람들에게 나를 풀어달라고 부탁했습니다. 누군가가 문을 열어주었고 나는 경찰서감옥에서 도망쳤습니다. 경찰서감옥 지붕은 불길에 휩싸여 있었고 옆 건물은 불타고 있었습니다. 수감되었던 사람들 중 누군가가 일본인들이 옆에 있던 가연성 물질을 보관하는 창고에서 벤진을 가져와 소방호수를 이용하여 경찰서감옥 지붕에 벤진을 부렸다고 말했습니다. 소비에트 군대는 아직 포로나 이스크에 입성하지는 않은 상태였습니다.

나는 레오니도보로 가지 않았습니다. 아내와 7살 난 딸이 일본에서 아직 돌아오지 않았고 구타와 상처로 무척 고통스러운 상태였기에 나 혼자서는 살림을 꾸려갈 수 없다고 생각하여 내가 아는 일본사람을 찾아 바루쉐프 지역으로 갔습니다. 곧 우리는 소비에트 군대에 의해 해방되었습니다.

전쟁이 끝난 뒤 구니모토 토후쿠는 어디론가 숨었습니다. 어느 날 아는 한국인 박서찬이 나를 찾아와서 홈스크 지역에 토후쿠와 비슷한 한국인이 거주하고 있다는 말을 했습니다. 이 사실을 우리는 소비에트 사령부에 보고한 뒤 그 곳으로 갔습니다. 우리는 목욕탕에서 정말로 구니모토 토후쿠를 발견했습니다. 그는 나를 보자 자신이 일본경찰에 나를 밀고했다며 용서를 빌기 시작하면서 죽여 달라고 했습니다. 토후쿠의 사건과 관련하여 나를 심문했고 토후쿠와의 대질심문에서 나는 증언을 확실히 하였습니다. 나는 그가 아직도 소원장과 명예회복에 관한 청원서를 쓴다는 사실에 놀랄 뿐입니다. 나에게 구니모토가 자기민족을 배반하면서 저지른 배신행위를 폭로할 수 있도록 그와 대질심문 시켜주실 것을 수사기관에 요청합니다.

질문: 당신에게 토후쿠에 관한 1946년 6월 22일, 7월 19일과 1968년 8월 16일 당신의 심문조서를 보여주고 읽어주었습니다. 조서에 적힌 내용을 확증하겠습니까?

답변: 내 아들이 1946년 6월 22일, 7월 19일과 1968년 8월 16일 내 조서를 보여주고 번역하여 읽어 주었습니다. 이 조서에 진술된 내용 중 일부만 확증합니다. 내 심문 조서에는 구니모토 토후쿠와 나의 관계가 정상적이었다고 적혀있습니다. 그와 나는 다툰 적은 없습니다. 우리가 알게 된 시기와 관련하여 오늘 말한 것이 사실이고 1946년 6월 22일 조서는 사실과 다릅니다. 나는 그와 1945년 6월 29일에야 알게 되었습니다. 1945년 여름 내가 체포된 시기에 대한 내 증언의 모순점에 관하여 현재 정확하게 설명하기 어려운데, 아마도 1968년 심문 조서에 기록된 나의 체포 시기가 더 정확하다고 생각합니다. 하지만 이미 오랜 시간이 흘렀기 때문에 내 기억이 잘못 되었을 수도 있다고 생각합니다. 내가 체포될 당시의 상황에 대한 것은 오늘 말한 것이 보다 정확할 것입니다. 이는 내가 아들이 통역하는 내용을 잘 이해할 수 있기 때문인데 1946년 조서는 그리 정확하게 기록된 것이 아닙니다. 1946년 심문에서 체포된 후 24시간 동안은 레오니도보에 수감되어 있었다고 말했는데 조서에는 이에 대한 기록이 없습니다. 또 토후쿠는 자신이 소비에트 첩보기관 요원으로 체포될 위험에 처해 있기 때문에 빠

른 시일 내에 소비에트 쪽으로 넘어가기 위하여 자신에게 일자리를 찾아줄 것을 부탁했는데, 이 내용이 그 조서에 빠져 있는 것이 이해가 가지 않습니다.

1946년 6월 22일 증언에서 일본경찰의 심문과정에서 경찰이 내가 소비에트연방으로 도주할 계획이고 소비에트 첩보기관과 관련이 있다고 토후쿠에게 들어서 잘 알고 있다고 말했다는 내용이 적혀 있는데 이러한 말을 내가 했는지에 대해 현재로서는 기억이 나지 않아 말하기 어렵습니다.

전쟁 후 열차 안에서 토후쿠를 만났다는 진술도 맞지 않습니다. 사실 우리는 그를 홈스크 지역에서 찾았습니다. 전쟁이 끝난 후 히로야마 마사오, 나부하타 미쓰스케와 구니모토 젠타쓰의 말을 듣고 확실히 알게 되었지만, 1945년 6월 그들이 정확히 어떤 상황에서 구니모토 토후쿠의 밀고로 일본경찰에 의해 체포되었는지는 정확하게 기억나지 않습니다. 또한 1946년의 심문 시에 히로야마 가쿠쑨이 레오니도보에서 총살된 18명이 토후쿠의 밀고로 체포되었다는 말을 내게 했다고 한 진술을 했는지 여부는 지금은 기억할 수 없습니다. 이 사건에 대해 개인적으로 아는 것이 전혀 없습니다. 나는 그 당시 얼마동안인지는 정확하게 기억할 수 없지만 긴 시간을 포로나이스크 경찰서 감옥에 수감되어 있었기 때문입니다.

토후쿠와의 대질심문에서 나는 이렇게 증언했습니다: 그가 나를 찾아와서 자신이 가지고 있던 작은 붉은색 책을 가지라고 내게 진지하게 요청했지만 나는 이것이 첩자의 활동이라고 확신하고 거절했습니다.

질문 : 지난 1946년 6월 22일 심문에서 당신은 토후쿠가 당신에게 단지 일자리를 찾아달라고 부탁했다고 진술했고, 그와의 대질심문에서 당신은 일자리를 찾아달라는 부탁이외에도 소비에트로 이주하는

것을 도와달라고 했다고 증언했습니다. 그런데 1968년에는 그가 당신에게 자신이 소비에트 첩보기관 요원으로 체포될 위험에 놓여있으니까 소비에트로 넘어가게 도와줄 것을 부탁했다고 증언했습니다. 증언들 사이의 다른 점을 어떻게 설명하겠습니까?

답변: 1946년에도 1968년에도 나는 심문에서 구니모토가 내게 와서 자신이 소비에트 첩보기관 요원으로 체포될 위험에 놓여있으니 일자리를 찾아주고 소비에트 연방으로 도주하는 것을 도와달라는 부탁을 했다고 진술했습니다. 1946년 심문 조서에 이 증언이 왜 누락되었는지 나는 모르겠습니다.

질문: 당신은 토후쿠가 군도를 가지고 있는 것을 보았습니까?

답변: 나는 오늘 심문에서 증언했듯이 토후쿠가 권총을 가지고 있는 것만 보았습니다. 누구인지 지금은 구체적으로 기억나지는 않지만 누군가가 토후쿠가 군도를 가지고 있었다고 말하는 것을 들었습니다.

질문: 1968년 심문에서 당신은 체포된 후 감방으로 끌려갔고 거기에 토후쿠가 있었다고 했는데 오늘 심문에서 당신은 다른 증언을 했습니다. 두 증언이 다른 점을 어떻게 설명하겠습니까?

답변: 나는 오늘과 마찬가지로 이미 1968년에도 내가 체포되던 상황에 대해 그러한 증언을 했다고 해명했습니다. 그런데 아마 당시 통역관이 나를 잘못 이해한 것 같습니다.

질문: 1945년 여름 레오니도보에서 구니모토 토후쿠가 체포되었습니까?

답변: 1944년 가을부터 즉 내가 레오니도보 마을로 이사 와서 내가 체포된 1945년 여름까지 구니모토 토후쿠는 일본경찰에게 체포된 적이 없습니다.

질문: 토후쿠는 자신의 소원장에 수니모토 하루오가 그에게 도박과 보드카를 마시기 위한 돈을 요구하여 다툰 뒤 그를 집에서 내쫓았다

고 했습니다. 이 말이 맞습니까?

답변 : 토후쿠의 이 주장은 신뢰성이 없습니다. 수니모토 하루오는 도박을 하지도 않았고 술도 적당히 마셨습니다. 그는 토후쿠를 자신의 집에서 내쫓지도 않았습니다. 내가 체포되기 전 수니모토 하루오에게서 들었는데 그가 토후쿠의 첩자활동을 질책했고 이로 인해 둘이 다투었다고 했습니다.

질문 : 젠타쓰가 자신에게 빌려간 돈을 갚지 않는다고 경찰에 토후쿠를 고발한 적이 있습니까?

답변 : 없습니다. 만일 토후쿠가 젠타쓰에게 돈을 갚지 않았다면 그는 내 친척이었기 때문에 내게 말을 했을 겁니다.

질문 : 1968년 11월 18일 심문에서 구니모토 토후쿠는 자신은 배신행위를 한 적이 없다며 당신의 1946년 6월 22일 증언을 부분적으로만 인정했습니다. 즉 일자리를 찾으러 당신을 찾아갔고 자신이 체포된 뒤에는 경찰 사사야의 명령으로 체포된 구니모토와 히로야마에 대한 문제를 해명하기 위해 경찰과 함께 당신을 찾아간 것이라고 했습니다. 이 말이 맞습니까?

답변 : 내 아들이 1968년 11월 18일 구니모토 토후쿠의 증언을 나를 위해 잘 이해할 수 있도록 통역해 주었습니다. 나는 그의 진술을 결코 인정할 수 없으며 그와 대질심문을 통해 명확하게 밝힐 준비가 되어 있습니다.

구니모토(정연달 – 역자)에게는 정말 토후쿠가 결혼을 하고 싶어 했던 여동생이 있었습니다. 그녀는 그의 옷을 세탁해주었지만 그에 대한 평판이 나빴기 때문에 그와 결혼하는 것을 거부했습니다. 토후쿠와 젠타쓰(정연달 – 역자) 그리고 그의 엄마와의 관계는 평범했지만 젠타쓰와 토후쿠가 친구사이는 아니었습니다.

1968년 심문에서 토후쿠는 나와 일자리나 다른 일상적인 삶의 문제에 대해서만 이야기를 나누었다고 진술했습니다. 그러나 오늘 증언했듯이 그의 말은 사실이 아닙니다. 구니모토는 정말로 내 아내감을 찾으러 떠났지만 한국이 아니라 일본에 갔었고 내 아내감을 찾아 단 둘이 함께 돌아왔습니다. 히로야마는 한국으로 떠나지 않았습니다. 토후쿠의 명백한 거짓말은 그가 사할린 국경 근처에 있는 나라가 어떤 나라인지 몰랐다는 데서 드러납니다. 나는 내가 일하던 지역의 국경수비대와 군부대의 주둔에 관해 토후쿠에게 한 번도 말한 적이 없습니다.

또 그는 자신이 저녁에 체포되었다고 하는데 이는 믿을 수 없는 말입니다. 첫 번째, 그는 체포되지 않았습니다. 두 번째, 내가 체포되는 날 아침에 그가 우리 집에 왔는데 그가 우리 집을 떠나고 30분 뒤에 나는 체포되었고 경찰서의 감옥에 수감되었습니다. 그때 그는 옆 감방에 일상복을 입고 있었는데 아침에 우리 집에 왔을 때 바로 그 차림이었습니다. 경찰과 함께 우리 집에 찾아왔다는 토후쿠의 진술은 사실이지만 내게 와서 구니모토와 히로야마에 대해서 관심을 보이지 않았다는 말은 거짓입니다. 반대로 내가 그에게 그들에 대해 아무런 말도 하지 않았습니다. 내가 체포되어 경찰서 감옥에 수감되기까지의 복잡한 과정은 약 1시간 반 정도 걸렸는데, 내가 체포된 그날 토후쿠는 감방에 있었지만 다음 날 그는 이미 경찰서 감옥에 없었습니다.

질문 : 수니모토 하루오, 히로야마 마사오, 나부하타 미쓰스케, 사토 마사오, 히로야마와 젠타쓰는 현재 어디에 거주하고 있습니까?

답변 : 사토 마사오를 나는 모릅니다. 히로야마 가쿠쑨과 수니모토 하루오는 포로나이스크에서 죽었습니다. 히로야마 마사오, 나부하타 미쓰스케와 구니모토 젠타쓰는 코리아에 살고 있습니다. 젠타쓰는 처음에 일본으로 갔다가 그 후 1947년에 코리아로 갔습니다. 40)

구두로 이루어져 번역하여 쓰여진 심문 조서의 내용은 내 진술과 일치합니다. 이외에 더 추가사항이나 언급할 내용이 없습니다. 현재 구니모토 토후쿠의 범죄행위를 입증할 인물들이 죽어서 그들을 호명할 수가 없기 때문입니다. (증인 崔鳳雙 서명)

통역했음 :　(서명)　　　　　　　　　　　　　　　/최 금 영/

심문했음 : 국가안전보장위원회(KGB) 행정국 사할린 주 관할수사국 상
　　　　　급수사관
　　　　　대위　(서명)　　　　　　　　　　　　/그리고리예프/

---

40) 여기에서 코리아라고 번역한 이유는 증인 최봉섭이 남북한을 언급하지 않고 남북한을 총칭하는 표현인 코리아 즉 러시아어로 "까레야"라고만 언급하고 있기 때문이다. ─역자

조서

증인심문

심문장소 : 레오니도보 마을 　　　　　　　　　1970년 6월 29일

　국가안전보장위원회(KGB) 행정국 사할린 주 관할수사국 상급수사관 대위 그리고리예프는 증인의 집에서 러시아사회주의연방공화국 형사소송법 제157조, 제158주와 제160조를 준수하며 아래에 기록한 한점돌을 증인자격으로 심문했다.

　심문은 17시 30분에 시작되어 19시 30분에 끝났다.

1. 성, 이름, 부칭: 한점돌
2. 출생 년도: 1908
3. 태어난 곳: 사할린 주 코르사코프시
4. 민족: 한국인
5. 당적: 무 당적
6. 교육: 본인 이름만 쓸 수 있음
7. 가정형태: 기혼
8. 직장: 노령으로 인해 일을 하지 않음
9. 직위와 직책: － － － － － － －
10. 재판회부 여부: 없음
11. 거주지: 사할린 주, 포라나이스크 지역 레오니도보 마을 크리스치얀스카야 거리, 8.

질문: 어떤 언어로 증언하길 원합니까?

답변: 한국어입니다.

질문: 당신에게 한국어 통역관으로 당신의 딸 한순남을 제안합니다. 그
　　　녀가 당신의 증언을 통역하는 것을 신뢰합니까?

답변: 예, 믿습니다. 나는 그녀의 말을 잘 이해합니다.

　한국어 통역관 한순남에게 러시아사회주의연방공화국 형사소송법 제
57조에 의거하여 그녀의 의무에 대해 설명했다.

　러시아사회주의연방공화국 형법 제181조에 의거하여 고의성 있는 잘
못된 통역에 대해 책임이 따름을 주지했다. (통역관 서명)

　한점돌에게 러시아사회주의연방공화국 형사소송법 제158조 2항에
상응한 증인의 의무를 설명했다. 또한 그에게 러시아사회주의연방공화
국 형법 제182조에 의거하여 증언거부 및 회피의 경우와 러시아사회주
의연방공화국 형법 제181조에 의거하여 고의성 있는 거짓증언에 대해
책임이 따름을 주지시켰다. (증인 한점돌 서명)

　그는 (설명을 듣고 - 역자) 그가 증인자격으로 심문에 호출된 상황과 이
유에 대해 모든 것을 알았고, 다음과 같이 증언했다:

　나는 레오니도보 마을, 한국식으로 가미시스카 마을에서[41] 1941년부
터 거주하기 시작했는데 구니모토 토후쿠 또는 이두복을 대략 1945년
봄부터 레오니도보 마을 주민이었기에 알게 되었습니다. 1945년 봄 나
는 처음 마을주민 중 누군가로부터 그에 대한 이야기를 들었습니다.

---

41) 가미시스카는 레오니도보의 일본식 명칭이지만 증인이 한국식이라고 언급하고
　　있기에 그대로 번역하였다. - 역자

우리는 마을의 서로 다른 구역에서 살았습니다. 나는 그와 개인적으로 이야기를 나눈 적은 한 번도 없지만 그를 여러 번 보았습니다. 어떤 상황에서 구니모토 토후쿠를 보았는지 지금은 기억할 수가 없습니다. 나는 구니모토 토후쿠가 정확하게 우리 마을 어디에 살고 있고 무슨 일을 하는지 전혀 몰랐습니다. 레오니도보 마을에 소비에트 군대가 입성할 때쯤인 8월 16일 쯤 나는 가족들과 코르사코프로 떠났습니다. 구니모토 토후쿠는 그 당시 그곳에 계속 남아 있었지만 당시 내가 어떤 상황에서 그를 보았는지는 기억나지 않습니다.

구니모토 토후쿠의 범죄행위에 대해서 내가 아는 것은 다음 사항 이 외에는 전혀 없습니다: 대략 1945년 5월쯤 구니모토 토후쿠가 일본경찰과 연결되어 있으며 나쁜 짓을 일삼고 있다고 즉 한국인들을 일본인들에게 넘긴다는 말을 누군가에게 들었습니다. 나는 전쟁이 끝날 때까지 우리 마을에서 구니모토 토후쿠에 대한 평판이 나빴던 것만은 기억합니다. 이미 증언했듯이 1945년 8월에 나는 가족들과 코르사코프로 떠났습니다. 이후 나는 구니모토 토후쿠에 대해 아무 것도 듣지 못했습니다. 그가 적대행위로 형사고발되었는지도 모릅니다.

질문 : 당신은 박봉춘, 신춘우, 정연섭, 사토 마사오, 신학순, 정연달의 운명이 어떠했는지 압니까?

답변 : 신춘우, 정연섭, 사토 마사와 정연달은 기억하지 못하고 박봉춘은 전쟁 후 곧 레오니도보 마을에서 죽었습니다. 1952년 내가 코르사코프에서 레오니도보로 다시 이주해왔을 때 이미 박봉춘, 일본식으로 수니모토 하루오가 죽었다는 소문을 들었지만 그가 정확하게 몇 년도에 죽었는지는 모릅니다.

1952년 나는 또 지역 주민 중 누군가로부터 신학순, 일본식으로 히로야마 가쿠쏜이 1945년 일본권력 시기에 체포되었고 일본경찰들이 다른 한국인들과 함께 총살했다는 말을 들었습니다. 그런데 운이 좋아서 부상을 당한 뒤 죽은 척하여 술에 취한 일본경찰들이 나갔을 때 감옥에서 숲으로 도망쳤다고 합니다. 1945년 여름 어떤 상황에서 박봉춘과 신학순이 일본경찰에게 체포되었는지는 모릅니다.

질문: 1945년부터 레오니도보 마을에 쭉 살고 있는 노인 중 아는 사람이 있습니까?

답변: 1945년에 이곳에 살았던 사람들은 모두 죽었습니다.

  더 보충할 내용은 없습니다. 구두로 이루어져 번역하여 쓰여진 심문조서의 내용은 내 진술과 일치합니다. (증인 한점돌 서명)

통역관 :   (서명)   /한 순 남/

심문했음 : 국가안전보장위원회(KGB) 행정국 사할린 주 관할수사국 상급수사관
          대위   (서명)   /그리고리예프/

조서

증인심문

심문장소 : 레오니도보 마을   1970년 6월 30일

국가안전보장위원회(KGB) 행정국 사할린 주 관할수사국 상급수사관 대위 그리고리예프는 증인의 집에서 러시아사회주의연방공화국 형사소송법 제157조, 제158조와 제160조를 준수하며 아래에 기록한 박순례를 증인자격으로 심문했다.

심문은 14시 10분에 시작되어 15시 15분에 끝났다.

1. 성, 이름, 부칭: 박순례
2. 출생 년도: 1918
3. 태어난 곳: 한국
4. 민족: 한국인(여자)
5. 당적: 무 당적
6. 교육: 문맹
7. 가정형태: 기혼
8. 직장: 노령으로 인해 일을 하지 않음
9. 직위 및 직책: − − − − − − −
10. 재판회부 여부: 없음
11. 거주지: 사할린 주 포라나이스크 지역, 레오니도보 마을, 레오니도프스카야거리, 3.

질문: 어떤 언어로 증언하길 원합니까?

답변: 한국어입니다.

질문: 당신에게 한국어 통역관으로 당신의 딸 임정숙을 제안합니다. 그녀가 당신 증언을 통역하는 것을 신뢰합니까?

답변: 예, 나는 그녀의 말을 잘 이해하고 그녀가 나의 증언을 통역하는 것에 대해 신뢰합니다.

한국어 통역관 임정숙에게 러시아사회주의연방공화국 형사소송법 제57조에 의거하여 그의 의무에 대해 설명했다.

러시아사회주의연방공화국 형법 제181조에 의거하여 고의성 있는 잘못된 통역에 대해 책임이 따름을 주지했다. (통역관 서명)

박순례에게 러시아사회주의연방공화국 형사소송법 제158조 2항에 상응한 증인의 의무를 설명했다. 또한 그에게 러시아사회주의연방공화국 형법 제182조에 의거하여 증언거부 및 회피의 경우와 러시아사회주의연방공화국 형법 제181조에 의거하여 고의성 있는 거짓증언에 대해 책임이 따름을 주지시켰다. (서명)

그는 (설명을 듣고 – 역자) 그가 증인자격으로 심문에 호출된 상황과 이유에 대해 모든 것을 알았고, 다음과 같이 증언했다:

나는 1945년 봄부터 레오니도보 마을에서 거주하기 시작했습니다. 구니모토 토후쿠 또는 한국식으로 이두복에 대해서는 아주 조금 압니다. 1945년 레오니도보 마을에 그런 사람이 살고 있었고 당시 평판이 나빴던 것을 기억합니다. 구니모토 토후쿠가 일본경찰과 연결되어 있으며 나쁜 짓을 일삼고 있다고 즉 한국인들을 일본경찰에 넘긴다는 말을 들었습니다. 하지만 구니모토 토후쿠의 구체적인 범죄행위에 대해 나는 지금 아무 것도 증언할 수가 없습니다. 너무 오랜 시간이 지나서 기억이 나지 않으며 어떤 상황에서 내가 그를 알게 되었고 그가 정확하게 어디에서 살고 있고 무슨 일을 하는지 나는 전혀 기억나지 않습니다. 수니모토 하루오, 히로야마 가쿠쑨과 사토 마사오라는 사람들도 기억이 나지 않습니다.

더 보충할 내용은 없습니다. 구두로 이루어져 번역하여 쓰여진 심문 조서의 내용은 내 진술과 일치합니다. (서명란에 문맹이라고 쓰여짐 – 역자)

나의 어머니의 진술을 올바르게 통역했음을 입증합니다:
　　　　(서명)　　　　　　　　　　　　　　　　/임 정 숙/

심문했음 : 국가안전보장위원회(KGB) 행정국 사할린 주 관할수사국 상
　　　　　급수사관
　　　　　대위　　(서명)　　　　　　　　　　　/그리고리예프/

조서

증인심문

심문장소 : 레오니도보 마을   1970년 6월 30일

국가안전보장위원회(KGB) 행정국 사할린 주 관할수사국 상급수사관 대위 그리고리예프는 증인의 집에서 러시아사회주의연방공화국 형사소송법 제157조, 제158조와 제160조를 준수하며 아래에 기록한 변덕만을 증인자격으로 심문했다.

심문은 18시 35분에 시작되어 19시 55분에 끝났다.

1. 성, 이름, 부칭: 변덕만
2. 출생 년도: 1918
3. 태어난 곳: 남한
4. 민족: 한국인
5. 당적: 무 당적
6. 교육: 본인 이름만 쓸 수 있음
7. 가정형태: 기혼
8. 직장: 가교부대 No.30
9. 직위 및 직책: 목수
10. 재판회부 여부: 없음
11. 거주지: 사할린 주 포라나이스크 지역, 레오니도보 마을, 아가로드니 골목, 3.

질문 : 어떤 언어로 증언하길 원합니까?
답변 : 러시아어로 증언하길 원하며 통역은 필요 없습니다.

변덕만에게 러시아사회주의연방공화국 형사소송법 제158조 2항에 상응한 증인의 의무를 설명했다. 또한 그에게 러시아사회주의연방공화국 형법 제182조에 의거하여 증언거부 및 회피의 경우와 러시아사회주의연방공화국 형법 제181조에 의거하여 고의성 있는 거짓증언에 대해 책임이 따름을 주지시켰다. (변덕만 서명)

그는 (설명을 듣고 – 역자) 그가 증인자격으로 심문에 호출된 상황과 이유에 대해 모든 것을 알았고, 다음과 같이 증언했다:

나는 1943년 남한에서 사할린으로 이주해 왔고 마트로소보에서 거주하기 시작했습니다. 결혼은 하지 않은 상태였습니다. 1945년 9월 이전 일자리를 찾으러 여러 곳을 돌아다녔고 레오니도보, 포라나이스크와 우글리고르스크에서 한시적인 일을 했습니다. 1945년 8월 나는 마트로소보에 거주하면서 철도보수를 하는 잡부로 일을 했습니다. 나는 이두복 또는 일본식으로 구니모토 토후쿠를 몰랐습니다.

그런데 대략 1945년 9월쯤 내가 레오니도보 마을에 머물렀는데 마을 주민 중 누군가가 이 마을에 사는 이두복이라는 자가 나쁜 짓을 일삼았다고 했습니다. 나는 관심이 없었기 때문에 이 한국인이 어떤 나쁜 짓을 했는지는 모릅니다. 그리고 같은 시기에 누군가로부터 1945년 8월에 레오니도보에서 경찰들에 의해 많은 한국인이 총살되었고 불태워졌다는 말을 들었습니다. 그러나 그들을 총살시킨 이유와 누가 그들을 일본인들에게 밀고했는지는 모릅니다. 이 한국인들의 체포에 이두복이 관련되어 있는지 알지 못하며 그의 범죄행위에 대해 내가 구체적으로 아는 것은 아무 것도 없습니다.

질문 : 당신은 박봉춘(수니모토 하루오), 사토 마사오, 신학순(히로야마 가쿠쏜), 정연달(구니모토 젠타쓰)을 압니까? 이 사람들의 운명이 어떠했는지 압니까?

답변 : 박 봉 춘은 1948년 쯤 레오니도보 마을에서 죽었는데 사망년도는 정확하지 않을 수도 있습니다. 신학순은 포로나이스크에서 살았는데 그도 죽었습니다. 사토 마사오와 정연달은 모릅니다.

추가할 내용은 없습니다. 내 심문 조서는 나의 요구로 수사관에 의해 구두로 읽혀졌고 내 증언은 정확하게 기록되었습니다. 그런데 나는 러시아어 알파벳을 모르기 때문에 한국어로 서명합니다. (변덕만 서명)

심문했음 : 국가안전보장위원회(KGB) 행정국 사할린 주 관할수사국 상급수사관

　　　　　대위　　(서명)　　　　　　　　　　/그리고리예프/

조서

증인심문

심문장소 : 레오니도보 마을   1970년 7월 1일

  국가안전보장위원회(KGB) 행정국 사할린 주 관할수사국 상급수사관
대위 그리고리예프는 증인의 집에서 러시아사회주의연방공화국 형사소
송법 제157조, 제158조와 제160조를 준수하며 아래에 기록한 이화섭을
증인자격으로 심문했다.

  심문은 14시 10분에 시작되어 14시 55분에 끝났다.

1. 성, 이름, 부칭: 이화섭
2. 출생 년도: 1917
3. 태어난 곳: 한국
4. 민족: 한국인
5. 당적: 무 당적
6. 교육: 일본학교 4학년
7. 가정형태: 기혼
8. 직장: 발라클라프 삼림조합
9. 직위 및 직책: 레오니도보 삼림관련업무 잡부
10. 재판회부 여부: 없음
11. 거주지: 사할린 주 포로나이스크 지역, 레오니도보 마을, 크리스치
    얀스카야 거리, 14.

질문 : 어떤 언어로 증언하길 원합니까?

답변 : 나는 러시아어로 말할 수 있기에 러시아어로 증언하길 원합니다.

이화섭에게 러시아사회주의연방공화국 형사소송법 제158조 2항에 상응한 증인의 의무를 설명했다. 또한 그에게 러시아사회주의연방공화국 형법 제182조에 의거하여 증언거부 및 회피의 경우와 러시아사회주의연방공화국 형법 제181조에 의거하여 고의성 있는 거짓증언에 대해 책임이 따름을 주지시켰다. (리화섭 서명)

그는 (설명을 듣고 – 역자) 그가 증인자격으로 심문에 호출된 상황과 이유에 대해 모든 것을 알았고, 다음과 같이 증언했다:

나는 1946년부터 레오니도보 마을에서 거주하기 시작했습니다. 나는 이두복 또는 일본식으로 구니모토 토후쿠를 모릅니다. 그런데 대략 1946년경에 누군가로부터 레오니도보 마을에 그런 사람이 살았는데 일본경찰과 연결되어 있으면서 한국인들을 일본경찰에 밀고했다고 들었습니다. 1946년에 마을사람들과 나눈 대화가 기억나지 않아 구니모토 토후쿠의 구체적인 범죄행위에 대해서는 아무것도 말할 수 없습니다.

질문 : 당신은 일본인 사토 마사오와 한국인 박봉춘, 신학순을 압니까?

답변 : 나는 사토 마사오는 모릅니다. 박봉춘과 신학순은 잘 기억합니다. 박봉춘 일본식으로 수니모토 하루오는 1948년 레오니도보 마을에서 죽었습니다. 신학순 일본식으로 히로야마 가쿠쑨은 포로나이스크에서 1946년 말에 죽었습니다.

추가할 내용은 없습니다. 내 심문 조서는 나의 요구로 수사관에 의해 구두로 읽혀졌고 내 증언은 정확하게 기록되었습니다. 그런데 나는 러시아어 문자를 모르기 때문에 한국어로 서명합니다. (리화섭 서명)

심문했음 : 국가안전보장위원회(KGB) 행정국 사할린 주 관할수사국 상
　　　　　급수사관
　　　　　　대위　　(서명)　　　　　　　　　　/그리고리예프/

조서

증인심문

심문은 1970년 10월 20일 11시 00분에 시작되었다.
심문은 1970년 10월 20일 19시 00분에 끝났다.

카자흐스탄 소비에트사회주의공화국 내각 산하 국가안전보장위원회
(KGB) 수사국 수사관 대위 고랴이노프는 알마-아타시에 있는 카자흐
스탄 소비에트사회주의공화국 내각 산하 국가안전보장위원회 건물에서
카자흐스탄 소비에트사회주의공화국 형사소송법 제147-149조를 준수
하며 증인을 심문했다.

1. 성, 이름, 부칭: 이-두-복
2. 출생 년도: 1917
3. 태어난 곳: 한국
4. 민족: 한국인
5. 시민권: 소연방
6. 당적: 무 당적
7. 증명서: 여권 XXX-PH No.548579
8. 교육: 3학년
9. 가정형태: 기혼
10. 직장: 일시적으로 일을 하지 않음
11. 직위 및 직책: --------
12. 재판회부 여부: 1946년 러시아사회주의연방공화국 형법 제58조 4

항 위반으로 유죄판결됨

13. 거주지: 알마-아타시, 비슈넵스카야 3번가, 집 No.4-a.

이-두-복에게 카자흐스탄 소비에트사회주의공화국 형사소송법 제146조, 제148조, 제151조에 상응한 증인의 의무와 권리를 설명했다. 또한 카자흐스탄 소비에트사회주의공화국 형법 제193조 1항에 의거하여 증언거부 및 회피의 경우와 카자흐스탄 소비에트사회주의공화국 형법 제187조에 의거하여 고의성 있는 거짓증언에 대해 책임이 따름을 주지시켰다. (증인 이두복 서명)

그는 (설명을 듣고-역자) 그가 증인자격으로 심문에 호출된 상황과 이유에 대해 모든 것을 알았고, 다음과 같이 증언했다:

질문: 당신은 어떤 언어로 증언하기를 원합니까?
답변: 러시아어를 잘하기 때문에 러시아어로 증언하기를 원하며 통역은 필요하지 않습니다.

증인은 주어진 질문에 대한 요지를 다음과 같이 진술했다:
1946년 여름 나는 체포되었는데 몇 월 며칠인지는 지금 기억나지 않습니다. 체포되기 전에는 도마리키시 탄광에서 광부로 일했습니다. 나는 일본경찰의 첩자로 활동하며 한국인 수니모토 하루오와 무라카미 사부로를 경찰에 밀고했다는 이유로 기소되었습니다.
나를 기소한 죄에 대하여 나는 인정하지 않았습니다. 그 당시 나는 러시아어를 할 줄 몰랐기 때문에 모든 심문이 통역관을 통해 이루어졌습니다. 나는 통역관에게 결코 일본의 첩자노릇을 한 적이 없으며 어떤 한국인도 일본경찰에 밀고한 적이 없다고 진술했습니다. 통역관이 어느 정도까지 내 답변을 수사관에게 정확하게 통역했는지는 모르겠습니다. 내 사건의 통역관이 누구였는지 기억나지 않습니다.

1945년 봄부터 나는 수니모토 하루오의 집에서 살았으며 그에게 집세를 지불했습니다. 어느 날 수니모토는 내게 돈을 빌려달라고 했습니다. 나는 그에게 돈을 빌려주지 않았고, 그러던 어느 날 내가 집에 돌아왔을 때 내 방을 다른 사람에게 세를 주고 수니모토는 그와 함께 앉아서 카드도박을 하고 있었습니다. 내 물건들은 방 여기저기에 널려있었습니다. 이것을 본 나는 너무 화가 나서 경찰서로 가서 내가 살고 있는 집주인이 도박을 하고 있다고 말했습니다. 카드도박은 금지되어 있었기 때문에 경찰이 와서 수니모토를 체포했고 삼 일 뒤에 그는 풀려났습니다.

나는 수니모토 집을 나왔고 여관에서 머물기 시작했습니다. 그 당시나는 결혼하지 않은 상태였습니다. 그래서 일이 없는 날은 내가 아는 구니모토 젠타쓰의 집을 자주 찾아갔는데 그의 가족은 아버지, 어머니, 여동생과 남동생 이렇게 4명이었습니다. 아버지와 어머니의 이름은 기억이 나지 않으며 구니모토의 여동생은 금-옥이었으며 20살이었습니다. 무라카미 사부로는 내 친구 젠타쓰의 삼촌이었습니다. 1945년 봄 구니모토 젠타쓰는 한국으로 가서 자신의 삼촌인 무라카미 사부로와 결혼시킬 여자를 데리고 왔는데 그녀의 성과 이름은 기억나지 않습니다. 그리고 그와 함께 젊은 청년 히로야마도 왔습니다.

나는 구니모토 젠타쓰, 그의 여동생 금-옥과 히로야마가 일본경찰에 체포된 것을 알았고 바로 그날 그의 집으로 가서 무슨 일이냐고 그의 어머니에게 물었습니다. 그의 어머니는 히로야마에게서 어떤 책자가 발견돼서 온 집을 수색했지만 더 이상 아무 것도 발견되지 않았는데도 아들과 딸은 체포되었다고 대답했습니다. 대략 보름 뒤 구니모토의 여동생은 풀려났지만 이때는 내가 일본경찰에 체포되어 있을 때입니다. 구니모토, 그의 친구와 여동생이 체포된 지 3일 후에 나도 체포되었습니다. 나를 감방에 수감했고 경찰 미야지마와 사사야는 히로야마가 어디에서 왔으며 그가 어디에서 일하고 있으며, 언제 어디에서 구니모토와 어울리는지와 내가 언제 구니모토 젠타쓰와 알게 되었는지에 대해 심문했습니다. 히로야마에 관해 나는 그를 전혀 모르고 어디에서 구니모토와 그가 알게 되었는지도 모른다고 대답했습니다. 그리고 구니모토 젠타쓰와는 1943년 가미시스카시로 왔을 때부터 알게 되었고 가건물에서 함께 살았다고만 말했을 뿐 일본경찰에게 구니모토에 대한 다른 말은 전혀 하지 않았습니다.

내가 체포된 이틀 후에 경찰 사사야가 자신의 사무실로 나를 불러서 내게 무라카미 사부로에게 가서 히로야마가 어디에서 왔고 현재 어디에서 일을 하는지와 무라카미의 아내는 한국의 어디에서 공부를 했고 그녀는 지금 어디에서 일을 하는지를 알아올 것을 제안했고 나는 이에 동의했습니다. 나는 경찰과 함께 무라카미에게로 갔는데 경찰은 집에 들어가지 않고 거리에 서있었습니다.

무라카미와 이야기를 할 때 나는 그가 어디에서 일하고 그가 나를 자신의 일터로 데려가 줄 수 있는지에 대해 관심을 가졌습니다. 그는 국경에서 멀지 않은 목재 가공소에서 일하고 있다고 했습니다. 그때 창문 너머로 텃밭에 서있는 경찰을 본 그는 말하기를 멈춘 채 더 이상 아무 말도 하지 않았습니다. 나는 그에게 구니모토때문에 나도 체포될 수 있기에 이곳으로부터 멀리 떠나야만 한다고 말했습니다. 나는 경찰이 관심을 가지고 있던 문제에 대해서는 무라카미에게 묻지 않았습니다.

경찰 사사야에게 무라카미가 구니모토와 히로야마에 대해 아무 것도 모른다고 말했습니다. 무라카미를 찾아가서 그와 이야기를 나눌 때 나를 소비에트 첩보기관과 관련된 인물처럼 꾸며서 말한 적이 없으며, 그와 이에 대한 대화를 단 한 번도 나눈 적이 없는데 그가 왜 그런 증언을 했는지 모르겠습니다.

1946년 여름 내가 체포될 때 나는 무라카미 사부로를 보았습니다. 그는 나를 끌고 간 자동차 안에 앉아 있었는데 나와 그는 한 마디도 나누지 않았으며 나는 그에게 어떤 용서도 구하지 않았습니다. 게다가 자동차에 러시아 장교가 함께 있으면서 이송하는 기간 내내 감시를 하였고 우리가 말하는 것을 금지시켰습니다.

가미시스카시 마을 경찰들과는 1944년 여름부터 알게 되었습니다. 두 번 경찰서에 갔는데 한번은 노동용 의복을 받기 위한 배급표를 받으러 갔고, 두 번째는 가미시스카시 근처에 있는 비행장을 건설했던 노동자들이 도망을 했는데 마치 내가 그들에게 도망가는 길을 알려준 것으로 잘못알고 경찰이 나를 경찰서로 끌고갔던 것입니다.

질문 : 정말로 당신은 반일감정을 가지고 있는 사람들을 자발적으로 경찰에 보고하지 않았다는 것인가요?

답변 : 딱 한번 일본경찰이 관심을 갖고 있던 문제에 대해 무라카미와 이야기를 나누어 보라는 경찰 사사야의 제안에 동의는 했지만 이행하지는 않았습니다. 더 이상 어떤 임무도 받지 않았고 자발적으로 반일감정을 가지고 있는 사람들을 경찰에 알린 적이 없습니다.

질문 : 당신은 가미시스카시의 경찰이 철수할 때 함께 참여했습니까? 그리고 경찰 철수 시에 어떤 일을 수행했나요?

답변 : 일본사람들은 소비에트군대가 도시로 진격하고 있는 것을 느끼고 17명 또는 18명의 수감된 사람들을 총살했지만 그들이 어떻게 총살을 했는지 보지 못했습니다. 이때 가미시스카시의 모든 주민들을 도시에서 가까운 작은 산으로 쫓아냈기 때문이고 그곳에서는 아무 것도 보이지 않았기 때문입니다. 단지 사격소리만 들렸습니다. 일본인들이 경찰서건물에서 무엇을 끌어냈는지도 모릅니다. 다음 날 아침 건물이 모두 불탄 것을 보았을 뿐입니다. 나는 경찰

철수 시에 어떤 일도 수행하지 않았습니다.

질문: 당신은 어떤 목적으로 벤진을 창고에서 가져왔나요?

답변: 철수하기 전날 밤 경찰서에는 심한 혼란이 벌어졌습니다. 내가 있던 감방에서 계속 전화를 거는 소리, 경찰들의 외침소리와 잦은 명령소리를 들었는데 나는 무슨 일인지 보지는 못했습니다. 잠시 후 내 감방 문을 열고 들어온 경찰이 창고에 가서 벤진 양동이를 가지고 오라고 말했습니다. 나는 그에게 아프기 때문에 걸을 수가 없으며 의사를 불러달라고 말했습니다. 경찰은 의사는 없으며 이미 모두 떠났다고 대답하면서 2회 분량의 알약을 주었는데 나는 그것을 한 번에 다 먹었습니다. 그 후 나에게 경찰들의 물건 보관용 감방에서 잠을 자라며 들여보냈습니다. 아침에 일어나서 방공호로 갔는데 경찰은 방공호에 있는 모든 사람들을 도시 외곽의 높은 곳으로 내쫓았습니다.

아침에 일본사람들은 가미시스카시를 방화하기 시작했는데 내가 있는 곳이 높은 곳이었기 때문에 사격소리는 들렸지만 도시에서 무슨 일이 일어나는지 보이지 않았습니다. 일본사람들이 이곳으로 내쫓은 모든 주민들은 걸어서 시스카시로 갔는데 나도 사람들과 함께 떠났습니다. 다음 날 가미시스카시로 내 옷을 가지러 되돌아와서 경찰서로 갔는데 경찰서건물은 불에 타 없어져 버렸고 심지어는 도시 전체가 다 불에 타버렸습니다.

시스카시로 떠날 때 나는 어떤 무기도 가지고 있지 않았습니다. 그 누구도 내게 자전거를 준 적이 없습니다. 가미시스카시의 주민들은 자신들이 할 수 있는 모든 수단을 이용하여 떠났는데 일부는 자동차를 타고 갔으며 또 일부는 말을 타고 갔지만 대부분은 걸어서 갔습니다. 나도 걸어서 갔습니다.

질문: 다음 날 시스카시에서 가미시스카시로 되돌아와서 당신은 무엇을

했나요?

답변: 그 다음 날 시스카시에서 가미시스카시로 되돌아와서 나는 경찰서로 갔지만 경찰서건물에 채 다가기도 전에 경찰들이 탄 차가 오는 것을 보았습니다. 그들은 아직 불에 타고 있는 경찰서건물 쪽으로 다가가서 차에서 내린 뒤 몇 구의 사체와 다 타지 않은 유골잔해를 모아서 불에 타고 있는 석탄더미에 던진 후 차를 타고 돌아갔습니다.

　이 모든 광경을 본 나는 매우 흥분했으며 인간으로서의 이성을 잃었습니다. 일본경찰들의 이런 만행을 사람들과 파헤치려고 했습니다.

질문: 당신의 증언에 더 보충할 것이 있습니까?

답변: 내 증언에 보충할 것이 더 이상 없습니다.

　내 청원에 의해 이루어진 증언조서는 수사관에 의해 구두로 읽혀졌고 모두 정확하게 기록되었으며 더 보충 할 내용은 없습니다. (이두복 서명)

심문했음 : 카자흐스탄 소비에트사회주의공화국 내각 산하 국가안전보
　　　　　장위원회(KGB) 수사국 수사관
　　　　　대위　　(서명)　　　　　　　　　　　/고랴이노프/

〈〈확인함〉〉

사할린 주 부검사

법무고문

　　　　　(서명)　　　　　　　　　　　　　　　　/R. 살리모프/

1970년 11월 6일

결정서

구니모토 토후쿠(또는 이두복)의 기존 형사사건에 대한

국가안전보장기관 직권조사사건 담당인 사할린 주 검사보, 하급 법무고문 베토슈니코프는 러시아사회주의연방공화국 형법(1926년 제정) 제58조 4항 위반으로 유죄판결 받은 구니모토 토후쿠 또는 이두복의 옛 형사사건 자료들을 검토하였다.

사건수사결과:

구니모토 토후쿠는 1946년 8월 8일 극동군사관구 군사재판부에서 1945년 4월부터 가미시스카(현재 사할린 주 레오니도보)시 일본경찰의 첩자로 활동하면서 한국인 수니모토, 구니모토(또는 정연달)과 무라카미(또는 최봉섭)가 소비에트 첩보기관과 관련된 반일정서를 가진 사람들이라고 일본경찰에게 허위정보를 제공한 사실이 인정되어 유죄판결을 받았다. 위에 언급한 3명은 체포되어 감옥에 갇히었고 심문과정에서 고문을 받았다.

이외에도 구니모토 토후쿠는 1945년 8월 17일 가미시스카시의 일본 경찰들이 철수할 때 함께 행동했으며, 같은 해 8월 18일 일본경찰이 한인들을 체포하여 사살한 사실을 은폐할 목적으로 일본경찰들과 함께 사살된 한인사체 18구를 방화하는데도 참여했다.

구니모토 토후쿠는 자신의 소원장에서 경찰과의 관련성을 부인하면서 명예회복을 요청하였다.

그러나 구니모토 토후쿠의 청원은 사실과 부합하지 않으며 사건 자료들에 의하여 반박된다.

구니모토 토후쿠의 유죄는 무라카미(최봉섭), 구니모토 젠타쓰(정연달), 수니모토(л.д.70－74, 75－78, 93－95)의 증언과 예심과 공판심리에서 스스로 자신의 죄를 인정한 구니모토 토후쿠의 진술(л.д.56－60, 100－106, 107－110)에 근거하고 있다.

추가조사과정에서 증인 무라카미(최봉섭)를 심문하였는바, 그는 구니모토 토후쿠의 범죄행위에 대한 과거 자신의 증언을 확증하였다(л.д.217－226). 또 심문에 응한 증인들 한점돌, 박순례, 변덕만, 이화섭은 구니모토 토후쿠가 1945년 일본경찰과 관련되어 있었다고 증언했다(л.д.230－235).

이외에도 추가조사과정에서 일본으로부터 획득한 전리품인 구니모토 토후쿠에 대한 일본문서에 의하면 다음과 같이 기록되어 있다: "1943년 칭따오 헌병대의 스파이였다. 투밍시에서 민족해방운동에 참가하고 있다고 의심되는 인물을 적발하는 임무를 맡았다. 1943년 7월과 8월에 헌병대로부터 한 달에 10고베를 받았다."(л.д.156).

위에 기술한 내용을 근거로 하여

판단한다:

　본 사건에 대한 직권항소 청원을 기각하고 구니모토 토후쿠(또는 이
두복)에게 이를 통보한다.

　　　국가안전보장기관 직권조사사건 담당 주 검사보
　　　　　　　　하급 법무고문

　　　　　　　　　　(서명)

　　　　　　　　　　　　　　　/N. 베토슈니코프/

러시아어 원자료 탈초본

Федеральная служба безопасности
Российской Федерации

УПРАВЛЕНИЕ
ПО САХАЛИНСКОЙ ОБЛАСТИ

10.1995 г. № _____

г. Южно-Сахалинск

19 октября 1995 года г-же Ким Ген Сун, согласно ее заявлению, переданы ксерокопии материалов архивного уголовного дела СУ-890 в отношении Кунимото Тофуку (он же Ли Ку Бок), осужденного 8 августа 1945 года Военным Трибуналом Дальневосточного Военного Округа по ст.58-4 УК РСФСР (активная помощь японской политической полиции в качестве ее агента, соучастие в сокрытии факта расстрела в августе 1945 года в г.Камисикука 18 корейских граждан японскими жандармами).

Всего на 234 (двести тридцать четырех) листах.

Начальник подразделения Управления   В.Н.

П Р О Т О К О Л

Осмотра места происшествия.

30 августа 1945 года

г. Камисикука

Военный прокурор в/ч 19885 капитан ДМИТРИЕВ в присутствии и при участии старшего оперуполномоченного ОКР «СМЕРШ» капитана БЕЛОУСОВА, судмедэксперта майора м/с ЧАЙЧЕНКО, японских подданных:

1. ЯМАТО Кичиро, 52 лет, родился на острове Хоккайдо. В 1921 г. кончил медицинский факультет университета в городе Ниигато, по специальности врач хирург, имеет собственный госпиталь в гор. Сикука.

2. ВАКАЦУКИ Цунуи, 49 лет, родился в префектуре Ниигата гор. Нагатка. В 1923 году окончил медицинский факультет университета в г. Ниигата, по специальности врач хирург, собственник госпиталя в Сиритори.

3. ФУКУИ Исао, 51 года, родился на острове Хоккайдо гор. Осасикаво, в 1915 году окончил медицинский факультет Токийского университета, врач терапевт, собственник госпиталя в Сикуке.

4. КОЯМА Сигитосе, 49 лет, родился в префектуре Ниигата гор. Таката, в 1924 году окончил Токийский – Императорский университет, врач терапевт, собственник госпиталя в г. Сикука.

5. ВАДА Киоси, 41 года, родился в префектуре Сайтама гор. Кавагос, окончил медицинскую академию в 1918 году в г. Осако. Работает начальником аптеки при госпитале ИОНОДЗАВО в гор. Сиритори.

6. ТАНИГУЧИ Томи, 1921 года рождения. В 1940 году окончил среднюю школу, родился в г. Томариору на Карафуто. По специальности чиновник,

Переводчик японский и переводчика Политотдела лейтенанта ВЕРШИНИНА, произвели сего числа осмотр места происшествия в г. Камисикука – основание и остатков дома бывшего полицейского управления в процессе которого установили:

В настоящее время основание указанного сгоревшего здания представляет прямоугольную коробку, стены ее над землей возвышаются на 95 см., построены из железобетона с переплетением, длина – с запада на восток 26,6 метра, ширина – с юга на север 9,3 метра.

Внутри здания сохранились три дымоходные трубы высотой 8 метров каждая, железобетонное основание печи и кухни высотой 1 метр и железобетонное основание размером 1x3 метра, расположенной в юго-восточном углу, выгребная яма уборной выходит на южную сторону здания, глубина ее 1,3 метра наполнена на 60 см. Около южной стены, рядом с уборной стоят три решетки.

Кроме перечисленного внутри здания, также имеются железобетонные тумбочки-столбики, высотой каждая 80 см., расположенные симметрично в пять рядов (см. чертеж № 1).

Пол здания представляет из себя деревянный толщиной 2,5 см., настил устланный толстыми соломенными матами (тотами), сплошь завалены штукатуркой с частым железным переплетением. Под штукатуркой большое количество перегоревших шарнир, дверных ручек, круглых карманных фонарей и т.п.

В северо-западном углу большое количество стрелянных винтовочных гильз (сотни), погоревший ствол винтовки арисака.

Из выгребной ямы уборной с улицы извлечен труп мужчины. Описание его, протокол вскрытий и заключение о причинах смерти прилагаются.

Внутри здания в трех местах (кроме уборной) под обвалившейся штукатуркой и другими деталями здания светло-серого цвета обнаружено девять сгоревших человеческих трупов. Места горения трупов обозначены черным пеплом и почерневшей под ними штукатуркой., а также остатками, обуглившихся костей черепа, челюстей с зубами, костей предплечий, костей рук, бедерных костей, костей голени и позвонков.

Один из остатков трупа – обнаружен на основании печи восточнее дымоходной трубы, 8 остатков трупов обнаружены между северной стеной, пятым и шестым столбиком (по счету с запада на восток) и один из трупов обнаружен за северной стеной, рядом с ним (на улице) смотри чертеж № 1.

Вместе с лежащими тремя трупами около пятого столбика обнаружено три металлических наручника, закрытых на замок без ключей.

Северо-восточнее описанного здания, параллельно ему, на расстоянии четырех метров имеются остатки второго до основания сгоревшего здания, есть основание полагать, что данная постройка была легкая – деревянной, данный участок размером 5x14 метров.

В Северо-восточном углу его лежит большое количество сгоревшего каменного угля (золы), западнее его ясно вырисовывается своими обгоревшими частями костей черепа, челюстей, бедерных костей, позвонков, четыре сгоревших человеческих трупа.

В остальной части сгоревшего здания лежит в беспорядке большое количество железных печей, труб к ним, кухонной посуды и т.п. Смотри приложение схемы № 2.

В качестве вещественных доказательств изъяты три пары наручников.

Все сгоревшие трупы (остатки) и труп, извлеченный из выгребной ямы (после вскрытия) преданы земле.

Осмотр продолжался с 11-00 часов до 15-00 часов при ясной солнечной погоде.

ВОЕННЫЙ ПРОКУРОР - Капитан юстиции: -   /ДМИТРИЕВ/

СТАРШИЙ ОПРЕУПОЛНОМОЧЕННЫЙ ОКР «СМЕРШ»
                К а п и т а н: -   /БЕЛОУСОВ/

СУДМЕДЭКСПЕРТ – Майор: -   /ЧАЙЧЕНКО/

ЯПОНСКИЕ ПОДДАННЫЕ: -

	1.	/ВАКАЦУКИ Цунзи/
	2.	/ЯМАТО Кичиро/
	3.	/ФУКУИ Исао/
	4.	/КОЯМО Сигитосе/
	5.	/ВАДА Киоси/
	6.	/ТАНИГУЧИ Томи/

ПЕРЕВОДЧИк ПОЛИТОТДЕЛА:
        Л е й т е н а н т : -   /ВЕРШИНИН/

Верно: - СТ.ОПРЕУПОЛНОМ 2-ОТД-Я 2 ОТДЕЛА УКР ДВВО

        (подпись)   /ТРАВИН/

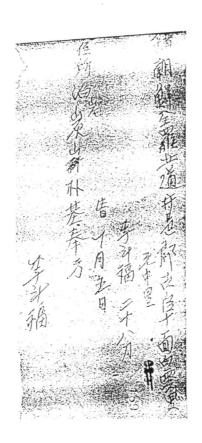

朝鮮全羅北道井邑郡立岩面安愛里

保所 泉谷 泉忠里

安愛里 朴萬奉方

告 四月 □日

李斗福 二十八分

李斗福

李斗福

Советскому Командованию

Заявление

Я, кореец И-ту-боки, приношу благодарность Красной Армии и Советскому Командованию за освобождение корейского народа от японского ига. Со своей стороны прошу обратить внимание на то, чтобы на угольных копях Томари-Киси отделить корейцев от японцев, так как последние издеваются над корейцами. Еще прошу прислать в Томари-Киси переводчика из числа советских людей, ибо переводчик японец плохо понимает корейский язык и защищает исключительно интересы японцев. В знак благодарности доношу, что на угольных копях Томари-Киси в качестве вольно-наёмных рабочих и служащих работает человек 8 бывших японских военнослужащих, которые, вероятно, бежали из лагерей. Фамилии этих лиц я не знаю, но могу опознать и показать Советскому Командованию. Кроме того я знаю трех японцев, которые имеют радиоприемники и пользуются ими: этих японцев я также знаю в лицо. На руднике Томари-Киси работает японец Хасимото, который сам рассказывал, что он убил 2^X корейцев. В настоящее время он работает в конторе и по прежнему издевается над корейцами.

В городе Сикука в настоящее время проживают японцы Кунимото, бывший начальник городской управы города Камисикука и начальник городской управы города Сикука, которые перед приходом частей Красной Армии вместе с полицией дали приказ пожарникам сжечь свои города то есть Сикука и Камисикука. Об этом мне известно лично, так как во время совещания их по этому вопросу я находился в карцере тюрьмы города Камисикука и слышал телефонные разговоры этих начальников с полицией.

На станции Тойохара работает японец Исии, который в период военных действий с СССР находился в японской армии и вероятно не сдался в плен русским. Исии я могу показать лично.

(подпись)

Заявление с японского языка на русский перевел переводчик Борышко (подпись).

Заявление смотрел: Зам. Начальника 2 отделения 1 отдела УКР «Смерш» ДВВО –

Капитан   (подпись)   /Петухов/

Протокол допроса

Декабря 25 дня 1945 г.   г.Тойохара

Я, оперуполномоченный 3 отд-я 2 отдела УКР «Смерш» ДВВО
лейтенант Чесноков сего числа через переводчика японского языка
Менюкова Герасима Михайловича допросил в качестве свидетеля –

Кунимото Тофуку, корейская фамилия И Ту Боки, 1918 года рождения,
уроженец п.Чунни, губернии Хокуто, Корея, по национальности кореец,
грамотный, б/п, холост, на Карафуто проживает с 1939 года, в настоящее
время проживает на ст. Ниттоца, у корейца Арай, работает плотником на
угольной шахте Томарикиси.

Свидетель Кунимото предупрежден об ответственности за дачу
ложных показаний по ст.95 УК РСФСР – (подпись)

Переводчик Менюков предупрежден об ответственности за
неправильный перевод по ст.95 УК РСФСР – (подпись).

Вопрос: Вчера Вы сделали заявление на имя Советского Командования
о том, что Вам известны 8 человек бывших военнослужащих японской армии,
которые в настоящее время работают на шахте Томарикиси. Кроме этого Вы
указали, что знаете японца Хасимото, который произвел убийство двух
корейцев. Расскажите подробно все, что Вам известно по этим вопросам.

Ответ: Прежде всего я хочу сделать оговорку в том, что мне известны
не 8 человек бывших военнослужащих японской армии, а только 6. В число 8
человек я засчитал указанных в моем заявлении японцев Хасимото и Исии.
На шахте Томарикиси работают только 6 человек известных мне бывших

военнослужащих японской армии, причем 4 из них я лично сам видел летом 1944 года в г. Камисикука в форме японских солдат. Из них мне известен по фамилии только один – Накабаяси, который в настоящее время работает на шахте Томарикиси в качестве машиниста паровоза. Фамилии остальных трех солдат мне не известны, но я их всех хорошо знаю в лицо и могу указать.

В октябре месяце с.г. будучи на ст. Ниттоца я встретил одного знакомого мне корейца, фамилия его мне не известна, который около 3 лет проживал в Томарикиси. В то время, когда я с ним разговаривал к станции подошел один японец, которого я увидел и спросил моего товарища, не знает ли он этого японца и не солдат ли он. На мой вопрос товарищ ответил, что это бывший солдат японской армии. Я больше у него по этому вопросу ничего не спросил. Позднее этого японца я встречал на шахте Томарикиси, где он работает на лесопилке.

Кроме этого на шахте Томарикиси работает один японец, фамилия мне его не известна, который служил в японской армии. Об этом мне стало известно от корейца Андо, который проживает в Томарикиси. Этого японца я хорошо знаю в лицо и могу указать. Он работает в магазине, где производится выдача продуктов питания рабочим шахты.

По вопросу убийства японцем Хасимото двух корейцев мне известно следующее: в первых числах октября месяца с.г. я зашел в дом знакомого мне корейца Мияда, где находились его жена Миуко и еще несколько корейцев, которых я совершенно не знаю. В завязавшемся разговоре с Мияда я рассказал, что вчера хотел поехать в Сикуку, но опоздал на поезд и не смог уехать. Далее я рассказал, что на станции Томарикиси я встретил японца Хасимото, который нескольким японцам рассказывал, что он в августе месяце с.г. хотел пойти служить в японскую армию, чтобы воевать против русских, но не успел в связи с быстрым окончанием войны. В это время меня перебила жена Мияда, и сказала, что Хасимото сам лично рассказывал о том, что убил двух корейцев. Что это за корейцы, когда и где они были убиты

Хасимото она ничего не сказала. Больше по этому вопросу мне ничего не известно.

Вопрос: Мияда Миуко говорила от кого ей стало известно о факте убийства японцем Хасимото двух корейцев.

Ответ: Об этом она ничего не говорила и я ее об этом не стал спрашивать.

Вопрос: Кто еще, кроме Мияда Миуко может подтвердить, что Хасимото лично сам рассказывал об убийстве им двух корейцев?

Ответ: Кто еще может подтвердить об этом мне не известно.

Протокол с моих слов записан верно и мне прочитан на японском языке переводчиком Менюковым – (подпись).

Допросил: о/уполн. 3 отд-я 2 отдела УКР «Смерш» ДВВО –

Лейтенант   (подпись)   /Чесноков/

Протокол допроса

1945 года декабря 26 дня

    Я, Старший оперуполномоченный 2 отд-я «Смерш» ДВВО капитан Мельников через переводчика японского языка Менюкова допросил в качестве свидетеля: Кунимото Тофуку –

    <u>Вопрос</u>: в своем заявлении Вы указали, что вам известно о распоряжениях начальников городского управления города Камисикука японца Кунимото и начальника городского управления города Сикука жечь города Камисикука и Сикука. Расскажите подробно, что Вам известно по этому вопросу?

    <u>Ответ</u>: О поджогах городов Камисикука и Сикука перед занятием их частями Красной Армии мне известно следующее. В конце августа месяца 1945 года я вместе с другими жителями города Камисикука эвакуировался и прибыл в город Серитори, где часть эвакуированных собрались в помещении Сериторской школы. Однажды я шел по коридору школы, и подойдя к группе японцев закурить, фамилии я их не знаю, я услышал, что они разговаривали о том, что возвращаться в г.Камисикука не целесообразно, так как город очевидно сожгли. Один из японцев говорил, что он слышал распоряжение мэра города Кунимото начать жечь город после того как будет подожжено городское управление. В своем заявлении я указал, что слышал лично сам как Кунимото делал такое распоряжение жечь город – это я указал не правильно.

    О поджогах города Сикука я сам лично ничего не знаю, но слышал из разговоров эвакуировавшихся из города Камисикука жителей о том, что город Сикука поджигал мэр города Сикука и начальник полиции, фамилии я их не знаю. В своем заявлении по этому вопросу я также указал не правильно.

Вопрос: Расскажите, что Вам известно о наличии и пользовании трех радиоприемников японцами?

Ответ: О наличии радиоприемников у трех японцев на руднике Томарикиси мне известно следующее.

Заходя к знакомому корейцу по фамилии Юн-чи-Сиби, проживающем на руднике Томарикиси я слышал радиопередачи в соседнем доме, в котором проживает японец по фамилии Вучиуми. Сам лично радиоприемника я не видел, а только слышал радиопередачу в этом доме с улицы. Последний раз радиопередачу в доме японца Вучиуми я слышал 25 ноября 1945 года.

10 ноября я зашел к знакомому корейцу по фамилии Ин-Ди-Се, где присутствовал еще один кореец, фамилию которого я не знаю. Когда зашел разговор о том, что если бы был радиоприемник, то можно было бы слушать радиопередачи из Кореи. Незнакомый кореец заявил, что радиоприемник имеется у японца по фамилии Харуда, проживающего в бараке на руднике, что Харуда радиоприемник не сдал и часто им пользуется. 1го ноября 1945 года я ехал на поезде в город Найро, садясь в вагон на станции Томарикиси я видел, как японец, фамилии его не знаю, работающий на электростанции, садился на паровоз этого же поезда с радиоприемником.

Японец с радиоприемником слез на станции Кусиночи, что четыре километра от рудника.

Других данных о радиоприемниках я не имею.

Вопрос: Что Вам известно о службе японца Исии в японской армии во время военных действий Красной Армии против Японии, который как Вы указали в своем заявлении в настоящее время работает на станции Тойохара?

Ответ: Японец Исии в 1943 году работал регулировщиком на улице в городе Камисикука. Потом Исии пошел служить в японскую армию и я его видел в последний раз в форме японского солдата в августе месяце 1944 года. В каком полку служил Исии я не знаю.

В сентябре месяце 1945 года я опять увидел Исии в городе Камисикука, где он опять работал регулировщиком. Последний раз я видел Исии в городе Камисикука в октябре месяце 1945 года. Затем Исии из города Камисикука выехал, а 23 декабря 1945 года я его увидел в городе Тойохара, где Исии работает регулировщиком около железнодорожного вокзала.

Других данных о службе Исии в японской армии мне не известно. Поправляюсь: Исии в 1943 году работал регулировщиком в Томарикиси.

Вопрос: Чем еще можете дополнить свои показания?

Ответ: Дополнительно показать ничего не имею.

Протокол допроса с моих слов записан правильно, прочитан мне вслух через переводчика Менюкова. (подпись)

Допросил Ст. оперуполномоченный 2 отд. УКР «Смерш» ДВВО капитан Мельников (подпись).

Протокол допроса

1946 года июня месяца 22 дня   город Долинск

    Я, старший оперативный уполномоченный отдела контрразведки «Смерш» 264 стрелковой Уссурийской дивизии капитан Пустарнаков сего числа допросил в качестве свидетеля Че БонСоб, он же Мураками Сабуро, 1903 года рождения, уроженец Кореи префектуры Кавандо уезда Самчукун г.Кундунмэн, д. Токсаньи, из крестьян, рабочий, кореец, образование не имеет – не грамотный, женат, беспартийный, со слов не судим, проживает в г. Долинск Южно-Сахалинской области, по улице Торговой. Дом номера не имеет, не работает.

    Об ответственности за дачу ложных показаний предупреждён по ст. 95 УК РСФСР – (подпись свидетеля).

    Допрос ведётся на японском языке через переводчицу Чернышёву Зинаиду Ивановну. Последняя за правильность перевода предупреждена по ст. 95 УК РСФСР – (подпись переводчика).

    <u>Вопрос</u>: Вы знаете корейца Кунимото Тофуку?

    <u>Ответ</u>: Жителя города Камисикука корейца Кунимото Тофуку знаю. Близких взаимоотношений с ним не поддерживал и не поддерживаю.

    <u>Вопрос</u>: Какие были у Вас взаимоотношения с Кунимото Тофуку?

    <u>Ответ</u>: Взаимоотношения с Кунимото Тофуку были нормальными, личных счётов между нами никаких не было.

    <u>Вопрос</u>: Расскажите подробно, как Вы знаете Кунимото Тофуку.

    <u>Ответ</u>: Кунимото Тофуку до июня месяца 1945 года я знал по разговорам населения. Впервые я с ним познакомился 29 июня 1945 года у себя на квартире. В этот день ко мне на квартиру пришел Кунимото Тофуку и

стал интересоваться, где и в качестве кого я работаю. Я ему рассказал, что работаю в посёлке Асасэ у хозяина Такахаси Дедиро в качестве рыбака и охотника. После этого он стал просить меня, чтоб я его взял с собой на работу. Я ответил ему, что взять с собой на работу не могу, так как для работы в пограничном посёлке требуется разрешение полиции.

В процессе дальнейшего разговора он у меня интересовался расстоянием от посёлка Асасэ до границы, сколько я работаю в этом посёлке, сколько корейцев работает там, до какого времени протекает там работа, и когда я поеду на работу. Выяснив эти вопросы Кунимото ушёл с моей квартиры. После этого он стал заходить ко мне ежедневно и два раза в день по вопросу, чтобы я его взял с собой на работу. В процессе встреч и разговоров я стал подозревать Кунимото в тайном сотрудничестве с полицией, подсылаемой ко мне для изучения, не являюсь ли я советским разведчиком. Мои догадки подтвердились тем, что 30 июня 1945 года Кунимото ко мне на квартиру пришёл с полицейским. Кунимото вошёл в квартиру, а полицейский для подслушивания наших разговоров остался у квартиры.

2 июля 1945 года утром ко мне вновь зашёл Кунимото. Я в разговоре последнему сказал, что поеду в г. Сикука узнать, когда пойдёт катер в посёлок Асасэ. Вскоре Кунимото ушёл, а я пошёл на железнодорожную станцию, чтобы поехать в г.Сикука. В вагоне недалеко от себя я видел сыщика полиции, который сопровождал меня в г.Сикука и обратно. После этого сомнений не было, что Кунимото является тайным агентом полиции и работает по заданию последней.

Вопрос: Расскажите Вы арестовывались полицейскими органами Японии, когда и за что?

Ответ: 3 июля 1945 года утором меня посетил Кунимото. После его ухода квартира была оцеплена полицейскими сотрудниками, и последними после обыска я был арестован и этапирован в полицейское отделение г.Сикука. в полиции я просидел с 3 июля по 20 августа 1945 года. С 3 июля по 12 августа 1945 года я начальником политического отдела Сикукского отделения полиции подприставом Тода и сыщиком старшим полицейским Сасаки ежедневно допрашивался. Допрашивали по следующим вопросам: где проживал, когда приехал на Южный Сахалин и с какой целью, почему приехал на жительство в город Камисикука, с какого времени работаю в посёлке Асасэ, где, с какого и по какое время жил в России, Китае, с какими разведчиками русских разведывательных органов я встречался в посёлке Асасэ и какие разведывательные данные сообщал последним. Когда я отвечал, что в России и Китае никогда не проживал, никого из русских разведчиков не знаю, никаких данных последним не сообщал, они меня избивали до потери сознания. От нанесения побоев я и сейчас болею.

На допросах они мне говорили, почему я не сознаюсь, тогда как о моей связи с русскими разведчиками им известно от Кунимото Тофуку, с которым я как будто по этим вопросам несколько раз разговаривал.

С 13 августа 1945 года меня на допросы не вызывали, но и из камеры заключения не освобождали. 20 августа 1945 года по тревоге все полицейские сотрудники и охрана арестованных в связи с приходом Красной Армии разбежались. Один из арестованных кореец Янсяби разломал дверь камеры, нашёл ключ и освободил всех арестованных.

<u>Вопрос</u>: Кого Вы знаете, которые были арестованы японской полицией по доносу Кунимото Тофуку?

<u>Ответ</u>: Из разговора с корейцами Хирояма, звать не знаю, проживает в городе Камисикука, работает переводчиком в одной из русских воинских частей, Чен-Ен-Дори, проживает в г. Долинск, работает на бумажной фабрике пожарником, мне известно, что они 19 июня 1945 года были арестованы японской полицией по доносу Кунимото Тофуку и обвинялись в принадлежности к русским разведывательным органам. Из под стражи были освобождены 20 августа 1945 года с приходом Красной Армии на Южный Сахалин.

<u>Вопрос</u>: Что ещё желаете дополнить к своим показаниям?

Ответ: Из разговора корейца Син-Хак-Суни, он же Хирояма Какуцун, проживает в г.Сикука, мне стало известно, что ему удалось бежать из под расстрела полиции 17 августа 1945 года, когда сотрудниками полиции было расстреляно 18 человек. Все 18 человек были расстреляны якобы за принадлежность к русским разведывательным органам по доносу того же Кунимото Тофуку. Насколько отвечает это действительности я утверждать не могу.

В январе месяце 1946 года, какого числа сейчас не помню, Я из г. Долинск поездом ехал в г. Сикука, и в одном вагоне встретил Кунимото Тофуку, которому сказал, чтоб он устраивался работать и работал честно. Он мне заявил, что он хочет встать на честный путь жизни. В процессе дальнейшего разговора он мне заявил, что я был полицией арестован по его доносу и просил чтоб я тут же убил его. Больше свои показания дополнить ничем не могу.

Протокол с моих слов записан правильно и через переводчика прочитан понятно – (подпись свидетеля).

Переводчица (подпись) /ЧЕРНЫШЁВА/

Допросил ст. о/уполн. ОКР «Смерш» 264 СД, капитан

(подпись) /ПУСТАРНАКОВ/

Протокол допроса

1946 года июня месяца 26 дня   город Долинск

Я, старший оперуполномоченный отдела контрразведки 264 стрелковой Уссурийской дивизии майор Вдовенко сего числа через переводчика японского языка Чернышёву Зинаиду Ивановну допросил в качестве свидетеля корейца Чен-Ен-Дори, он же Кунимото Зэнтацу, 1922 года рождения, уроженец Кореи , префектура Кавандо, село Кундок, из крестьян, рабочий, беспартийный, образование 8 классов, со слов не судимый, проживает в городе Долинск, Торговая улица, 7.
Об ответственности за дачу ложных показаний по ст.95 УК РСФСР предупрежден (подпись).
Переводчик Чернышёва об ответственности за неправильный перевод показаний свидетеля Чен-Ен-Дори, он же Кунимото Зэнтацу, по ст.95 УК РСФСР предупреждена (подпись).

Вопрос: Вы знаете корейца Кунимото Тофуку?
Ответ: Корейца Кунимото Тофуку я знаю с июня месяца 1944 года. Познакомился я с ним в городе Камисикука, в то время я работал шофёром грузовой машины в одной из транспортных контор, которая по-японски называется Хокууню, а Кунимото Тофуку в то время тоже жил в городе Камисикука, работая подрядчиком и имел у себя до 20 человек сезонных рабочих, брал он подряды у одного крупного подрядчика Эндо. Кунимото Тофуку я считал хорошим знакомым, который жил по соседству со мной и часто бывал у меня в гостях.
Вопрос: Какие у Вас были взаимоотношения с Кунимото Тофуку, не было ли у Вас с ним личных счётов?
Ответ: Взаимоотношения мои с Кунимото были нормальными и личных счётов у меня с ним не было.
Вопрос: Скажите Вы арестовывались когда либо японскими полицейскими органами. Если арестовывались, то когда и по каким мотивам?
Ответ: 19 июня 1945 года в городе Камисикука я был арестован полицией, где после короткого допроса меня этапировали в город Сикука в тюрьму, в которой содержали под арестом до 20 августа 1945 года и затем был освобождён частями Красной Армии. Арестован я был по мотивам принадлежности якобы меня к советским разведорганам. Я ежедневно по вечерам допрашивался и бесчеловечно избивался начальником особого отделения Сикукской полиции подприставом Тода и сыщиком этой же полиции японцем Сасаки. На допросах, как Тода, так и Сасаки добивались от меня признания принадлежности к советским разведорганам, хотя я к последним не принадлежал, поэтому и категорически отрицал – это ложное утверждение. Когда я отрицал, что вообще не принадлежал ни к каким

разведорганам, то Тода и Сасаки мне заявляли, что им о моей разведработе в пользу Советского Союза донёс Кунимото Тофуку. Для меня стало ясно, что я был арестован по ложному доносу Кунимото Тофуку. Незадолго до моего ареста я стал догадываться, что Кунимото Тофуку в беседах часто стал меня провоцировать уехать в Корею, так как Южный Сахалин может быть подвергнут бомбардировке. На это я как-то раз за выпивкой в виде шутки ответил ему, что если будут бомбить Южный Сахалин, то я убегу на Северный Сахалин, где бомбить не будут. Данный разговор мой с Кунимото Тофуку полиция воспроизвела полностью.

Вопрос: Кто ещё кроме Вас был арестован по ложному доносу Кунимото Тофуку?

Ответ: По ложному доносу Кунимото Тофуку были также арестованы корейцы Хэрояма Масао, в данное время он проживает в городе Камисикука, Чон-Ён-Себи, он же Нобухата Мицусикэ - проживает и работает на бумажной фабрике в городе Долинск, и мой дядя Чен-Бон-Соб, он же Мураками Сабуро – проживает в городе Долинск. Кроме того, по доносу Кунимото Тофуку в городе Камисикука полицией было арестовано 20 человек корейцев, из которых 18 человек было расстреляно полицией, а двоим удалось остаться в живых. Один из них по фамилии Хирояма Масао, корейской фамилии его не знаю, бежал из под расстрела, второй Син-Хак-Сунь, он же Хирояма Какуцун был ранен, но последний не подал вида, что он ранен, а не убит, дождавшись когда уйдут полицейские, бежал. В сентябре месяце 1945 года я в городе Камисикука встретил Син-Хак-Сунь, который говорил мне, что во время расстрела 20 человек корейцев присутствовал также Кунимото Тофуку. Корейцы Хэрояма Масао и Син-Хак-Сунь в данное время проживают в городе Сикука.

Протокол с моих слов записан верно и мне через переводчика Чернышёву зачитан (подпись свидетеля).

Переводчик ОКР 264 стр. Уссур. дивизии
(подпись) /ЧЕРНЫШЁВА/
Допросил: Ст. о/уполн. ОКР 264 стр. Уссур. Дивизии
Майор (подпись) /ВДОВЕНКО/

Протокол допроса

1946 года июня месяца 29 дня

город Долинск

Я, старший оперуполномоченный отдела контрразведки «Смерш» 264 стрелковой Уссурийской дивизии майор Вдовенко сего числа через переводчика японского языка Чернышёву Зинаиду Ивановну допросил в качестве свидетеля корейца Кунимото Тофуку, 1917 года рождения, уроженца Кореи , жителя Южного Сахалина, Холмского района деревни Кураси, из крестьян, беспартийный, образование 5 классов на корейском языке, не судим, холост.

Об ответственности за дачу ложных показаний по ст.95 УК РСФСР предупрежден (подпись).

Переводчица Чернышёва об ответственности за неправильный перевод показаний по ст.95 УК РСФСР предупреждена (подпись).

<u>Вопрос</u>: Расскажите подробно о своей трудовой деятельности?

<u>Ответ</u>: 7 лет начал учиться в школе и в 1929 году окончил 5 классов, затем до 1934 года работал в своём сельском хозяйстве. С 1934 до 1937 года работал батраком у корейца Киси-Ки-Осани, потом до 1940 года работал батраком у корейца И-Кап-Су. В июне месяце 1940 года из Кореи переехал на Южный Сахалин в деревню Томарикиси и поступил здесь работать на угольные шахты в качестве чернорабочего, где работал до октября месяца 1942 года. В октябре месяце 1942 года я переехал в город Камисикука и до декабря месяца 1943 года нигде не работал, занимаясь на дому выращиванием и кормлением 10 свиней. В декабре месяце 1943 года поступил работать чернорабочим в Камисикука и работал до мая месяца 1944 года. В мае месяце 1944 года поступил работать в деревню Найкава к японцу Дой в качестве сельского рабочего. Работал у него до20 июня 1944 года. Потом возвратился в город Камисикука и стал работать подрядчиком у японца Ямаваки, у которого работал до конца августа 1944 года. С 1 сентября 1944 года перешёл работать подрядчиком к японцу Танака и работал до конца октября месяца 1944 года. С 1 ноября 1944 года до конца декабря 1944 года работал подрядчиком у японца Эндо. С января месяца 1945 года до апреля месяца 1945 года нигде не работал, а с 1 апреля 1945 года поступил на лесоучасток в качестве рабочего по заготовке древесины, где проработал до мая месяца 1945 года. С мая месяца 1945 года стал работать в городе Камисикука подрядчиком по ремонту шоссейных дорог, где работал до 29 июня 1945 года. 29 июня 19 45 года я был арестован полицией города Камисикука.

<u>Вопрос</u>: За что Вы были арестованы полицией города Камисикука 29 июня 1945 года и до какого времени находились под арестом?

<u>Ответ</u>: Арестован я был полицией за обман японца Нарита – жителя города Сикука, у которого я занял в счёт подряда 7 тысяч иен, деньги раздал

рабочим и должен был со своими рабочими работу начать 26 июня 1945 года, но в это время я продолжал работать у Китаяма. Когда Нарита потребовал вернуть взятый мной аванс в сумме 7 тысяч иен, то я смог ему возвратить только две тысячи иен и за это был арестован полицией. Сидел я в тюрьме в городе Камисикука до 16 августа 1945 года. 16 августа 1945 года меня из тюрьмы освободил полицейский по фамилии Киомоку. 17 августа 1945 года полиция города Камисикука в количестве 9 человек выехали на машине в город Сикука, имея намерение, видимо побега в связи с наступлением частей Красной Армии.

Вопрос: Когда Вас освободили из под ареста Вы остались жить в Камисикука, или переехали в другое место?

Ответ: Когда меня полиция освобождала из под ареста, то старший полицейский Миядзима сказал мне, чтобы я 17 августа 1945 года явился в полицию города Сикука, что я и сделал. Когда я явился в полицию города Сикука, то старший полицейский Миядзима сказал, чтобы я зашёл в полицию 18 августа. 18 августа 1945 года я явился в полицию, полицейские работники города Камисикука собирались ехать за своим имуществом на грузовой машине в город Камисикука. Я также у Миядзима попросился съездить в Камисикука забрать свою одежду, но он не разрешил, тогда я обратился к другому старшему полицейскому Сасая и последний разрешил мне вместе с полицейскими работниками выехать в город Камисикука забрать свою одежду. Прибыв в Камисикука я взял одежду и принёс на машину, полицейские работники также возвратились к машине со своими вещами и мы возвратились в город Сикука.

Вопрос: Вы говорите, что 16 августа 1945 года были освобождены из под стражи, потом до 18 августа работали и сбежали с полицией в то время, когда полиция Камисикука сбежала. Так почему же Вы не покидали полицию, что Вас с ней связывало?

Ответ: Да! После освобождения меня из под ареста 16 августа 1945 года я 17 или 18 августа 1945 года мог свободно уйти от полиции, но боялся, что меня могут поймать. 18 августа 1945 года полиция Камисикука и Сикука хотела бежать на Хоккайдо. Имел и я намерение бежать с полицией.

Вопрос: Скажите какие Вы услуги делали для полиции, когда были под арестом?

Ответ: Находясь под арестом полиции в городе Камисикука, старший полицейский Сасая меня отпускал 5-6 раз на квартиру к корейцу Мураками с заданием выяснить какая связь у Мураками с арестованным за шпионаж корейцем Кунимото. Сасая и Миядзима мне приказывали говорить с Мураками на японском языке. Со мной посылали Киогоку. Я заходил в квартиру к Мураками и вёл разговоры на японском языке, а полицейский Киогоку подслушивал на улице наш разговор. Я потом весь разговор с Мураками докладывал подприставу Нисимура и Мураками был арестован по моим доносам.

Протокол с моих слов записан верно и мне через переводчицу зачитан (подпись свидетеля).

Переводчица   (подпись) /ЧЕРНЫШЁВА/
Допросил: Старший о/уполномоченный ОКР «Смерш» 264 УСД
                    Майор (подпись) /ВДОВЕНКО/

(Лист 33-38)

Протокол допроса

1946 года июля 4 дня,   город Долинск.

Я, Ст. оперуполномоченный отдела контрразведки 264 окружной Уссурийской дивизии майор Вдовенко. Сего числа через переводчика японского языка Чернышеву Зинаиду Ивановну допросил на японском языке в качестве свидетеля корейца

> Хирояма Какуцин, он же Син-Хак-Сунь, 1901 года рождения, уроженец Кореи, уезд Чоё, город Кайхюнмэн, из крестьян, рабочий, малограмотный, беспартийный, не судим, проживает в городе Сикука, Торговая улица 5в.

Об ответственности за дачу ложных показаний пот ст. 95 УК РСФСР предупрежден (подпись).

Переводчик Чернышева об ответственности за неправильный перевод по ст. 95 УК РСФСР предупреждена (подпись).

Вопрос: Скажите, Вы знаете корейца Кунимото Тофуку?

Ответ: Корейца Кунимото Тофуку я не знал и не знаю. Сам лично я его никогда не видел, а слышал от других корейцев. Арестованных вместе со мною о том, что всех нас арестованных корейцев выдал Кунимото Тофуку.

Вопрос: Кем, когда и за что Вы были арестованы?

Ответ: Арестован я был вечером 16 августа 1945 года полицией города Камисикука на квартире у корейца Танака Бункичи, во время ареста (одно слово неразборчиво) почему я и другие корейцы, находившиеся у Танака, были арестованы не знал. Причины ареста узнал уже в камере 16 августа 1945 года от корейцев Ямамото и Мицуяма, которые рассказали мне, что все мы арестованы по доносу корейца Кунимото Тофуку, последний 16 августа 1945 года приходил на квартиру Танака, где вместе с хозяином квартиры Танака выпивали Ито, Ямамото и Мицуяма. Когда вошел в квартиру Кунимото и увидел, что там гулянье с выпивкой, он сказал, почему Вы пьянствуете, а не работаете. Сейчас некогда гулять.

Хозяин квартиры Танака и гости Ито, Ямамото и Мицуяма пригласили Кунимото выпить сакэ, от отказался и покинул квартиру. Вскоре после ухода Кунимото у дома Танака появился полицейский, которого видели Ито, Ямамото и Мицуяма. Когда нас арестовали, то во время обыска в полиции один полицейский указал на Танака – «Ты являешься организатором, у тебя собираются корейцы и ведутся шпионские разговоры». После того, что сообщили о Кунимото Тофуку корейцы Ито, Ямамото и Мицуяма и то, что заявил полицейский, для нас арестованных стало ясным, что все мы были арестованы по доносу Кунимото Тофуку.

Вопрос: Назовите фамилии всех арестованных корейцев 16 августа 1945 года на квартире Танака.

Ответ: 16 августа 1945 года на квартире Танака были арестованы следующие корейцы: 1. Сам хозяин Танака, 2.его сын Танака Ичиро, 3. Ямамото Ичиро, 4. Ито Сабуро, 5. Мицуямо Сабуро, 6. Хосияма, имя не знаю, 7. Я, Син-Хак-Сунь.

Вопрос: Подвергались ли Вы и названные Вами корейцы допросам? Если подвергались, то кто допрашивал и о чем?

Ответ: Никто из нас арестованных не допрашивался. Кроме нас 7 человек еще было арестовано 11 человек корейцев. 17 августа 1945т года полиция Камисикука стала выводить из камер по 2 человека арестованных и здесь же в одной из комнат здания полиция начала расстреливать. Таким образом было расстреляно 16 человек, и я был ранен в грудь и руку, но не подал вида, что жив, пролежал вместе с расстрелянными. Совершив это гнусное преступление полиция города Камисикука подожгла здание полиции, и я в это время собрав последние силы, выскочил в окно и скрылся в лесу, где пробыл до 6 сентября 1945 года, так как не знал, что город Камисикука 19 августа 1945 года был занят частями Красной Армии. Другой арестованный кореец Ватанабэ, имя его я не знаю, бежал из под расстрела. Об этом в ноябре месяце 1945 года, говорил мой знакомый из города Камисикука кореец Канэяма, который лично видел и говорил с Ватанабэ. Я лично Ватанабэ после ареста, то есть с 16 августа 1945 года не встречал и не знаю, где он проживает сейчас. Упомянутые мною корейцы, арестованные вместе со мною Танака Бункичи, его сын Танака Ичиро, Ямамото Ичиро, Ито Сабуро, Мицуяма Сабуро и Хосияма 17 августа 1945 года расстреляны полицией города Камисикука.

Вопрос: Скажите кто конкретно из полицейских работников г.Камисикука проводил расстрел арестованных корейцев?

Ответ: Расстреливали арестованных корейцев два полицейских, фамилии которых я не знаю и в лицо не помню.

Вопрос: Среди этих двух полицейских не было корейца Кунимото Тофуку?

Ответ: Не было, оба полицейские были японцы.

Вопрос: Что Вы можете еще дополнить к своим показаниям?

Ответ: К своим показаниям дополнить ничего не могу.

Протокол с моих слов записан верно и мне через переводчика зачитан (подпись).

Переводчик (подпись).

Допросил: Ст. оперуполн. УКР «Смерш» 264 окружной
       Уссурийской дивизии
          майор   (подпись)   /Вдовенко/

П О С Т А Н О В Л Е Н И Е

(на а р е с т)

Гор.Долинск   4 июля 1946 года

Я, Старший следователь ОКР 264 стрелковой Уссурийской дивизии, старший лейтенант Амельчаков, рассмотрев поступившие в ОКР 264 СУД материалы о преступной деятельности КУНИМОТО ТОФУКУ, 1917 года рождения, уроженца Кореи, из крестьян, беспартийного, образование 5 классов, холостого, не судимого, проживающего на Южном Сахалине, Холмский район, пос. КУРАСИ,

НАШЕЛ: -

что КУНИМОТО Тофуку в 1945 году, проживая на Южном Сахалине в городе КАМИСИСУКА сотрудничал с японскими полицейскими органами Южного Сахалина и путем провокации передавал в руки японской полиции корейцев – жителей Южного Сахалина. Только с июня месяца 1945 года до прихода частей Красной Армии в город КАМИСИСУКА КУНИМОТО Тофуку выдал японской полиции города КАМИСИСУКА несколько десятков корейцев за мнимую связь их с советскими разведывательными органами.

Перед приходом частей Красной Армии в город КАМИСИСУКА из числа арестованных по доносам КУНИМОТО корейцев 18 человек было расстреляно японской полицией города КАМИСИСУКА – как советских разведчиков,

П О С Т А Н О В И Л: -

КУНИМОТО Тофуку, проживающего в Холмском районе по. КУРАСИ подвергнуть аресту и обыску.

Копию постановления направить в ООУС УКР СМЕРШ ДВВО и Военному прокурору 264 Уссурийской стрелковой дивизии.

CT. СЛЕДОВАТЕЛЬ ОКР 264 УССУР.СТР.ДИВ.

CT. ЛЕЙТЕНАНТ   (подпись)   АМЕЛЬЧАКОВ

ПОСТАНОВЛЕНИЕ

(об избрании меры пресечения)

1946 года июля месяца 4 дня   гор.Долинск

Я, Старший следователь ОКР 264 стрелковой Уссурийской дивизии, старший лейтенант Амельчаков, рассмотрев сего числа материал расследования, поступивший на КУНИМОТО Тофуку, 1917 года рождения, уроженца Кореи, из крестьян, беспартийный, образование 5 классов, холост, не судим, проживающего в пос. КУРАСИ, Холмского района, Южно-Сахалинской области,

НАШЕЛ: -

КУНИМОТО Тофуку материалами следствия достаточно изобличается в совершении преступлений, предусмотренных ст.ст. 58-4 УК РСФСР, принимая во внимание, что КУНИМОТО, находясь на свободе, может сделать попытку уклонения от следствия и суда, а поэтому на основании вышеизложенного и руководствуясь ст.ст. 145 и 158 УПК РСФСР,

ПОСТАНОВИЛ: -

Мерой пресечения способов уклонения от следствия и суда КУНИМОТО Тофуку избрать содержание под стражей в КПЗ ОКР 264 УСД, о чем в порядке ст. 146 УПК РСФСР объявить арестованному под расписку.

Копию настоящего постановления в соответствии со ст.160 УПК РСФСР направить и Военному прокурору 264 УСД и в ООУС УКР ДВВО для сведения и начальнику КПЗ для заведения личного тюремного дела на арестованного.

СТ. СЛЕДОВАТЕЛЬ ОКР 264 УССУР.СТР.ДИВ.

СТ. ЛЕЙТЕНАНТ   (подпись)   АМЕЛЬЧАКОВ

Настоящее постановление мне объявлено 5 июля 1946 года в 19 часов, через переводчика Чернышеву Зинаиду Ивановну.

И Ду Бок Подпись.   Чернышева Подпись

УПРАВЛЕНИЕ

Контрразведки НКО СМЕРШ

Дальневосточного фронта

Действителен по 6 июля 1946 года.

ОРДЕР № 3

Выдан 5 июля 1946 года

Сотруднику отдела Контрразведки

СМЕРШ 264 сд т. Амельчакову

На производство обыска и ареста корейца

КУНИМОТО Тофуку, 1917 года рождения

Арест санкционирован военным прокурором 264 сд 5 июля 1946 года.

Подпись лица, выдавшего ордер

Настоящее постановление мне объявлено 5 июля 1946 года в 19 часов, через переводчика Чернышеву Зинаиду Ивановну.

Расписка в ознакомлении с настоящим ордером КУНИМОТО Тофуку

ПРОТОКОЛ ОБЫСКА

1946 года июля 5 дня, Я старший следователь ОКР 264 УСД старший лейтенант Амельчаков на основании ордера отдела контрразведки СМЕРШ 264 УСД за № 3 произвел обыск у гр. КУНИМОТО Тофуку.

При производстве обыска, присутствовали гр.гр. мл.сержант Березин Митрофан Антонович и Нетомящий Александр Степанович.

Согласно полученным указаниям, задержаны гр.гр. - КУНИМОТО Тофуку.

Изъято для представления в ОКР «СМЕРШ» 264 сд следующее:

ОПИСЬ

вещей, ценностей и документов

При обыске ничего не обнаружено.

Жалобы на неправильности, допущенные при производстве обыска, на пропажу вещей, ценностей и документов: не поступило.

(Подпись)

Анкета арестованного

ВОПРОСЫ	ОТВЕТЫ
1. Фамилия	Кунимото, он же И-Ту-Боки
2. Имя, отчество	Тофуку
3. Дата рождения	Родился в 1917 году, деревня Чуни, уезда Чинай, Корея
4. Место жительства (подробный адрес)	Деревня Кураси Холмского района Южно-Сахалинской области
5. Специальность	рабочий
6. Место работы или род занятий до ареста	Холмский рыбокомбинат в должности: рабочий-рыбак
7. Национальность	Кореец
8. Гражданство (при отсутствии паспорта указать какой документ удостоверяет гражданство или записано со слов)	Японско-подданный, паспорта нет
9. Партийная принадлежность	Беспартийный
10. образование общее и специальное (подчеркнуть и указать, что закончил)	5 классов корейской школы, рабочий
11. Социальное происхождение (кем были отец и мать)	Из крестьян
12. Судимость (состоял под судом и следствием, где, когда, за что, приговор)	Не судимый
13. Приводы (каким органом, когда, по подразделению в каких преступлениях и по каким фамилиям	Сведений нет

14. СОСТАВ СЕМЬИ

Члены семьи	Фамилия, имя и отчество	Год рождения	Место рождения	Тесто жительства, работы и должность
Отец	Нет			
Мать	Ким-Ток-Ё	1888	д.Чунни, уезда Чинай, Корея	Дер. Чуни, уезда Чинай, Корея, занимается крестьянством
Жена (муж)	Нет			
Дети	Нет			
Братья, сестры	Нет			

15. СЛОВЕСНЫЙ ПОРТРЕТ

1. Рост низкий (155-164 см.).

2. Фигура: худощавая.

3. Плечи: опущенные.

4. Шея: длинная.

5. Цвет волос: черные.

6. Цвет глаз: черные.

7. Лицо: овальное.

8. Лоб: высокий.

9. Брови: дугообразные.

10. Нос: малый. Спинка носа: вогнутая.

11. Рот: малый.

12. Губы: толстые.

13. Подбородок: прямой.

14. Уши: малые. Мочка уха: сросшаяся.

15. Особые приметы: Особых примет нет.

16. Прочие особенности и привычки: нет.

16. Когда арестован: 5 июля 1946 года, ордер № 3 от 5/VII 1946 г.

17. Основание ареста: Постановление на арест от 4 июля 1946 года отдел контрразведки сд.

18. За кем зачислен: ОКР 264 сд.

Анкета заполнена в КПЗ УКР ДВВОкруга станции Южно-Сахалинск, старшим следователем ОКР 264 сд ст. лейтенант Амельчаков

Подпись

НКО-СССР

УПРАВЛЕНИЕ КОНТРРАЗВЕДКИ «СМЕРШ» 2 ДВ ФРОНТА

ПРОТОКОЛ ДОПРОСА

К ДЕЛУ №_____

Июля месяца 5 дня.

Я, Ст. следователь капитан Стеклов допросил в качестве обвиняемого

1. Фамилия: КУНИМОТО, он же И-Ту-Боки

2. Отчество: Тофуку

3. Год рождения: 1917 года

4. Место рождения: д. Чуни, уезда Чиной – Корея.

5. Место жительства: д. Куроси, Маокского района, Южно-Сахалинской области

6. Национальность, гражданство: Кореец, подданный Японии

7. Поспорт: не имеет

8. Род заниятий: Маокский рыбокомбинат – рыбак

9. Социальное происхождение: Из крестьян

10. Социальное положение после революции: Рабочий

11. Состав семьи: Холост. Мать: Ким-Ток-Ё, 1888 года рождения, проживает в Корее, д. Чуни, уезда Чиной, занимается крестьянством

12. Образование: 5 классов корейской школы

13. Партийность: Беспартийный

14. Судимость: Не судим

15. Какие имеет награды: Не имеет

16. Категория воинского учета запаса и где состоит на учете: Не состоит

17. Служба в Красной Армии: Не служил

18. Служба в белых и др. к.-р. армиях (когда и в качестве кого): Не служил

19. Участие в бандах, к.-р. организациях и восстаниях: Не участвовал

20. Сведения об общественно-политической деятельности: Не имеет

Подписи арестованного и переводчика

Показания обвиняемого (свидетеля) КУНИМОТО Тофуку, он же И-Ту-Поки

5 июля 1946 года   г.Долинск

Допрос начат в 19 часов 20 минут

Вопрос: На каком языке Вы желаете давать показания?

Ответ: Свои показания я желаю давать на японском языке, так как последним я владею хорошо.

Допрос производится на японском языке, через переводчицу Чернышеву Зинаиду Ивановну.

На вопрос обвиняемому, доверяет ли он переводить свои показания переводчику Чернышевой, ответил – Доверяю (подпись обвиняемого).

Переводчик Чернышева Зинаида Ивановна, об ответсвенности за неправильность перевода показаний обвиняемого по ст. 95 УК РСФСР предупреждена. – (подпись)

Вопрос: Расскажите кому, когда Вы дали согласие и обязательство работать агентом японской полиции?

Ответ: В 1945 году в июне месяце я сидел в камере при Камисикукском отделении полиции. Точное число не помню, но, кажется, 28 июня 1945 года вечером из камеры меня вызвали в кабинет к старшему следователю по политическим преступлениям – старшему полицейскому японцу Сассая, имя не знаю. По прибытию меня в кабинет Сассая, последний стал мне говорить о том, что я являюсь преступником – растратил, взятые у подрядчика – Нарита, имя не знаю, деньги, за что я должен был нести ответственность по суду. Но судить мы тебя не будем при одном условии – если ты уплатишь подрядчику

Нарита деньги, а сейчас будешь выполнять наши задания. Боясь ответственности перед судом за сделанную мною растрату, я дал свое согласие помогать в работе японской полиции. Таким образом, с 28 июня 1945 года я поступил на службу в японскую полицию в качестве агента.

Вопрос: О своем сотрудничестве с японской полицией Вы подписку давали кому либо из сотрудников японской полиции?

Ответ: Свое сотрудничество с японской полицией, подпиской я не оформлялся, но в день вербовки – вечером 28 июня 1945 года я дал официальному сотруднику полиции Сасая устное согласие и обязательство работать на пользу японской полиции, после моего согласия японец Сасая дал мне устный подробный инструктаж о том, как я должен работать – выявлять среди корейского населения лиц, кои ведут антияпонскую пропаганду и выявлять среди корейцев лиц, принадлежащих к советской разведке.

Вопрос: Скажите с кем из работников японской полиции Вы как агент были связаны по работе?

Ответ: По своей работе, как агент японской полиции, я непосредственно был связан с страшим следователем по политическим преступлениям японцем Сасая, от него получал, и перед ним отчитывался о выполняемых мною заданиях.

Вопрос: Расскажите, какие конкретно задания Вы получали от японца Сасая?

Ответ: От старшего следователя Сасая я получал следующие задания: узнать у корейца Мураками, проживающего в городе Камисикука какую он имеет связь с арестованным по подозрению в шпионаже в пользу Советского Союза корейцем Кунимото, имя не знаю. Для выполнения этого задания японец Сасая подробно меня проинструктировал о моих действиях при встрече с корейцем Мураками, имя не знаю. Получив подробный инструктаж я неоднократно, с 28 июня 1945 года по 3 июля 1945 года посещал квартиру корейца Мураками, добившись от него признания и желания в оказании мне помощи о переходе в Советский Союз. Я об этом доложил японцу Сасая и 3-го июля 1945 года по моему доносу кореец Мураками был арестован японской полицией. Будучи на квартире у Мураками в разговоре с ним я по легенде, данной мне японцем Сасая выдавал себя за советского разведчика, поэтому Мураками и дал свое согласие о помощи мне в переходе на территорию Советского Союза с Сахалина. Но на самом же деле советским разведчиком я никогда не был. О своей связи с корейцем Кунимото – Мураками отрицал.

Допрос окончен в 24 часа 5 июля 1946 года.

Протокол через переводчика Чернышеву мне прочитан, показания с моих слов записаны правильно.

Подписи обвиняемого и переводчика.

Допросили: Ст.Следователь ОКР 87 ск капитан Стеклов (подпись)
Ст.Следователь ОКР 264 сд т. л-т Амельчаков (подпись)

Протокол допроса:

1946 года июля месяца 10 дня   город Долинск.

Я, старший следователь отдела контрразведки «СМЕРШ» 264 стр. дивизии старший лейтенант Амельчаков допросил в качестве свидетеля Сато Масао, 1913 года рождения, уроженца деревни Аромачи, уезда Эйсами, остров Хонсю, происхождение из рабочих, социальное положение рабочий, японец, подданный Японии, образование 7 классов, со слов не судимый. Проживает в селе Несисантан на Южном Сахалине.

Допрос, начатый в 10 часов 30 минут, производится на японском языке через переводчика Ефимову Евдокию Яковлевну, которая об ответственности за неправильный перевод показаний по ст. 95 УК РСФСР предупреждена. (Подпись переводчика)

Свидетель об ответственности за дачу ложных показаний по ст. 95 УК РСФСР предупрежден. (Подпись свидетеля)

Вопрос: Знаете ли Вы корейца Кунимото Тофуку, он же И-Ту-Поки?

Ответ: Да, корейца Кунимото Тофуку я знаю, но мало.

Вопрос: Какие у Вас с Кунимото взаимоотношения и не имеете ли Вы с ним личных счетов?

Ответ: Мои взаимоотношения с Кунимото нормальны и личных счетов с ним не имею.

Вопрос: Расскажите подробнее при каких обстоятельствах Вы познакомились с корейцем Кунимото?

Ответ: 14 августа 1945 года я был арестован японской полицией по подозрению в принадлежности меня к советским разведывательным органам, и доставлен в полицейское отделение города Камисикука. 15 августа 1945 года после первого допроса полицейские меня стали посылать на работу, помогать повару на кухне. На кухне я подносил воду, рубил дрова и делал уборку. С первого же дня моей работы на кухне, то есть с 15 августа 1945 года я встретил во дворе полиции Кунимото Тофуку. Он также колол дрова, делал уборку в столовой, носил воду. Разговаривать я с ним ни о чем не разговаривал, а поэтому не знаю по какой причине находился в полиции или вообще он – Кунимото был сотрудник полиции сказать не могу. Фамилию и имя его я знаю потому, что его так называли сотрудники японской полиции, а поэтому я хорошо запомнил его фамилию и имя. В лицо Кунимото я хорошо знаю.

Вопрос: До какого числа Вы были в полицейском отделении города Камисикука?

Ответ: В полицейском отделении города Камисикука я пробыл до 18 августа 1945 года.

Вопрос: Вы присутствовали, когда японская полиция расстреливала в здании Камисикукского отделения полиции арестованный корейцев?

Ответ: Да, я видел, когда расстреливали арестованных корейцев. Это было 17 августа 1945 года.

Вопрос: Расскажите подробно обстоятельства расстрела корейцев.

Ответ: Примерно в половине десятого часа утра 17 августа 1945 года старший полицейский Сасая приказал одному полицейскому, фамилии которого не знаю, собрать весь обслуживающий персонал полиции, то есть поваров, конюха, уборщицу и меня и вывести всех на шоссейную дорогу, которая проходила метрах в 150 от здания полиции. Полицейский приказание Сасая выполнил и нас отвел в указанное место и сам остался охранять нас. На дорогу нас привели всего человек 5 или 6, точно не помню.

В том числе я, – Сато и Кунимото Тофуку, других фамилий не знаю.

Спустя несколько минут после нашего привода мы услышали стрельбу в здании полиции. Мы одновременно увидели, что здание полиции подожжено и горит. Вскоре увидели как один кореец выпрыгнул в окно из здания полиции и скрылся в кустах. Заметив его, стоявший за нами полицейский погнался за ним, но не нашел. После этого ни у кого из нас не осталось сомнения, что стрельба в здании полиции не что иное, как расстрел арестованных корейцев, которые находились в полиции. Как впоследствии я узнал их было расстреляно 16 человек, а один убежал. Кто он такой, фамилии его не знаю.

После того как стрельба прекратилась, а здание полиции сгорело, нас на автомашине повезли в город Сикука.

Вопрос: Укажите, корейца Кунимото привели вместе с Вами, или он пришел позже?

Ответ: Выше я допустил ошибку, показав, что Кунимото привел полицейский вместе со мной. Кунимото подошел с велосипедом в руках немного позже, когда уже здание полиции горело и слышна была стрельба в здании полиции.

Вопрос: Таким образом, Кунимото Тофуку тоже присутствовал при расстреле японской полицией города Камисикука арестованных корейцев?

Ответ: Да, Кунимото Тофуку, так же как и я видел и слышал расстрел арестованных корейцев.

Вопрос: Что Вам еще известно в отношении Кунимото Тофуку?

Ответ: Так как до моего ареста я Кунимото никогда не видел и не знал, поэтому о нем больше ничего показать не могу.

Допрос окончен в 12 часов 00 минут.

Протокол через переводчика Ефимову мне прочитан и с моих слов записан верно (Подписи свидетеля и переводчика).

Допросил Ст. следователь ОКР 264 сд

     Ст. лейтенант Амельчаков (Подпись)

Протокол составили:

1946 года июля месяца 10 дня   город Долинск.

Я, старший следователь ОКР 264 стр. дивизии старший лейтенант Амельчаков и оперуполномоченный ОКР 33 Авиатехнической дивизии младший лейтенант Старостин.

Сего числа произвели очную ставку между обвиняемым КУНИМОТО Тофуку, он же И-Ту-Боки и свидетеля Сато Масао.

Очная ставка производится в соответствии со ст. 137 УПК РСФСР.

Начата в 12 часов 00 минут.

Очная ставка производится на японском языке через переводчика Ефимову Евдокию Яковлевну, которая об ответственности за неправильный перевод показаний по ст. 95 УК РСФСР предупреждена (подпись переводчика).

После обоюдного опознания обвиняемый КУНИМОТО Тофуку и свидетель САТО Масао заявили, что друг друга знают и личных счетов между ними нет. (подписи обоих)

<u>Вопрос свидетелю</u>: Вы присутствовали при расстреле 17 августа 1945 года 17 арестованных корейцев японской полицией города Камисикука?

<u>Ответ</u>: 17 августа 1945 года примерно в 10 часов утра весь обслуживающий персонал Камисикукского отделения полиции, в том числе и меня вывел на дорогу из двора полиции один из полицейских, фамилии не знаю. И приказал нам стоять на дороге. От здания полиции я и другие находились примерно в 180 метрах, а поэтому отчетливо слышали выстрелы в помещении полиции. Кроме того я видел, как один кореец выпрыгнул из окна помещения полиции и убежал – фамилии этого корейца я не знаю. За

ним погнался полицейский, но его не нашел. Всего было расстреляно 17 человек корейцев, за что их расстреляли я не знаю. (Подпись)

Вопрос свидетелю: При расстреле 17 корейцев японской полицией 17 августа 1946 года в городе Камисикука присутствовал перед Вами сидящий Кунимото Тофуку.

Ответ: Кунимото Тофуку при расстреле 17 корейцев японской полицией города Камисикука 17 августа 1945 года присутствовал. Он стоял на дороге и слышал также как и я выстрелы в здании полиции. Кунимото также как и я видел когда один кореец из под расстрела убежал.

Вопрос обвиняемому: Вы подтверждаете показания свидетеля?

Ответ: Да, показания свидетеля Сато я подтверждаю полностью. Действительно я присутствовал при расстреле 17 корейцев японской полицией города Камисикука 17 августа 1945 года. Перед расстрелом арестованных корейцев старший полицейский Сасая подозвал меня и сказал мне, чтобы я пошел на склад с горючим и взял там банку бензина и облил им здание полиции и налил бензину в яму, которая была вырыта возле здания полиции. Задание Сасая я выполнил и здание полиции и яму бензином облил. Когда я понес пустую банку из под бензина на склад с горючим. То здание полиции уже горело и я видел в окно здания, что какие-то два сотрудника полиции стреляли из винтовок. (Подпись).

Вопрос обвиняемому: Вы знали в кого стреляли полицейские в здании полиции?

Ответ: В кого стреляли полицейские в здании полиции я не знал.

Вопрос свидетелю: Вы знали в кого стреляли полицейские в здании полиции?

Ответ: Точно я не знал в кого стреляют полицейские, но как и все присутствовавшие при этом догадывались, что стрельба в горящем полицейском здании ни что иное как кого-то расстреливают.

Вопрос свидетелю: Знал ли Кунимото о том, что за стрельба в полицейском здании, вернее знал ли он, что расстреливают короейцев?

Ответ: Точно сказать не могу, знал ли Кунимото в отношении расстрела корейцев. Но думаю, что он об этом не мог не знать., так как я об этом догадывался, как и все остальные.

Вопрос обвиняемому: Вы подтверждаете показания свидетеля?

Ответ: Точно я не знал в кого стреляют, но предполагал, что кого-то расстреливают из арестованных. (Подпись)

Очная ставка окончена в 15 часов 00 минут.

Протокол очной ставки нам обоим через переводчика Ефимову зачитан и с наших слов записан правильно. (Подписи обвиняемого, свидетеля и переводчика).

Очную ставку провели:
Ст. Следователь ОКР 264 сд, Ст.Лейтенант Амельчаков
(подпись)
Оперуполномоченный ОКР АТД младший лейтенант Старостин
(подпись)

Протокол допроса

1946 года июля месяца 15 дня   гор. Южно-Сахалинск.

Я, следователь 2 отд. 4 отдела Управления Контрразведки ДВВ округа лейтенант Гришин, через переводчика корейского языка Управления Контрразведки ст. сержанта Еваншина Петра Петровича, сего числа допросили в качестве обвиняемого

КУНИМОТО Тофуку

Допрос начат в 12 часов 05 минут.

Допрос производится на корейском языке через переводчика Еваншина, который об ответственности за неправильный перевод предупрежден по ст.95 УК РСФСР.

Вопрос: Имеете ли Вы возражения против перевода Ваших показаний переводчиком Еваншиным?

Ответ: Переводчика Еваншина понимаю хорошо, возражений против его перевода моих показаний не имею.

Вопрос: На допросе 5 июля 1946 года, Вы показали, что по вашему доносу японской полицией был арестован как советский разведчик кореец Мураками. Скажите какие задания японской полиции Вы еще выполняли?

Ответ: заданий от японской полиции я больше не получал, но лично по своей инициативе, я еще в апреле месяце 1945 года сообщил японской полиции о том, что кореец Ивамото не платит мне деньги, которые брал у меня в долг. В мае месяце 1945 года, в разговоре с корейцем Чон Ен Дори, он же Кунимото, узнал, что он имеет намерение в случае военных действий убежать с Южного Сахалина. Сначала мне Чон Ен Дори сказал – не думаю ли я ехать в Корею, я его спросил, почему не едет в Корею он. Чон Ен Дори заявил мне, что он должен много денег и сейчас ехать не может. Я сказал, а если будет война и Сахалин будут бомбить русские? На это мне Чон Ен Дори заявил, что если начнется война. Он с Южного Сахалина убежит (но куда не сказал). О намерении Чон Ен Дори в случае войны бежать с Южного Сахалина, я донес в полицию города Камисикука. За что Чон Ен Дори в июне месяце 1945 года был арестован и посажен в тюрьму, где сидел до прихода частей Красной Армии на Южный Сахалин.

В начале июня месяца 1945 года из разговора с корейцем Сунимото Харуо (корейской фамилии не знаю) мне стало известно, что он недоволен японскими властями, в частности высказал мне намерение бросить бомбу в полицейское помещение в городе Камисикука, с тем, чтобы убить всех полицейских. О недовольстве со стороны Сунимото японскими властями и его намерениях бросить бомбу в полицейское отделение с целью уничтожить сотрудников полиции, я также доложил полиции, в результате чего Сунимото Харуо был арестован полицией города Камисикука.

Вопрос: Следовательно Вы фактически сотрудничать с японской полицией начали с апреля 1945 года?

Ответ: Да, сотрудничать с японской полицией я начал с апреля 1945 года, но делал это по своей собственной инициативе, никаких заданий мне до 28 июня 1945 года полицией не давалось, никакой вербовки мне не было, никакого обязательства я до 28 июня не давал. С 28 июня 1945 года после того, как я дал свое согласие быть агентом полиции, я получил от полицейских сотрудников, в частности от Сасая инструктаж и конкретные задания, о чем я подробно показал на предыдущем допросе.

Вопрос: Поскольку Вы до вербовки Вас сотрудничали с полицейскими органами, значит Вы согласились быть агентом полиции совершенно добровольно?

<u>Ответ</u>: Да, согласие сотрудничать с японскими полицейскими органами я дал на совершенно добровольных началах, а не из-за боязни нести ответственность перед судом за растрату денег, как показывал на предыдущем допросе.

Допрос окончен в 15 ч. 45 мин.

Протокол мне через переводчика корейского языка зачитан полностью, показания с моих слов записаны правильно, в чем и расписываюсь – (подпись)

Допросили: Следователь 2 отд. 4 отд УКР ДВВО

Лейтенант Гришин (Подпись)

Ст. следователь ОКР 264 СД

Ст. лейтенант Амельчаков (Подпись)

Перевод производил: переводчик корейского языка УКР ДВВО

Ст. сержант Еваншин (Подпись)

Протокол допроса

Обвиняемого КУНИМОТО Тофуку

1946 года июля месяца 15 дня   город Южно-Сахалинск

Допрос производился на корейском языке через переводчика Еваншина Петра Петровича, который об ответственности за неправильный перевод показаний обвиняемого по ст.95 УК РСФСР предупрежден – (подпись переводчика).

Допрос начат в 19 часов 20 минут.

<u>Вопрос</u>: Назовите всех известных Вам гласных и негласных сотрудников японской полиции и что Вам известно о их практической деятельности?

<u>Ответ</u>: Из гласных сотрудников японской полиции мне известны:

1. Нисимори, имени не помню – начальник отделения полиции города Камисикука. Его я знаю с мая месяца 1945 года. О прохождении им службы в японской полиции и его практической деятельности в ней мне ничего не известно. В конце июля 1945 года Нисимори из города Камисикука был переведен начальником отделения полиции города Отиай (Долинска). Где проживает в настоящее время я не знаю.

Приметы Нисимори: возраст 37-38 лет, выше среднего возраста, полного телосложения, лицо круглое полное, смуглый, глаза черные, волосы не носит, брит, спинка носа вогнутая, рост нормальный, губы большие, других примет не помню.

2. Сасая, имени не знаю, я знаю с мая месяца 1945 года. Впервые я с ним познакомился примерно числа 20-25 мая, когда я пришел к нему сообщить о Кунимото, имени не помню, который собирался бежать из Южного Сахалина. Сасая работал заместителем начальника отделения полиции города Камисикука и одновременно начальником особого отдела

полиции. В город Камисикука Сасая прибыл в начале мая 1945 года. Где и сколько времени Сасая работал в японской полиции до прибытия в город Камисикука я не знаю.

О практической деятельности Сасая мне известно, что он производил аресты и вел следствия по лицам, арестованным по политическим мотивам. 28 июня 1945 года, когда я лично дал ему согласие изучать политическое настроение корейского населения и работал под его непосредственным руководством.

Утром 17 августа 1945 года Сасая приказал мне принести банку бензина со склада и облить им помещение полиции. Что я и сделал. Примерно в 11 часов дня 17 августа 1945 года по приказу Сасая были расстреляны 18 человек корейцев, которые им были арестованы по политическим мотивам.

Больше ничего о практической деятельности Сасая я не знаю. Где проживает Сасая в настоящее время я не знаю, но лично видел, когда он, в числе других сотрудников японской полиции был задержан советскими офицерами в городе Сикука.

Приметы Сасая: возраст, примерно 35-36 лет, среднего роста, среднего телосложения, лицо продолговатое – полное, волосы не носит, других примет не помню.

3. Миодзима, имени не помню. Знаю как сотрудника японской полиции города Камисикука с 1944 года. Какую от выполнял работу в японской полиции города Камисикука я не знаю. О практической деятельности Миодзима мне ничего не известно. Из рассказов самого Миодзима мне известно, что он участвовал в расстреле 18 арестованных корейцев 17 августа 1945 года. В начале сентября 1945 года в городе Сикука Миродзима был задержан офицерами Красной Армии. Где находится в настоящее время я не знаю.

Больше никого из сотрудников японской полиции я не знаю.

Допрос окончен в 22 часа 45 минут.

Протокол, через переводчика Еваншина мне прочитан и показания с моих слов записаны правильно, в чем и расписываюсь – (Подпись)

Переводчик Еваншин – (Подпись)

Допросил: Ст. следователь ОКР 264 сд

Старший лейтенант Амельчаков - (Подпись)

ПРОТОКОЛ

30 августа 1945 года   гор. Камисикука

Судебно-медицинский эксперт майор мед/службы ЧАЙЧЕНКО по предложению военного прокурора капитана юстиции ДМИТРИЕВА, в присутствии переводчика японского языка лейтенанта ВЕРШИНГИНА, военного прокурора капитана ДМИТРИЕВА и японских подданных врачей: врача-хирурга ЯМАТО Кичиро, врача-хирурга ВАНАЦУКИ Цуици, врача-терапевта ФУКУИ Исао и врача-терапевта КОЯМА Сичетоси, произвел судебно-медицинское вскрытие трупа неизвестного человека, извлеченного из выгребной ямы уборной полицейского управления города Камисикука на предмет установления: 1. Установить возраст и национальность трупа. 2. Характер телесных повреждений, каким оружием нанесены эти повреждения и прижизненно ли нанесены таковые. Установить причину смерти данного трупа.

НАРУЖНЫЙ ОСМОТР:

Труп мужского пола, низкого роста, восточной национальности. На трупе одета белая нательная хлопчатобумажная сорочка, верхняя х/бумажная сорочка цвета хаки и белые хлопчатобумажные кальсоны. На ногах никакой обуви нет. Телосложение трупа правильное, мускулатура слабо развита. Трупное окоченение отсутствует. Волосы на голове коротко стрижены, черного цвета. Поверхностные слои кожи на голове легко снимаются пластами, как бумага с волосами. Волосы бровей и ресниц обгорелые. Лицо обожженное пламенем, на скулах ожог 4-й степени (стадия обугливания), ожог лица произошел прижизненно. Глаза закрыты веками, глазные щели узкие, верхние веки сглажены. Глазные яблоки дряблые, роговицы и конъюнктивы тусклые в такой степени, что зрачки не контурируются и цвет глаз не определяется. Нос широкий, плоский, из ноздрей выделяется сукровица. Ушные раковины обычной формы, слуховые проходы заполнены содержимым выгребной ямы. Губы разомкнуты, зубы сомкнуты, язык помещается в полости рта. На передних верхних зубах прогнутые золотые коронки. Грудная клетка симметрична, цилиндрической формы. На спине справа около края лопатки на уровне 4-го ребра – входное отверстие огнестрельного пулевого ранения круглой формы, с ровными краями размерами 0,7Х0,7 сантиметров. Спереди справа в передней части ключицы – выходное отверстие огнестрельного ранения размерами 2,5Х2 сантиметров с разорванными вывороченными снаружи краями. Раневой канал проходит прямолинейно от входного к выходному отверстию. Вокруг раневых отверстий небольшие кровоподтеки. Живот вздут, брюшная стенка напряжена. Волосы на лобке легко снимаются вместе с кожей. Мошонка вздута больших размеров. Задний проход зияет на передней поверхности правого бедра, на границе нижней и средней трети его, сквозное пулевое ранение мягких тканей бедра. На внутренней поверхности бедра расположено входное отверстие ранения с неровными разорванными краями размерами 2,5Х1,5 см. Раневой канал проходит прямолинейно от входного к выходному отверстию. Вокруг раневых отверстий обширный кровоподтек. Кожа на шее, туловище, руках и ногах разрыхлена (мощерирована), легко снимается пластами как бумага. Кожа на ладонях и подошвах морщинистая, белого цвета и легко снимается пластами.

ВНУТРЕННИЙ ОСМОТР:

Кости черепа не повреждены. При вскрытии грудной и брюшной полости оказалось: в правой плевральной полости – 300 грамм, в левой – 200 грамм кровянистой жидкости. Легкие свободно помещаются в плевральной полости. Легочная ткань дряблая зеленовато-темно-красного цвета, при сдавливании ее ощущается хруп. Верхушка правого легкого пробита пулей, раневой канал проходит сзади на перед. На разрезе при сдавливании из легочной ткани выделяется небольшое количество пенистой кровянистой жидкости темно-красного цвета. Слизистая оболочка гортани трахеи и бронхов в состоянии трупной имбибиции тёмно-красного цвета. Сердце дряблое, вследствие чего не имеет определенной формы. Мышцы сердца тёмно-красного цвета, в состоянии трупной имбибиции. В полости сердца крови нет. Клапаны сердца легочной артерии и аорты тёмно-красного цвета, тонкие. Внутренняя оболочка (иншима) аорты имбибированы тёмно-красного цвета, на поверхности ее в некоторых местах выступают плотные склеротические бляшки. Раневой канал проходит справа сзади вблизи позвоночного столба между третьим и четвертым ребром, спереди проникает через середину ключицы. По ходу раневого канала перебита пулей правая ключица и подимечичная аретия. Слизистая оболочка языка красноватого цвета, разрыхлена, легко снимается пластами. Слизистая пищевода красноватого цвета, гладкая, легко соскабливается. Органы брюшной полости правильно расположены, брюшина, покрывающая их тусклая, красноватого цвета. Желудок и кишечник резко вздуты. В полости желудка 200 грамм мутного полужидкого содержимого буроватого цвета, с неприятным запахом. Слизистая желудка разрыхлена, красноватого цвета, умеренно складчатая. Поджелудочная железа дряблая, бесструктурная красноватого цвета. В полости тонкой кишки небольшое количество полужидкого содержимого желтовато-красного цвета. Слизистая тонкой кишки буровато-красного цвета, разрыхлена, круговые складки ее неясно контурируются. В полости толстой кишки небольшое количество сгущенных каловых масс. Слизистая оболочка толстой кишки гладкая, красноватого цвета. Печень тёмно-зеленоватого цвета, дряблая, на разрезе структуры ее ткани нарушены. В желчном пузыре немного сгущенной желчи тёмно-зеленоватого цвета. Селезенка небольших размеров, мягкая, тёмно-зеленоватого цвета. Почки одинаковой величины, дряблые. Фиброзная оболочка почек легко снимается. На разрезе почечная ткань буро-красного цвета, рисунок ее не контурируется. В мочевом пузыре 100 грамм мутноватой мочи, красноватого цвета. Слизистая мочевого пузыря серовато-красного цвета, складчатая.

СУДЕБНО-МЕДИЦИНСКИЙ ЭКСПЕРТ: МАЙОР М/С	/ЧАЙЧЕНКО/
ВОЕННЫЙ ПРОКУРОР: КАПИТАН ЮСТИЦИИ	/ДМИТРИЕВ/
ПЕРЕВОДЧИК ЯПОНСКОГО ЯЗЫКА: ЛЕЙТЕНАНТ	/ВЕРШИНИН/
ЯПОНСКИЕ ПОДДАННЫЕ ВРАЧИ:	
ВРАЧ ХИРУРГ	/ЯМАТО КИЧИРО/
ВРАЧ ХИРУРГ	/ВАКУЦУКИ ЦУИЦИ/
ВРАЧ ТЕРАПЕВТ	/ФУКУИ ИСАО/
ВРАЧ ТЕРАПЕВТ	/КОЯМА СИЧЕТОСИ/

З А К Л Ю Ч Е Н И Е

На основании вышеизложенного, что данный труп человека, восточной национальности, коим может быть кореец, японец или нивх, в возрасте около 35-40 лет. Телесные повреждения представляют собой огнестрельные сквозные пулевые ранения грудной клетки и ног, нанесенные прижизненно выстрелами из боевой винтовки или револьвера и прижизненный ожог лица пламенем. Одни выстрел произведен в спину и два выстрела в ноги (в бёдра), что подтверждается расположением входных и выходных отверстий ранений. Смерть наступила от большой кровопотери вследствие ранения подимочичной артерии и легкого. Давность трупа 15-20 суток.

СУДЕБНО-МЕДИЦИНСКИЙ ЭКСПЕРТ: МАЙОР М/С	/ЧАЙЧЕНКО/
ВЕРНО: СТ. ОПЕРУПОЛНОМОЧЕННЫЙ 2 ОТДЕЛА УКР ДВВО	
КАПИТАН	/ТРАВИН/

16 июля 1946 года

Протокол допроса

Обвиняемого КУНИМОТО ТОФУКУ

1946 года, июля 16 дня   гор. Южно-Сахалинск

Допрос начат в 10 ч. 15 мин.

Допрос производится на корейском языке через переводчика УКР ДВВО ст. сержанта Еваншина П.П., который об ответственности за неправильный перевод показаний обвиняемого предупреждён по ст. 95 УК РСФСР.

Вопрос: Расскажите подробно о своем участии в расстреле арестованных японской полицией 18 корейцев и в поджоге помещения полиции в городе Камисикука.

Ответ: Я лично в расстреле 18 корейцев, арестованных японской полицией города Камисикука участия не принимал, они были расстреляны, а потом сожжены японскими полицейскими, кем конкретно также сказать затрудняюсь. В поджоге помещения полиции в городе Камисикука я также непосредственного участия не принимал, за исключением того, что утром 17 августа 1945 года, то есть в день расстрела 18 корейцев и поджога здания полиции, я по приказанию полицейского Сасая, принес со склада банку бензина, который Сасая использовал для поджога своего дома. Использовался ли принесенный мною бензин для поджога полицейского помещения – утвердительно сказать не могу, потому что сам участия в поджоге не принимал и не видел каким способом оно было подожжено. Я увидел, когда уже полицейское помещение горело, загорелось оно изнутри.

Вопрос: На допросе 10 июня 1946 года Вы показали, что Вами не только принесен бензин, но Вы облили им помещение полиции, которое впоследствии было подожжено кем-то из полицейских. Почему сейчас отрицаете это?

Ответ: На допросе 10 июня я показал неправильно, в действительности я помещение полиции не обливал, я только принес бензин со склада и поставил его в гараже, рядом с помещением полиции, Видел, что банку с бензином, принесенную мною брал Сасая для поджога своего дома, а потом с этой же банкой возвратился обратно, оставался ли в ней бензин я точно сказать не могу, я лично считаю, что она была с бензином, ибо порожнюю банку Сасая не понес бы обратно.

Вопрос: Следовательно помещение полиции было подожжено при Вашем содействии, выразившемся в том, что Вами был принесен бензин?

Ответ: Каким путем было подожжено помещение полиции я точно не знаю, но не отрицаю того, что оно было подожжено с применением бензина, принесенного мною со склада.

Вопрос: Вы знали для какой цели предназначался, принесенный Вами бензин?

Ответ: Нет, я точно не знал для чего Сасая нужен бензин, он мне об этом ничего не сказал, от других полицейских я также по этому вопросу ничего не слышал.

Вопрос: С какой целью Вы на допросе 10 июня заявили, что Вами было облито помещение полиции?

Ответ: У меня никакой цели в этом не было. Следователь, допрашивающий меня, настаивал на том, что я обливал помещение полиции, я сначала говорил, что не обливал, но он настаивал, что обливал, ввиду этого я решил признаться, вернее заявил, что облил бензином помещение полиции и налил бензин в яму, вырытую у помещения, в действительности же я этого не делал, а принес всего одну банку бензина, которую по указанию Сасая, поставил в гараже.

Вопрос: В гараже находились какие-либо машины, для которых нужен бензин?

Ответ: В гараже стоял один мотоцикл и несколько велосипедов, автомашины в гараже не было.

Вопрос: Но ведь Вам известно, что в гараж бензин со склада не носится, а для заправки машин бензином они подгоняются к складу?

Ответ: Нет я этого не знал и вообще над вопросом для какой цели нужен бензин я не задумывался.

Допрос окончен в 15 ч. 40 минут. Протокол мне на корейском языке полностью, показания с моих слов записаны правильно, в чем и расписываюсь – (подпись обвиняемого)

Допросили: Следователь 2 отд. 4 отд. УКР ДВВО л-т Гришин
(подпись)
Ст. следователь ОКР 264 СД ст. лейтенант Амельчаков
(подпись)

Перевод проводил: переводчик УКР ДВВО ст. сержант Еваншин
(подпись)

Протокол допроса

1946 года, июля 16 дня   гор. Южно-Сахалинск

Я, следователь 2 отд. 4 отдела УКР ДВВО лейтенант Гришин, сего
числа допросил обвиняемого Кунимото Тофуку.

Допрос начат в 20 ч. 45 мин.

Допрос производится через переводчика корейского языка ст. сержанта
Еваншина, который об ответственности за неправильный перевод
предупрежден по ст. 95 УК РСФСР – (подпись).

Вопрос: Расскажите подробно, где Вы находились и чем занимались в
день расстрела в городе Камисикука 18 арестованных полицией корейцев и
поджога помещения отделения полиции?

Ответ: Арестованные полицией города Камисикука 18 корейцев были
расстреляны 17 августа 1945 года и сразу же после их расстрела было
подожжено помещение полицейского отделения полиции, где находились
трубы убитых корейцев. Примерно часов в 5-6 утра, я был вызван
сотрудником полиции Сасая, который дал мне приказание отправить вещи
сотрудников полиции, а вместе и их семьи на железнодорожную станцию в
городе Камисикука, после того как семьи сотрудников полиции собрались и
принесли к полицейскому отделению все необходимые им вещи, я их вещи
погрузил на тележку и повез на станцию, вместе со мною пошли и семьи
сотрудников полиции, я помог им на поезд погрузить вещи, а потом
возвратился в помещение полиции, где меня опять встретил Сасая и дал
приказание сходить на склад с горючим и принести банку бензина, которую
поставить в гараже, расположенном рядом с помещением полиции, для какой
цели предназначался бензин Сасая мне не сказал. Выполнив это приказание

Сасая, сотрудник полиции Миодзима дал мне приказание взять в помещении 600 штук винтовочных патронов, которые мне Миодзима дал под личную ответственность и сохранность еще 12 августа 1945 года и эти патроны приказал взять с собой в город Сикука, куда всё полицейское отделение было намерено эвакуироваться в тот же день, то есть 17 августа 1945 года.

Выполняя это приказание Миодзима, я пошел в полицейское помещение, взял ящик с патронами, но ввиду того, что он оказался тяжёлым, чтобы его нести на руках, я пошёл разыскивать велосипед, найдя велосипед в соседнем с полицейским отделением доме, который был кем-то брошен, я возвратился на территорию отделения полиции и стал увязывать на велосипед патроны. В момент, когда я возился с патронами, это было в одиннадцатом часу дня, Я видел как Сасая взял банку с бензином, припессннную мною со склада с горючим, пошёл с этой банкой в свой дом, который находился примерно в 100 метрах от здания полиции, облил его бензином и поджёг, дом загорелся, а Сасая с этой же банкой пошёл обратно в направлении помещения полиции, куда точно не заметил. Когда Сасая поджёг свой дом и возвратился обратно, полицейские стали пить водку прямо на территории полицейского отделения, я в пьянке участия не принимал, а находился примерно метрах в 120-150 от полицейского отделения. Примерно в 13 часов дня, полицейские открыли стрельбу из винтовок и пистолетов на территории полицейского отделения, стрельба велась неорганизованно из нескольких винтовок, выстрелов было много, число их сказать затрудняюсь, находясь на небольшом расстоянии от помещения полиции, я лично видел, как два полицейских, находясь на небольшом расстоянии от здания полиции из винтовок стреляли через окна в помещение полиции, во время стрельбы здание полиции загорелось изнутри, в окна пошёл дым, а стрельба все продолжалась. Я, зная, что в камерах полиции находилось 20 человек арестованных корейцев понял, что японские полицейские расстреливают их. После того, как здание уже сильно загорелось, стрельба прекратилась ко мне подбежал полицейский Киомоко и заявил мне что Миодзима очень хороший стрелок, он через окно убил убегающего корейца. Тут мое предположение подтвердилось и мне стало ясным, что все арестованные корейцы расстреляны, а с целью замести следы преступления полицейские зажгли помещение, чтобы сгорели их трупы. Во втором часу дня все полицейские собрались для отправки в город Сикука, я тоже был с ними вместе. Начальник полицейского отделения Аояма дал мне свою саблю, а полицейский Сасая свой пистолет и сказали, чтобы я ехал впереди их на велосипеде, вместе со мной верхом на лошади выехал полицейский, вернее начальник полицейского отделения Аояма, остальные сотрудники полиции оставались в Камисикука, ожидали транспорта. Проехав километров 20 от Камисикука, нас догнала грузовая машина, на которой ехали все сотрудники полиции, я бросил свой велосипед, взяв патроны сел на машину, Аояма, тоже бросив лошадь пересел на машину и мы все поехали в город Сикука. Ночевав одну ночь в городе Сикука, 18 августа, я с пятью другими сотрудниками полиции на машине поехали в город Камисикука, за личными вещами сотрудников полиции, которые оставались в бомбоубежище, недалеко от полицейского отделения. Прибыв в город Камисикука я пошел на место, где было помещение полиции, на месте сгоревшего здания я обнаружил останки трупов 15-16 человек. Несколько останков трупов 5-6 человек я сбросил в горевший после пожара каменный уголь, который находился в складе рядом с кухней, находящейся в здании полиции, сказать точно, сколько трупов я бросил в горевший уголь не могу, потому что трупы, вернее останки трупов сбрасывали в огонь и приехавшие со мной полицейские, делалось это с целью, чтобы скрыть следы преступления, то есть расстрел 18 корейцев. В тот же день 18 августа, забрав личные вещи я совместно с полицейскими возвратился в город Сикука. По прибытию в Сикука, старший полицейский Миодзима, сказал мне, чтобы я из города Сикука выезжал куда либо на Юг и строго предупредил меня, чтобы я никому не рассказывал о своем сотрудничестве с японской полицией и о расстреле 18 корейцев, трупы которых сожжены в Камисикука. При этом заявил мне, что они, то есть все сотрудники полиции поедут на Хоккайдо. Я также боясь ответственности за сотрудничество с японской полицией, за то что оказывал полиции помощь и присутствовал в полиции во время расстрела 18 корейцев, стал упрашивать Миодзима, взять меня вместе с ними на остров Хоккайдо, на что Миодзима дал свое согласие и я с 18 августа, до 5-6 сентября 1945 года, все время находился с полицейскими города Сикука и Камисикука, после чего все полицейские, около 40-45 человек, были вызваны Командованием Красной Армии и куда-то отправлены, я в это время работал на кухне и меня не вызывали. Прожив несколько дней в Сикука, я выехал в Камисикука, откуда числа 20 сентября выехал в Томарикиси, где работал на шахте до апреля 1946 года. С апреля 1946 года до дня ареста проживал в селе Кураси, занимался рыболовством – (подпись обвиняемого).

Допрос окончен в 24 часа 00 мин.

Протокол допроса мне зачитан на корейском языке полностью, показания с моих слов записаны правильно, в чем и расписываюсь –
(подпись обвиняемого).

Допросили: Следователь 2 отд. 4 отд. УКР ДВВО л-т Гришин
(подпись)
Ст. следователь ОКР 264 СД ст. лейтенант Амельчаков
(подпись)

Перевод проводил: переводчик УКР ДВВО ст. сержант Еваншин
(подпись)

«УТВЕРЖДАЮ»
НАЧ.4 ОТДЕЛА УКР ДВВОКРУГА
Майор: -   (подпись)   /ШИРНИН/
17 июля 1946 года

ПОСТАНОВЛЕНИЕ

(О предъявлении обвинения)

1946 года, июля 17 дня, гор. Южно-Сахалинск

Я, ст. следователь отдела контрразведки 264 СД, ст. лейтенант АМЕЛЬЧАКОВ, рассмотрев сего числа следственный материал по делу № 73 и, приняв во внимание, что КУНИМОТО ТОФУКУ достаточно изобличается в том, что с апреля 1945 года оказывал активную помощь японским полицейским властям, за период с мая по август 1945 года по материалам КУНИМОТО полицией города Камисикука, были арестованы корейцы ЧОН Ен-дори (он же КУНИМОТО), СУНЬ МОТО Харуо и МУРОКАМИ, обвинявшиеся в антияпонской деятельности и в связи с советскими разведорганами. 17 августа 1945 года перед приходом Красной Армии в гор. Камисикука КУНИМОТО принес бензин для поджога здания полиции, присутствовал при расстреле полицейскими 18 арестованных корейцев. 18 августа с целью скрытия этого зверского преступления принимал участие в сожжении трупов расстрелянных, а поэтому на основании изложенного и руководствуясь ст.ст. 128 и 129 УПК РСФСР, -

ПОСТАНОВИЛ:

Привлечь КУНИМОТО Тофуку в качестве обвиняемого по статье 58-4 УК РСФСР, о чём объявить обвиняемому под расписку в настоящем постановлении.

Копию настоящего постановления направить Военному прокурору 264 СД и ООУС ДВВО – для сведения.

Ст. следователь отдела контрразведки 264 СД
Ст. лейтенант: - (подпись)   /АМЕЛЬЧАКОВ/

Настоящее постановление мне объявлено 19 июля 1946 года.
(подпись)

Переводчик корейского языка УКР ДВВО ст. сержант
(подпись)   /Еваншин/

Акт медицинского осмотра

Фамилия, Имя, Отчество : КУНИМОТО Тофуку

Объективные данные : Ниже среднего роста, правильного телосложения, удовлетворительной упитанности, со стороны внутренних органов отклонений от нормы нет.

Костно-мышечной деформации не наблюдается.

Органы выделения в пределах нормы.

Диагноз : Практически здоров.

Заключение : Годен к физическому труду.

Фельдшер, лейтенант м/с   (подпись)   /Бахметьев/

19 июля 1946 года

г. Южно-Сахалинск.

Протокол допроса

Обвиняемого КУНИМОТО Тофуку

1946 года июля месяца 17 дня   город Южно-Сахалинск

Допрос производится на корейском языке, через переводчика корейского языка Еваншина, который об ответственности за неправильный перевод показаний обвиняемого по ст. 95 УК РСФСР предупрежден (подпись).

Допрос начат в 12 часов 00 минут.

<u>Вопрос</u>: *Какое Вы получали задание от сотрудников японской полиции в связи с началом военных действий между Японией и Советским Союзом?*

<u>Ответ</u>: 18 августа 1945 года, по возвращении меня из города Камисикука в город Сикука, старший полицейский Миодзима мне заявил, что все сотрудники полиции готовятся на остров Хоккайдо (Япония), а мне Миодзима дал инструктаж, чтобы я из города Сикука уехал куда-нибудь на Юг Сахалина, устроился на работу и там остался работать и далее Миодзима предупредил, чтобы я никому из командования Красной Армии не говорил о том, что японская полиция расстреляла 18 человек корейцев в городе Камисикука, и о том, что я сотрудничал с японской полицией, а если меня кто спросит в отношении расстрела 18 корейцев, что я должен ответить, что я об этом случае ничего не знаю. Но как я уже показал на предыдущих допросах, боясь ответственности я стал просить Миодзима, чтобы меня они тоже увезли на остров Хоккайдо (Япония). Миодзима мою просьбу удовлетворил и разрешил мне ехать вместе с ними на остров Хоккайдо. Но поездка на остров Хоккайдо не совершилась лишь потому, что все сотрудники японской полиции города Камисикука были задержаны частями Красной Армии, а я сам ехать в Японию не решился.

Вопрос: Как Вы выполняли задание Миодзима, оставшись жить на Южном Сахалине?

Ответ: Задание Миодзима я не выполнил, но боясь ответственности за совершенное мною преступление, из города Сикука я не поехал жить в город Камисикука, а уехал на угольные шахты в город Томарикиси, где не знают о моем сотрудничестве с японской полицией. Работая на шахтах Томарикиси, я также под страхом ответственности, никому не рассказывал о своей принадлежности к негласным сотрудникам японской полиции, а в отношении расстрела японской полицией 18 корейцев в городе Камисикука, я рассказывал только как совершившийся факт, но всячески скрывал о том, что расстрел производился в моем присутствии, а сожжение трупов при непосредственном моем участии.

Вопрос: Писали ли Вы когда либо письмо на имя Командования Красной Армии?

Ответ: Да, в декабре месяце 1945 года я писал письмо на имя Командования Красной Армии.

Вопрос: Расскажите содержание этого письма.

Ответ: В своём письме на имя Командования Красной Армии я выражал благодарность Красной Армии за освобождение корейского населения от японского ига, сообщал Советскому Командованию о том, что на угольных шахтах Томарикиси скрывается 8 человек японских военнослужащих, бежавших из лагерей военнопленных, кроме того, там же на шахтах Томарикиси работает японец Хасимото, который убил двух корейцев, и в настоящее время издевается над корейцами. Далее я сообщал в своём письме Советскому Командованию, что в городе Сикука проживает мэр города Камисикука Кунимото, а также о том, что японская полиция расстреляла в городе Камисикука 18 корейцев и подожгла город перед приходом частей Красной Армии. В заключении я сообщал, что мне об этом известно лично, так как я в это время сидел в карцере японской полиции города Камисикука.

<u>Вопрос</u>: Вы правду писали в своём письме на имя Советского Командования?

<u>Ответ</u>: Нет, в своём письме я писал неправду. Написанные мною в письме на имя Советского Командования сведения являются – часть из них вымышленными, а в отношении поджога города Камисикука односторонне правдивые.

<u>Вопрос</u>: С какой Вы целью писали это провокационное письмо на имя Советского Командования?

<u>Ответ</u>: Когда я писал своё письмо на имя Советского Командования и сообщал в нём ложные данные, этим я хотел добиться доверия у советских властей, как честного корейца, помогающего советским властям вылавливать японских военнослужащих и руководящего состава японских властей на Южном Сахалине, проводивших враждебную работу против Советского Союза и по угнетению корейского населения. Тем самым я пытался скрыть свою принадлежность к негласным сотрудникам японской полиции и уклониться от ответственности за совершённые мною преступления, находясь на службе в японской полиции.

Допрос окончен в 16 часов 00 минут.

Протокол через переводчика корейского языка Еваншина мне зачитан полностью и с моих слов записан правильно, в чём и расписываюсь – (подпись).

Допросили:

Следователь 2 отделения 4 отдела УКР ДВВ округа

Лейтенант   (подпись)   /Гришин/

Ст. следователь ОКР 264 СД

Ст. лейтенант   (подпись)   /Амельчаков/

Переводчик корейского языка

Ст. сержант   (подпись)   /Еваншин/

Протокол допроса

Обвиняемого КУНИМОТО Тофуку

1946 года июля месяца 18 дня   город Южно-Сахалинск

Допрос производится на корейском языке, через переводчика корейского языка Еваншина, который об ответственности за неправильный перевод показаний обвиняемого по ст. 95 УК РСФСР предупрежден (подпись).

Допрос начат в 13 часов 00 минут.

Вопрос: Какую Вы занимали должность в японской полиции с июня месяца 1945 года и до прихода частей Красной армии, кроме негласной работы?

Ответ: Постоянной должности на работе в японской полиции города Камисикука у меня не было, я выполнял разные хозяйственные работы по указаниям полицейских – копал бомбоубежище, носил воду в столовую, производил уборку помещений полиции.

Вопрос: Какую Вы получали зарплату, будучи на работе в японской полиции?

Ответ: Какая мне была установлена заработная плата я не знаю, так как мне об этом никто не говорил, а я сам не интересовался. Питался я в полицейской столовой, где питались все сотрудники полиции. За питание денег я не платил. Определенного местожительства у меня не было. Ночевал я где придется. Бывали случаи, ночевал прямо в здании полиции., а большинство времени я жил в камере, так как до 15 августа 1945 года арестованных никого не было, камеры были свободны, поэтому я в одной из них и жил. Камеры не закрывались и охрана вдоль них не выставлялась. 18 августа 1945 года Миодзима говорил мне, чтобы я уехал на юг Сахалина, так как полицейские готовятся к отъезду в Японию. Он у меня попросил извинения за то, что не может мне уплатить денег. Но так как я просил старшего полицейского Миодзиму взять меня с собой в Японию, то не стал требовать с него денег, тем более, что он просьбу мою удовлетворил – взять меня в Японию.

Вопрос: Получали ли Вы вознаграждение от японской полиции за то, что были ее агентом и выдавали корейцев?

Ответ: Денежного вознаграждения от японской полиции я не получал. Возможно Миодзима хотел заплатить мне 18 августа 1945 года за выдачу корейцев полиции, точно сказать не могу о каких деньгах Миодзима вёл речь.

Вопрос: Таким образом, Вы японской полицией не арестовывались, как показывали на предыдущих допросах?

Ответ: 28 июня 1945 года, когда меня вызвали в полицию, то сразу посадили в камеру и закрыли на замок, но после того, как я дал своё согласие сотруднику полиции Сасая, стать их агентом и выполнять задания Сасая, то после этого жил в полиции свободно, но только мне не разрешали без разрешения отлучаться со двора полиции, поэтому я не знаю как считать – арестовывался я полицией, или нет. Два раза допросили меня: почему я не уплатил деньги подрядчику Нарита. И более меня никто ни о чем не спрашивал.

Допрос окончен в 15 часов 40 минут.

Протокол мне через переводчика корейского языка Еваншина зачитан полностью и с моих слов записан правильно, в чем и расписываюсь - (подпись).

Допросил: Старший следователь ОКР 264 СД

Ст. лейтенант   (подпись) /АМЕЛЬЧАКОВ/

Переводчик: УКР ДВВО Старший сержант (подпись) /ЕВАНШИН/

Протокол допроса

Обвиняемого КУНИМОТО Тофуку

1946 года июля месяца 18 дня   город Южно-Сахалинск

Допрос производится на корейском языке, через переводчика корейского языка Еваншина, который об ответственности за неправильный перевод показаний обвиняемого по ст. 95 УК РСФСР предупрежден (подпись).

Допрос начат в 20 часов 00 минут.

Вопрос: Расскажите, кого из жителей города Камисикука Вы посещали 15 и 16 августа 1945 года?

Ответ: 15 и 16 августа 1945 года я никого из жителей города Камисикука не посещал, за исключением японца Носико, имени не помню, к которому я ходил 16 августа 1945 года за своим чемоданом, который хранился у Носико на квартире.

Вопрос: Вы показываете не правду. Скажите к кому Вы ещё ходили на квартиру из жителей города Камисикука?

Ответ: Я показания даю правильно, 15 и 16 августа 1945 года, ни к кому из жителей города я не ходил, кроме как к японцу Носико.

Вопрос: А квартиру корейца Танака Бункичи Вы посещали 15 августа 1945 года?

Ответ: Я уже показал выше, что кроме японца Носико 15 и 16 августа я никого из жителей города Камисикука не посещал, в том числе и квартиру Танака Бункичи.

Вопрос: Вам зачитывается выдержка из показаний свидетеля Хирояма Какуцун, он же Син-Хан-Сун от 4 июля 1946 года, который показывает, что

Вы посещали квартиру Танака 15 августа 1945 года. Подтверждаете его показания?

Ответ: Выдержка из показаний свидетеля Хирояма от 4 июля 1946 года мне зачитана. Его показания отрицаю полностью. Я уже показал выше, что ни к кому из жителей города, кроме Насико, 15 и 16 августа я не посещал и сейчас это отрицаю.

Допрос закончен в 22 часа 30 минут.

Протокол через переводчика корейского языка Еваншина мне прочитан полностью, показания с моих слов записаны правильно, в чём и расписываюсь – (подпись).

Допросил Ст. следователь ОКР 264 СД ст. лейтенант

(подпись) /АМЕЛЬЧАКОВ/

Переводчик корейского языка УКР ДВВО ст. сержант

(подпись) /ЕВАНШИН/

Протокол допроса

1946 года июля месяца 19 дня   город Южно-Сахалинск

Я, старший следователь ОКР 264 СД старший лейтенант Амельчаков и помощник прокурора ДВВ округа майор юстиции Чаповский сего числа допросили в качестве обвиняемого КУНИМОТО Тофуку, он же И-Ту-Поки, 1917 года рождения, уроженец Кореи, из крестьян, по национальности кореец, образование 5 классов, со слов не судим, до ареста проживал в деревне Кураси Холмского района. Южно-Сахалинской области.

Допрос производится на корейском языке, через переводчика корейского языка Еваншина, который об ответственности за неправильный перевод показаний обвиняемого по ст. 95 УК РСФСР предупрежден (подпись).

Допрос начат в 11 часов.

Вопрос: Вам предъявляется обвинение в совершении преступления, предусмотренного ст. 58-4 РСФСР. Признаёте ли Вы себя виновным в предъявленном Вам обвинении?

Ответ: В предъявленном обвинении, виновным себя признаю полностью.

Вопрос: В чём конкретно признаёте себя виновным?

Ответ: Виновным себя признаю в следующем:

а) До поступления на службу в органы японской полиции города Камисикука я по личной инициативе числа 20-25 мая 1945 года явился в полицию города Камисикука и обратился к сотруднику полиции Сасая, имени его не знаю, и сообщил ему о том, что мне известно из личной беседы с корейцем Чен-Ен-Дори, он же Кунимото, о намерении последнего сбежать с Южного Сахалина. В тот день когда я пошёл в полицию, то накануне этого пришёл на квартиру к своему приятелю Чен-Ен-Дори, который в беседе со мной мне сказал: почему ты не едешь в Корею? Если сейчас не поедешь, то в случае возникновения войны на Южном Сахалине, вовсе не уедешь. На это я ему ответил, почему ты не едешь в Корею? И когда он мне ответил, что у него большая семья, и в случае войны он обязательно уедет на автомашине, я ему на это ответил, что у меня имеются долги, поэтому в Корею поехать не могу. О состоявшемся разговоре между мной и Чен-Ен-Дори я сообщил сотруднику полиции Сасая и обратил его внимание на то, что Чен-Ен-Дори собирается уехать с Южного Сахалина. По моему доносу кореец Чен-Ен-Дори числа 27 мая 1945 года японской полицией был арестован и направлен в японскую полицию города Сикука. Впоследствии Чен-Ен-Дори был освобождён из тюрьмы прибывшими частями Красной Армии.

Корейца Чен-Ен-Дори я знаю с 1942 года, когда я прибыл в город Камисикука, то Чен-Ен-Дори еже проживал в городе Камисикука. Причиной доноса явилось то, что мать Чен-Ен-Дори своим вмешательством помешала жениться мне на одной корейской девушке, проживавшей ранее в городе Камисикука, а затем убывшей в Корею. Фамилия этой девушки Со-Он-Нен. Кроме этого я был в плохих отношениях с матерью Чен-Ен-Дори, фамилии её не знаю. Она на меня сердилась за то, что я имея мясо продал не ей, а другим лицам.

б) 28 июня 1945 года в связи с доносом, сделанным в полицию корейцем Сунимото Харуо о том, что я не возвратил занятых у него денег в сумме 500 иен, полицией города Камисикука я был задержан. В беседе со мной Сасая предложил мне сотрудничать с полицией, на что я дал свое устное согласие. В этот же день я был освобождён и получил задание от Сасая установить не является ли Мураками советским разведчиком. По предложению Сасая я должен был явиться в дом Мураками, он же Че-Вон-Соб, что я и Чен-Ен-Дори являемся советскими разведчиками, что Чен-Ен-Дори за это арестован полицией и для того, чтобы меня также не арестовали, не может ли Мураками меня укрыть. Это мною было выполнено. В неоднократной беседе с Мураками, он мне на это ответил, что он мне поможет укрыться. Об обещании Мураками я сообщил в этот же день Сасая, который арестовал Мураками. После ареста Мураками был отправлен в тюрьму города Сикука и освобождён из тюрьмы частями Красной Армии.

В личной беседе в начале июля 1945 года с корейцем Сунимото, проживавшим напротив здания Камисикукского отделения полиции, он начал высказывать недовольство действиями органов полиции и тут же сказал «бросить бы бомбу на эту полицию», то есть Камисикукскую. О состоявшейся беседе между мной и Сунимото я 4 июля 1945 года сообщил Сасая, за что Сунимото и был арестован и освобождён через 10 дней.

в) 17 августа 1945 года мне Сасая предложил принести банку бензина. Что мной было выполнено. Бензин я взял у японца Мацибура, имени не помню, проживавшего в Камисикука и имевшего склад горючего. Для какой цели понадобился Сасая бензин, он мне не говорил. В этот же день бензин был использован для сожжения квартиры Сасая, я также видел, когда Сасая сейчас же возвратился с этой же банкой в здание полиции. Через некоторое время в этот же день было подожжено здание полиции. Кто совершил поджог здания полиции я не знаю, так как я в это время находился на расстоянии 40 метров от здания полиции и увязывал патроны на велосипед, но видел, что очаг пожара начался изнутри здания. Мне известно, что накануне, то есть 16 августа 1945 года в камерах японской полиции города Камисикука находилось около 20 человек арестованных корейцев.

В момент поджога здания полиции 17 августа 1945 года, одновременно с поджогом все арестованные корейцы были расстреляны.

18 августа 1945 года я совместно с четырьмя полицейскими и шофёром с целью скрытия факта расстрела останки не догоревших трупов бросили в огонь горевшего склада с каменным углем.

Допрос окончен в 14 часов 30 минут.

Протокол мне через переводчика Еваншина зачитан и с моих слов записан правильно (подпись).

Допросили:

Помощник прокурора ДВВО гв. Майор юстиции
                              (подпись) /ЧАПОВСКИЙ/
Ст. следователь 264 СД ст. лейтенант
                              (подпись) /АМЕЛЬЧАКОВ/
Переводчик УКР ДВВО   (подпись) /ЕВАНШИН/

Протокол допроса

1946 года июля месяца 19 дня   город Южно-Сахалинск

Я, старший следователь ОКР 264 СД старший лейтенант Амельчаков и следователь 2 отделения 4 отдела УКР ДВВ округа лейтенант Гришин сего числа провели очную ставку между обвиняемым КУНИМОТО Тофуку и свидетелем МУРАКАМИ Сабуро, он же Че-Бон-Соб.

Начата в 15 часов 40 минут.

Свидетель Мураками об ответственности за ложные показания по ст. 95 УК РСФСР предупрежден – (подпись).

Очная ставка производится на корейском языке, через переводчика корейского языка Еваншина, который об ответственности за неправильный перевод показаний обвиняемого по ст. 95 УК РСФСР предупрежден - (подпись).

После обоюдного опознания обвиняемый Кунимото и свидетель Мураками заявили, что они друг друга знают с апреля месяца 1945 года, когда оба проживали в городе Камисикука, личных счетов не имеют.

<u>Вопрос свидетелю</u>: Расскажите подробно, что Вам известно о преступной деятельности Кунимото Тофуку?

<u>Ответ свидетеля</u>: Кунимото Тофуку я знаю с апреля месяца 1945 года и по июнь месяц 1945 года очень мало, вернее просто как жителя города Камисикука. Я даже не знал, чем он занимался, проживая в городе Камисикука. Правда я видел несколько раз, как он заходил в отделение полиции города Камисикука. При этом я думал, что Кунимото работает в полиции, или же его вызывают по какому либо делу.

29 июня 1945 года ко мне на квартиру пришёл Кунимото Тофуку и стал спрашивать меня, где я работаю, чем занимаюсь. Я ему ответил, что работаю

в пограничном селе Асасы у хозяина Такахаи Дедиро и занимаюсь охотой и рыболовством в пограничной полосе. Кунимото попросил меня, чтобы я его взял с собой на работу. Я ему ответил, что сейчас обещать не могу, но поговорю с хозяином. Этот разговор у меня с Кунимото произошёл утром 29 июня 1945 года. Вечером того же дня Кунимото вторично пришёл ко мне и возобновил разговор на ту же тему, что мы с ним разговаривали утром. В этом разговоре Кунимото мне сказал, что он пришёл просить у меня помощи. Я ему ответил, что чем могу, тем и помогу. После этого он мне заявил, что кореец Чен-Ен-Дори японской полицией уже арестован за связь с советской разведкой, и что он Кунимото Тофуку работал вместе с Чен-Ен-Дори на пользу советской разведки.

Поэтому не исключена возможность, что арестуют и его – Кунимото. В виду, якобы сложившейся обстановки он просил меня помочь ему перейти на советскую сторону границы, а для этого необходимо прежде всего его взять с собой на работу в посёлок Асасы. После такого заявления Кунимото мне стало ясно, что он ходит ко мне с какой то целью, а именно по заданию полиции. А поэтому я ему ответил прямо, что взять его с собой на границу не могу, потому что для этого нужно разрешение полиции. После моего отказа взять его в поселок Асасы, Кунимото стал просить меня, чтобы я взял у него какую то маленькую книжечку. Я спросил у Кунимото, что за книжечка, которую он мне хотел передать, он мне ответил, что ты сперва возьми эту книжечку, потом я тебе расскажу ее содержание. Но я категорически отказался принять от него эту книжечку, так как заведомо знал, что это провокация полиции с определённой целью. В этот раз я заметил у себя под окном полицейского, который подслушивал наши с Кунимото разговоры.

Так Кунимото ходил ко мне на квартиру по два раза в день до 3 июля 1945 года.

Кроме этого, в вечернее время вместе с Кунимото приходил полицейский, который оставался около моей квартиры и подслушивал наши разговоры с Кунимото. Это я видел лично сам, члены моей семьи и соседи. В одном из разговоров Кунимото меня спросил, куда я собираюсь бежать на случай высадки американцев на Южном Сахалине. На этот, да и на все другие вопросы Кунимото я отвечал в лояльном для Японии духе. 3 июля 1945 года Кунимото пришёл ко мне рано утром, я ещё спал, он ушёл. Часов в 9 утра Кунимото пришёл ко мне вторично. Я его пригласил на завтрак, он у меня позавтракал, в разговоре во время завтрака, он меня спросил, когда я собираюсь уезжать в деревню Асасы. Я ему ответил, что сегодня. И Кунимото от меня ушёл. Спустя несколько времени, а то есть часов в 12 дня 3 июля 1945 года я у себя на квартире был арестован японской полицией и отправлен в тюрьму города Сикука. В ходе допроса меня в городе Сикука японская полиция добивалась от меня признания в принадлежности меня к советским разведорганам. Я при этом 12 раз подвергался избиению, о чём свидетельствуют шрамы на моём плече и состояние моего здоровья

Числа 20-21 июня 1946 года я случайно встретил в поезде Кунимото Тофуку, который мне сказал, что он выдал меня полиции и при этом заявил, чтобы за это я его на месте встречи убил.

<u>Вопрос обвиняемому</u>: Вы подтверждаете показания свидетеля Мураками?

<u>Ответ обвиняемого</u>: Да показания свидетеля Мураками я подтверждаю полностью. Действительно я с 29 июня 1945 года и по 3 июля 1945 года посещал квартиру Мураками по заданию старшего следователя по политическим делам полицейского отделения города Камисикука Сасая. Мне Сасая дал задание выяснить не является ли Мураками советским разведчиком. Для этого Сасая для меня выработал провокационную легенду, которую я использовал в разговоре с Мураками. Содержание её Мураками рассказал в своём показании подробно. Когда я приходил от Мураками на доклад к Сасая, то ему говорил, что Мураками соглашается перебросить меня на советскую сторону границы. Хотя этого мне Мураками не говорил. Поэтому Мураками и был арестован по ложному моему доносу.

Вопрос обвиняемому: С какой целью Вы ложно сообщали японской полиции о том, что Мураками является советским разведчиком?

Ответ обвиняемого: Цели я никакой не преследовал, когда сообщал неправду полиции в отношении Мураками, все это я делал только лишь в своих личных интересах.

Вопрос свидетелю: Что Вам еще известно о преступной деятельности Кунимото Тофуку?

Ответ свидетеля: Самому лично мне в отношении преступной деятельности Кунимото больше ничего не известно, но по рассказам корейца Хак-Суни, который бежал из под расстрела 17 августа 1945 года из города Камисикука, мне известно, что все 17 человек корейцев, расстрелянных японской полицисй в городе Камисикука 17 августа 1945 года были арестованы по доносу Кунимото Тофуку, но насколько это правда, утверждать не могу. Хак-Суни проживал в городе Сикука, но куда то из города Сикука выехал, где проживает в настоящее время сказать не могу.

Вопрос обвиняемому: Вы подтверждаете показания свидетеля Мураками?

Ответ обвиняемого: Я уже показал раньше, что кроме Мураками, Сунимото и Чен-Ен-Дори, он же Кунимото, я японской полиции больше никого не выдавал. А поэтому показания свидетеля Мураками отрицаю.

Очная ставка окончена в 18 часов 30 минут.

Протокол очной ставки через переводчика Еваншина нам обоим на корейском языке зачитан полностью и с наших слов показания записаны правильно, в чем и расписываемся: Обвиняемый (подпись), Свидетель (подпись)

Очную ставку провели:
Старший следователь ОКР 264 СД, Ст. лейтенант

(подпись) /АМЕЛЬЧАКОВ/

Следователь 2 отд-я 4 отдела УКР ДВВО, Лейтенант

(подпись) /ГРИШИН/

Переводчик УКР ДВВО, Ст. сержант

(подпись) /ЕВАНШИН/

Протокол допроса

1946 года июля месяца 23 дня   город Долинск

Я, старший следователь отдела контрразведки 264 стрелковой дивизии старший лейтенант Амельчаков допросил в качестве свидетеля Чен-Ён-Себи, он же Набухата Мицусиче, 1927 года рождения, уроженец города Кейде Корея, из крестьян, образование 6 классов, кореец, японоподданный, со слов не судимый, проживает в г. Долинске, работает пожарником на бумажной фабрике.

Допрос производится на японском языке через переводчицу японского языка Чернышеву Зинаиду Ивановну, которая об ответственности за не правильный перевод показаний свидетеля по ст. 95 УК РСФСР предупреждена – (подпись переводчика).

Свидетель об ответственности за дачу ложных показаний по ст. 95 УК РСФСР предупреждён – (подпись свидетеля).

<u>Вопрос</u>: Вы арестовывались японской полицией?

<u>Ответ</u>: Да, 19 июня 1945 года я, проживая в городе Камисикука, был арестован японской полицией города Камисикука.

<u>Вопрос</u>: Расскажите подробно - за что Вы были арестованы японской полицией?

<u>Ответ</u>: Примерно в начале июня 1945 года мой приятель Хирояма Масао написал песенку, в которой воспевал борьбу корейского народа с японскими поработителями, за освобождение Кореи. Эту песенку мы вместе читали и даже договорились с ним не подчиняться японским законам и разговаривать только на корейском языке.

О своих намерениях мы никому из корейцев, а тем более японцев, не рассказывали, но нас настигло несчастье: в один из дней, когда именно не помню, Хирояма Масао написанную им песенку где-то утерял. В результате чего 19июня 1945 года я и мой старший брат Чен-Ен-Дори, он же Кунимото Зэнтацу были арестованы у себя на квартире, а Хирояма Масао в это же время был арестован полицией на улице, когда он шёл из парикмахерской. В этот же день всех нас троих из города Камисикука увезли в город Сикука в тюрьму.

Вопрос: Кто Вас допрашивал в полиции города Сикука и в чём Вас обвиняли?

Ответ: Меня допрашивал начальник полицейского отдела Тода, имени не помню, и старший полицейский Сасаки, также имени не знаю. Меня обвиняли в том, что якобы я написал антияпонскую песенку, о которой я показал выше. От предъявленного мне обвинения я отказывался, за что на допросах меня избивали верёвкой больше десяти раз. 19 августа 1945 года из тюрьмы мы были освобождены частями Красной Армии.

Вопрос: За что был арестован Ваш брат Чен-Ен-Дори?

Ответ: Точно сказать не могу за что был арестован мой старший брат Чен-Ен-Дори, но ему тоже предъявляли обвинение, что он настроен против японского правительства.

Вопрос: Известно ли Вам, по доносу кого Вы были арестованы японской полицией?

Ответ: По доносу кого я был арестован точно сказать не могу, так как об этом я ничего не знаю. По рассказам моего старшего брата Чен-Ен-Дори, он же Кунимото, как он, так и я были арестованы по доносу корейца Кунимото Тофуку.

Вопрос: Что Вам известно о Кунимото Тофуку?

Ответ: Корейца Кунимото Тофуку я знаю хорошо. Он часто ходил к моему старшему брату Чен-Ен-Дори, но о его практической деятельности я ничего не знаю. Правда из разговоров корейцев – жителей города Камисикука мне известно, что якобы Кунимото негласно работал в полиции и что он многих корейцев выдал японской полиции.

Больше о Кунимото Тофуку я ничего не знаю.

Протокол мне через переводчика Чернышёву прочитан полностью и с моих слов записан правильно, в чём и расписываюсь - (подпись свидетеля).

Допросил ст. следователь ОКР 264 СД ст. лейтенант
(подпись) /АМЕЛЬЧАКОВ/
Переводчик ОКР 264 СД   (подпись) /ЧЕРНЫШЕВА/

Протокол допроса

1946 года июля месяца 24 дня   город Камисикука

Я, старший следователь отдела контрразведки 264 стрелковой дивизии старший лейтенант Амельчаков допросил в качестве свидетеля Хирояма Масао, он же Син-Чун-У, 1927 года рождения, уроженец деревни Тедори, уезда Чан-Сон, префектуры Чельнандо, Корея, социальное происхождение – из крестьян, образование 6 классов, кореец, со слов не судимый, проживает в городе Камисикука, работает переводчиком воинской части, полевая почта 54797.

На вопрос свидетелю: на каком языке он желает давать показания, ответил, что показания желает давать на русском языке, так как хорошо им владеет. Об ответственности за дачу ложных показаний по ст.95 УК РСФСР предупрежден.

Вопрос: Вы, когда либо арестовывались японской полицией города Камисикука?

Ответ: Да, японской полицией города Камисикука я арестовывался. Это было 19 июня 1945 года.

Вопрос: Расскажите подробно о причинах Вашего ареста японской полицией города Камисикука?

Ответ: В начале июня месяца 1945 года, я, будучи недоволен политикой японского правительства по отношению к корейцам написал песенку на японском языке, в которой воспевал борьбу корейского народа с японскими поработителями и призывал корейцев к этой борьбе. Эту песенку я прочитал только своему приятелю корейцу Чен-Ен-Себи. Больше никому об этой песенке не говорил. Но она каким-то образом попала в руки японской полиции. 19 июня 1945 года, когда я возвращался из парикмахерской домой меня прямо на улице арестовали сотрудники японской полиции города Камисикука, то есть два полицейские, фамилии обоих я не знаю. Одновременно со мной, то есть 19 июня 1945 года были арестованы корейцы Чен-Ен-Себи и его старший брат Чен-Ен-Дори, он же Кунимото Зэнтацу у себя на квартире. В день ареста нас всех троих отправили в японскую полицию города Сикука.

Вопрос: Кто Вас допрашивал, и в чём конкретно Вас обвиняли?

Ответ: Меня допрашивали начальник политического отдела Сикукского отделения полиции Тода, имени не знаю, и старший полицейский Сасаки, имени также не знаю. Меня обвиняли в антияпонской агитации в написанной мною песенке, о которой я показал выше. На допросах я подвергался сильным нечеловеческим избиениям. В тюрьме города Камисикука я просидел до прихода частей Красной Армии, то есть до 20 августа 1945 года.

Вопрос: По доносу кого Вы были арестованы японской полицией города Камисикука?

Ответ: По доносу кого я, Чен-Ен-Себ и Чен-Ен-Дори были арестованы японской полицией города Камисикука я не знаю. Но по рассказу корейца Мураками Сабуро, якобы мы все были арестованы по доносу Кунимото Тофуку. Но я этого утверждать не могу, так как сам не знаю.

Вопрос: Вы лично знали Кунимото Тофуку?

Ответ: Кунимото Тофуку я знаю хорошо. Я жил вместе с Чен-Ен-Себи и Чен-Ен-Дори. Кунимото Тофуку часто приходил к Чен-Ен-Дори и я разговаривал с ним, но Кунимото Тофуку о политических разговорах никогда не упоминал. Меня лично он два раза приглашал работать, чернорабочим и косить сено. Но я не согласился.

Вопрос: Когда Кунимото Тофуку приглашал Вас на работу, антияпонская песенка Вами была уже написана или нет?

Ответ: Да, Кунимото Тофуку на сенокос приглашал уже после того, как песенка у меня была написана. Разговор с Кунимото Тофуку у меня происходил примерно 9-10 июня 1945 года.

Вопрос: Что Вам известно о поведении Кунимото Тофуку в городе Камисикука до прихода частей Красной Армии?

Ответ: Кунимото Тофуку я знаю как жителя города Камисикука и что он работал подрядчиком. Больше ничего о Кунимото Тофуку я не знаю.

Вопрос: Проживает ли в городе Камисикука японец Мацубуро?

Ответ: До прихода частей Красной Армии японец Мацубуро в городе Камисикука проживал. В настоящее время он в Камисикука не проживает, место жительство его в настоящее время я не знаю.

Протокол с моих слов записан правильно и мне полностью прочитан, в чём и расписываюсь (подпись).

Допросил: Ст. Следователь ОКР с.лейтенант
(подпись) /АМЕЛЬЧАКОВ/

Протокол допроса

1946 года июля месяца 24 дня   город Камисикука

Я, старший следователь отдела контрразведки 264 стрелковой дивизии старший лейтенант Амельчаков допросил в качестве свидетеля Сунимото Харуо, он же Бак-Бон-Чун, 1919 года рождения, уроженец деревни Син-Пен, уезда Наман, Корея, выходец из крестьян, образование 6 классов, кореец, японоподданный, со слов не судимый, проживает в городе Камисикука по улице Наканэ, дом № 10.
Об ответственности за дачу ложных показаний по ст.95 УК РСФСР предупрежден. (подпись).
Допрос производится на корейском языке через переводчика Хирояма Масао, который об ответственности за правильный перевод показаний свидетеля по ст. 95 УК РСФСР предупрежден. (подпись).

Вопрос: Вы, проживая в городе Камисикука, арестовывались японской полицией?
Ответ: Да, числа 20 июля 1945 года, проживая в городе Камисикука, я был арестован японской полицией.
Вопрос: Расскажите подробно за что Вы были арестованы японской полицией?
Ответ: Когда меня арестовала японская полиция, то я не знал за что. Но в ходе допроса мне предъявили высказывал недовольство обвинение в том, что якобы я кому-то из жителей города Камисикука японской полицией и собирался бросить бомбу в здание полиции города Камисикука. В действительности я таких намерений никому из жителей города Камисикука не высказывал. Но так как меня на каждом допросе сотрудник японской полиции города Камисикука Сасая избивал палкой, то я сказал, что я действительно намеревался, то есть высказывал намерение бросить бомбу в здание полиции города Камисикука.
В начале сентября месяца 1945 года мне рассказал кореец Кунимото Тофуку, что он будучи недоволен на меня за то, что я его ругал за неуплату долгов подрядчику Нарита, ложно сообщил полиции, что якобы я высказывал намерение бросить бомбу в здание полиции города Камисикука.
Вопрос: Значит Вы были арестованы по ложному доносу Кунимото Тофуку?
Ответ: Да, я был арестован японской полицией по ложному доносу Кунимото Тофуку, об этом он мне сам рассказал.
Вопрос: Сколько времени Вы находились под арестом в японской полиции города Камисикука?
Ответ: Под арестом я находился трое суток и после чего из под стражи был освобождён.

Вопрос: Уточните. Вас обвиняли в том, что Вы сами намеревались бросить бомбу в здание полиции?

Ответ: Нет меня обвиняли в том, что якобы я среди населения говорил, что почему самолёты не разбомбят здание полиции.

Вопрос: Вы действительно ругали Кунимото Тофуку за то, что он не платит подрядчику Нарита долги?

Ответ: Да, я действительно Кунимото Тофуку ругал за то, что он деньги занимает, а не возвращает. Это было в конце мая 1945 года.

Вопрос: Кого ещё кроме Вас Кунимото выдал японской полиции из жителей Камисикука ?

Ответ: Кого еще кроме меня Кунимото выдал японской полиции я не знаю.

Вопрос: Участвовал ли Кунимото Тофуку в расстреле корейцев 17 августа 1945 года в городе Камисикука?

Ответ: Участвовал ли Кунимото Тофуку в расстреле корейцев 17 августа 1945 года я не знаю, так как в это время я из города Камисикука эвакуировался и находился в городе Сикука.

Вопрос: Знаете ли Вы японца Мацубуро, проживающего в городе Камисикука ?

Ответ: Да, японца Мацубуро я знаю. Он проживал в городе Камисикука до прихода частей Красной Армии. Но в настоящее время он в Камисикука не проживает. В августе месяце 1945 года он из города Камисикука выехал и где проживает в настоящее время я не знаю.

Протокол мне через переводчика Хирояма прочитан и с моих слов записан правильно, в чем и расписываюсь (подпись).

Допросил: Ст. следователь ОКР 264 сд ст. лейтенант
(подпись) /АМЕЛЬЧАКОВ/

Переводчик корейского языка:
(подпись) /Хирояма, он же Син-Чун-У/

Протокол допроса
Обвиняемого Кунимото Тофуку

1946 года июля месяца 25 дня   город Камисикука

Допрос производится на корейском языке через переводчика УКР ДВВО старшего сержанта Еваншина, который об ответственности за неправильный перевод показаний обвиняемого предупреждён по ст.95 УК РСФСР – (подпись).

<u>Вопрос</u>: Назовите и охарактеризуйте всех известных Вам сотрудников японской полиции и что Вам известно о их практической деятельности?
<u>Ответ</u>: Из официальных сотрудников японской полиции я знаю:
1. Начальника полиции города Камисикука АОЯМА (имя не знаю), возраст 34-35 лет, выше среднего роста, полный, лицо длинное, волосы стрижены, имеет золотые зубы (не точно), походка ровная стройная без развалки. Начальником полиции в городе Камисикука работает с августа 1945 года, до прихода частей Красной Армии на Южный Сахалин, прибыл в Камисикука из города Тобохара, кем работал в Тобохаре не знаю. В его бытность начальником полиции города Камисикука, 17 августа 1945 года, полицейскими было расстреляно 18 арестованных корейцев. Принимал ли Аояма участие в расстреле корейцев точно сказать не могу. После расстрела корейцев, помещение полиции было сожжено, где были сожжены и трупы расстрелянных корейцев. После расстрела все полицейские из города Камисикука выехали в город Сикука, в том числе и Аояма. Числа 5-6 сентября 1945 года, полицейские города Камисикука и Сикука были вызваны Командованием Красной Армии в городе Сикука и куда-то отправлены. С этого времени я Аояма не видел, где он находится в настоящее время я не знаю.
2. НИСИМОРИ (имя не знаю) работал начальником полиции города Камисикука до июля месяца 1945 года, то есть до Аояма, его приметы и деятельность в полиции показал на допросе 15 июля 1946 года.
3. САСАЯ (имя не знаю), приметы и о его практической деятельности показал на допросе 15 июля 1946 года.
4. МИОДЗИМА (имя не знаю) возраст 30-35 лет, среднего роста, фигура тонкая, лицо продолговатое, худощавый, нос прямой, волосы стрижены, носит очки, других примет не знаю. О деятельности в полиции показал на допросе 15 июля 1946 года.
5. НАКОЯМА (имя не знаю) возраст 27-28 лет, среднего роста, худощавый, лицо чёрное, волосы стрижены накоротко, имеет золотые зубы, сколько не знаю, очки не носит, других примет не знаю, работал рядовым полицейским, в день расстрела 18 корейцев и поджога полицейского помещения в городе Камисикука присутствовал в полиции, принимал ли участие в расстреле

корейцев и в поджоге здания полиции точно сказать не могу. Последний раз видел его в начале сентября 1945 года в городе Сикука, числа 5-6 сентября вместе с другими с другими полицейскими был взят Командованием Красной Армии, где находится в настоящее время точно сказать не могу.

6. ХАСИМОТО (имя не знаю), возраст 25-26 лет, низкого роста, фигура тонкая стройная, лицо продолговатое худощавое, волосы стрижены накоротко, очков не носит, походка прямая стройная, других примет не знаю. 17 августа в день расстрела корейцев был в полиции, принимал ли участие в расстреле и поджоге полицейского помещения не знаю, в тот же день 17 августа 1945 года совместно с другими полицейскими выехал в город Сикука, где находился до начала сентября 1945 года, после чего был куда-то отправлен Командованием Красной Армии. Где находится в настоящее время не знаю. Работал в полиции города Камисикука в качестве рядового сотрудника.

7. КИОМОКО (имя не знаю), возраст 37-38 лет, ниже среднего роста, фигура тонкая стройная, лицо круглое, нос широкий, лицо чёрное, волосы стрижены накоротко, носит очки, имеет 4 золотых зуба, других примет не знаю. Работал рядовым полицейским в городе Камисикука, 17 августа 1945 года во время расстрела корейцев находился в полиции, принимал ли участие в расстреле точно не знаю, из Камисикука выехал 17 августа 1945 года в город Сикука совместно со мной и другими полицейскими, где находились до 5-6 сентября 1945 года, после чего вместе с другими полицейскими Командованием Красной Армии был куда-то отправлен, где находится в настоящее время не знаю.

8. КИКУТИ или КИКУЧИ (имя не знаю), возраст 24-25 лет, среднего роста, фигура средняя, лицо продолговатое худое, носит очки, лицо чёрное, других примет не знаю, в полиции города Камисикука являлся рядовым полицейским. Участвовал ли в расстреле 18 корейцев точно сказать не могу, 17 августа находился в полицейском помещении и вместе с другими полицейскими выехал в город Сикука. Где находится в настоящее время точно сказать не знаю, последний раз его видел в начале сентября месяца 1945 года в городе Сикука.

Других сотрудников полиции никого не знаю.

Вопрос: Что Вам известно о службе в японской полиции Сибуя, Итто, Хиносита, он же Хисака и Ауяма?

Ответ: Сибуя, Итто, Хиносита (Хисака) и Ауяма я не знаю, и о их службе в японской полиции мне ничего не известно. Я знаю только сотрудника полиции Аояма, который работал начальником полиции, о его деятельности я показал на сегодняшнем допросе и на предыдущих допросах.

Вопрос: Кого знаете из сотрудников жандармерии и японской военной миссии?

Ответ: Из сотрудников жандармерии и японской военной миссии я никого не знаю.

Вопрос: Назовите всех известных Вам агентов японских разведывательных и контрразведывательных органов?

<u>Ответ</u>: Агентов японских разведывательных и контрразведывательных органов я никого не знаю.

Допрос начат в 10 часов 20 минут.

Допрос окончен в 13 часов 05 минут.

Протокол допроса мне прочитан на корейском языке полностью, показания с моих слов записаны правильно - (подпись).

Допросил: Следователь 2 отделения 4 отдела УКР ДВВО
Лейтенант (подпись) /ГРИШИН/

Перевод производил переводчик УКР ДВВО
Старший сержант (подпись) /ЕВАНШИН/

Протокол допроса
Обвиняемого Кунимото Тофуку

1946 года июля месяца 26 дня   город Южно-Сахалинск

Допрос производится на корейском языке через переводчика УКР ДВВО старшего сержанта Еваншина, который об ответственности за неправильный перевод показаний обвиняемого предупреждён по ст.95 УК РСФСР – (подпись).
    Допрос начат в 20 часов 30 минут.

<u>Вопрос</u>: Кого Вы ещё выдали японской полиции, кроме названных Вами на предыдущих допросах лиц?
<u>Ответ</u>: Кроме названных мною на предыдущих допросах лиц, то есть Кунимото, Сунимото и Мураками, японской полиции больше никого не выдавал.
<u>Вопрос</u>: Вы знаете корейца Хирояма Масао?
<u>Ответ</u>: Да, корейца Хирояма Масао я знаю, но очень мало. Он жил на одной квартире с Кунимото, он же Чен-Ен-Дори, когда я посещал Кунимото, то там встречался и с Хирояма. Лично с ним я разговаривал один или два раза, точно не помню, в одном из этих разговоров я приглашал Хирояма Масао косить сено.
<u>Вопрос</u>: Что Вы ещё разговаривали с Хирояма Масао?
<u>Ответ</u>: Больше ни по каким вопросам я с Хирояма Масао не беседовал.
<u>Вопрос</u>: Вам известны причины ареста Хирояма Масао?
<u>Ответ</u>: Я знаю, что Хирояма Масао был арестован вместе с Кунимото, он же Чен-Ен-Дори и его младшим братом, фамилии которого не знаю 19 июня 1945 года, но за что он был арестован японской полицией я не знаю.
<u>Вопрос</u>: А Вы получали какое либо задание от японской полиции по изучению о Хирояма?
<u>Ответ</u>: Нет, от японской полиции никаких заданий по изучению Хэрояма я не получал.
<u>Вопрос</u>: На допросе от 19 июля 1946 года Вы показали, что Кунимото, он же Чен-Ен-Дори был арестован японской полицией по Вашему доносу 27 мая 1945 года, а сейчас показываете, что Кунимото, он же Чен-Ен-Дори был арестован 19 июня 1945 года. Уточните свои показания?
<u>Ответ</u>: На допросе от 19 июля 1946 года в своих показаниях по вопросу даты ареста Кунимото, он же Чен-Ен-Дори, я допустил ошибку, показав, что Чен-Ен-Дори был арестован 27 мая 1945 года. В действительности Чен-Ен-Дори был арестован 19 июня 1945 года. Я также допустил ошибку на предыдущих допросах, показав, что Кунимото, он же Чен-Ен-Дори, я сообщил в полицию в мае месяце. В действительности о Кунимото, он же Чен-Ен-Дори я сообщил

в полицию за 2-3 дня до его ареста, то есть примерно числа 16-17 июня 1945 года.

Вопрос: На допросе от 15 июля 1946 года Вы также показали, что в разговоре с Чен-Ен-Дори по вопросу поездки в Корею он Вам заявил, что в Корею ехать не может потому, что имеет большие денежные долги. А на допросе от 19 июля 1946 года по этому же вопросу показали, что не он, а Вы высказали сожаление о том, что в Корею ехать не можете, потому что имеете большие долги. Уточните расхождения в Ваших показаниях от 15 и 19 июля 1946 года?

Ответ: На допросе 15 июля 1946 года я в своих показаниях допустил ошибку, показав, что Кунимото, он же Чен-Ен-Дори, сказал, что в Корею он не может поехать потому, что должен много денег. А в действительности это сказал я и мои показания по этому вопросу от 19 июля 1946 года правильны.

Вопрос: На допросе 19 июля 1946 года Вы показали, что 17 августа 1945 года по приказанию Сасая Вы принесли банку бензина от японца Мацубуро. Вы лично у Мацубуро просили бензин?

Ответ: Нет, Мацубуро является хозяином склада. Когда я пришёл к нему за бензином его дома не было, тогда я обратился к его рабочему, фамилии его я не знаю, который и отпустил мне банку бензина.

Вопрос: Для какой цели Вы спрашивали бензин?

Ответ: Когда я обратился к рабочему хозяина Мацубуро с просьбой отпустить мне бензина, я ему сказал, что бензин просит Сасая, он мне после этого без всяких разговоров выдал банку бензина. А для какой цели я беру этот бензин он меня не спрашивал и я ему ничего не говорил.

Допрос окончен в 23 часа 20 минут.

Допросил: Ст. следователь ОКР 264 СД
        Ст. лейтенант   (подпись) /АМЕЛЬЧАКОВ/

Переводчик УКР ДВВО ст. сержант   (подпись) /ЕВАНШИН/

Протокол допроса

Очной ставки между свидетелем Сунимото Харуо
и обвиняемым Кунимото Тофуку

1946 года июля месяца 26 дня   город Южно-Сахалинск

Очная ставка производится на основании ст. 137 УПК РСФСР, на корейском языке через переводчика Управления Контрразведки ДВВ округа ст. сержанта Еваншина, который об ответственности за неправильный перевод показаний обвиняемого предупреждён по ст. 95 УК РСФСР (подпись).
Свидетель Сунимото Харуо об уголовной ответственности за дачу ложных показаний предупреждён по ст. 95 УК РСФСР (подпись).
Обвиняемый Кунимото и свидетель Сунимото после обоюдного опознания друг друга заявили, что они друг друга знаю с 1943 года, личных счётов между ними не было и нет, до лета 1945 года являлись хорошо знакомыми. Против перевода показаний переводчиком Еваншиным возражений не имеют (подписи свидетеля и обвиняемого).
Очная ставка начата в 14 часов 40 минут.

<u>Вопрос свидетелю Сунимото Харуо</u>: Скажите, когда и за что Вы были арестованы полицией города Камисикука?
<u>Ответ</u>: Японской полицией города Камисикука я был арестован в середине июня месяца 1945 года, причину ареста я сначала не знал. Находясь под арестом, меня на допросах обвиняли в том, что якобы я кому-то из жителей города Камисикука высказывал недовольство полицейскими властями и намерение бросить бомбу в полицейское помещение. В действительности же я намерений бросить бомбу в полицейское отделение никому не высказывал и такого намерения у меня не было. Но в виду того, что допрашиваемый меня сотрудник полиции Сасая подвергал меня избиению палкой, я был вынужден оговорить себя, заявив, что в действительности я имел намерение бросить бомбу в полицейское отделение в городе Камисикука. В конце августа, или в начале сентября месяца 1945 года мне Кунимото Тофуку сам лично сказал, что полиция меня арестовала по его доносу, просил у меня прощения за то, что он неправильно сделал донос в полицию. Заявлял даже, чтобы я его убил за это. С этого времени я узнал, что ложные данные в полицию на меня дал Кунимото Тофуку.
<u>Вопрос обвиняемому Кунимото Тофуку</u>: Что Вы доносили полиции города Камисикука в отношении Сунимото Харуо?
<u>Ответ</u>: Я донёс в полицию города Камисикука о том, что кореец Сунимото Харуо высказывает недовольство японскими полицейскими властями и намеревался бросить бомбу в полицейское помещение с целью убить полицейских.

<u>Вопрос обвиняемому Кунимото Тофуку</u>: Ваши донесения полиции о том, что Сунимото намеревается бросить бомбу в помещение полиции, являлись вымышленными – провокационными, не так ли?

<u>Ответ</u>: Нет, я донёс полиции только то, что слышал от самого Сунимото, вымышленных данных я на Сунимото полиции не давал.

<u>Вопрос обвиняемому Кунимото Тофуку</u>: Когда Вы слышали от Сунимото разговор в котором он высказывал намерение бросить бомбу в помещение полиции?

<u>Ответ</u>: Вначале июня месяца 1945 года я временно проживал на квартире Сунимото. Слышал как он за выпивкой с двумя другими корейцами, фамилии которых не знаю, говорил о том, что он недоволен полицейскими и в этом же разговоре заявил – бросить бомбу в полицию, чтобы она вся разлетелась. Я в это время находился в этой же комнате, где и Сунимото, приходил кушать.

<u>Вопрос свидетелю Сунимото Харуо</u>: Вы настаиваете на своих показаниях о том, что никогда Вы не высказывали недовольства полицией и намерения бросить бомбу в помещение полиции?

<u>Ответ</u>: Да, я категорически настаиваю на том, что таких заявлений, как показывает Кунимото я никогда не высказывал и не мог этого сказать ввиду того, что отлично понимал о том, что за такие разговоры японская полиция меня не только бы арестовала, а сразу убила бы. Если бы в действительности я это говорил, меня бы полиция не освободила, хотя я в силу издевательств со стороны Сасая был вынужден принять на себя эту вину, всё-таки я был освобождён. Кроме того, мне нет никакой необходимости говорить неправду следствию, наоборот, если бы я в действительности говорил это, я бы сразу признался. Кунимото Тофуку на меня наговорил ложно, а сейчас боится показать себя провокатором.

Очная ставка окончена в 16 часов 40 минут.
Протокол очной ставки нам полностью зачитан на корейском языке, показания с наших слов записаны правильно, в чем и расписываемся (подписи).

Допросили: Следователь 2 отд. 4 отдела УКР ДВВО л-т
(подпись) /ГРИШИН/
Ст. Следователь ОКР 264 сд ст.лейтенант
(подпись) /АМЕЛЬЧАКОВ/
Перевод проводил переводчик УКР ДВВО ст. сержант
(подпись) /ЕВАНШИН/

«УТВЕРЖДАЮ»

НАЧ. 4 ОТДЕЛА УКР ДВВО
М а й о р: - (подпись)   /ШИРНИН/

26 и ю л я 1946 года.

ПО СТАНОВ Л Е Н И Е

(о приобщении материалов к делу № 73)
1946 года, июля 26 дня, гор. Южно-Сахалинск

Я, старший следователь отдела контрразведки 264 стрелковой дивизии,
старший лейтенант АМЕЛЬЧАКОВ, рассмотрев сего числа материалы
судебно-медицинского освидетельствования и места происшествия в городе
Камисикука от 30 августа 1945 года в связи с расстрелом и сожжением
японскими органами арестованных корейцев в здании полиции города
Камисикука.

Н А Ш Ё Л:

Материалы судебно-медицинского осмотра места расстрела и
сожжения корейцев в здании полиции города Камисикука имеют прямое
отношение к следственному делу № 73 по обвинению КУНИМОТО Тофуку и
изобличают его как соучастника в совершении зверского убийства
арестованных корейцев, то есть в совершении преступлений,
предусмотренных ст. 58-4 УК РСФСР.

На основании изложенного и руководствуясь ст. 67 УПК РСФСР, -

ПОСТАНОВИЛ:

Протокол медицинского осмотра места происшествия от 30-го августа 1945
года и акт вскрытия трупа убитого человека, как имеющие прямое
отношение к обвиняемому КУНИМОТО Тофуку приобщить к следственному
делу № 73.

Ст. следователь ОКР 264 СД Ст. лейтенант : (подпись) /АМЕЛЬЧАКОВ/

26 и ю л я 1946 года.

ПО СТАНОВЛ ЕНИЕ
(о выделении следственных материалов)
1946 года, июля 26 дня, гор. Южно-Сахалинск

Я, старший следователь отдела контрразведки 264 стрелковой дивизии, старший лейтенант АМЕЛЬЧАКОВ, сего числа, рассмотрев материалы следственного № 73 по обвинению КУНИМОТО Тофуку в совершении преступлений, предусмотренных ст. 58-4 УК РСФСР, -

Н А Ш Ё Л:

КУНИМОТО Тофуку на допросах показал, что совместно с ним преступной деятельностью, направленной против Советского Союза, занимались официальные сотрудники японской полиции в городе Камисикука АОЯМА, НИСИМОРИ, САСАЯ, МИОДЗИМА, НАКАЯМА, ХАСИМОТО, КИОМОКО и КИКУТИ.

Принимая во внимание, что вышепоименованные лица за совершение преступления подлежат аресту, но место нахождения их в настоящее время не установлено, поэтому руководствуясь ст. 117 УПК РСФСР, -

ПОСТАНОВИЛ:

Материалы о преступной деятельности АОЯМА, НИСИМОРИ, САСАЯ, МИОДЗИМА, НАКАЯМА, ХАСИМОТО, КИОМОКО и КИКУТИ из дела № 73 выделить в отдельное производство и передать 2-му отделу УКР МГБ ДВВОкруга для дальнейшего оперативного использования и розыска преступников.

Ст. следователь ОКР 264 СД Ст. лейтенант : (подпись)   /АМЕЛЬЧАКОВ/

ПРОТОКОЛ
Об окончании следствия и предъявления следственного производства

946 года июля 27 дня

г. Южно-Сахалинск

Я, старший следователь ОКР 264 стрелковой дивизии старший лейтенант Амельчаков и помощник военного прокурора ДВВО гвардии майор юстиции Чаповский
В соответствии со ст. 206 УПК РСФСР, объявив сего числа обвиняемому Кунимото Тофуку, что следствие по его делу за № 73 закончено и разъяснив ему право на осмотр следственного производства по делу после ознакомления с таковым в количестве одного тома, всего на 122 листах, спрашивал обвиняемого не желает ли он и чем именно дополнить расследование.
Обвиняемый Кунимото заявил, что дополнить следствие ходатайств не имеет.

Протокол мне объявлен на родном корейском языке через переводчика Еваншина.

Подпись обвиняемого _____.

Ст. следователь ОКР 264 СД ст. лейтенант
(подпись) /АМЕЛЬЧАКОВ/
Пом. Военного прокурора ДВВО гв.майор (подпись) /ЧАПОВСКИЙ/
Переводчик УКР ДВВО ст. сержант (подпись) /ЕВАНШИН/

«УТВЕРЖДАЮ»
ЗАМ.НАЧ.УПР.КОНТРРАЗВЕДКИ
ДВВО, Генерал-майор : -
/БОБЫЛЕВ/ (подпись)
31 июля 1946 года

ОБВИНИТЕЛЬНОЕ ЗАКЛЮЧЕНИЕ
(по следственному делу № 73)
По обвинению КУНИМОТО Тофуку в
совершении преступлений,
предусмотренных ст.58-4 УК РСФСР

5 июля 1946 года отделом контрразведки 264 Уссурийской стрелковой
дивизии Дальневосточного военного округа за враждебную деятельность был
арестован и привлечён к уголовной ответственности подданный Японии
кореец КУНИМОТО Тофуку.

Произведённым по делу расследованием установлено:

КУНИМОТО Тофуку с апреля 1945 года по личной инициативе, в корыстных
целях, стал сотрудничать с японской полицией города Камисикука
/л.д. 31,32,33/.
В июне и июле 1945 года выдал японской полиции корейцев СУНИМОТО и
КУНИМОТО (он же ЧОН-Ен-дори), которые были арестованы и заключены
в тюрьму по подозрению в связи с советской разведкой и за антияпонскую
деятельность
/л.д. 31, 32, 33, 75, 76, 78, 94, 95/.
В начале июля 1945 года, являясь агентом полиции, дал провокационные
данные на корейца МУРАКАМИ (он же Чен-Ен-соб). Последний был
арестован как советский разведчик и содержался в тюрьме до освобождения
его частями Красной Армии
/л.д. 27, 27 об., 28, 29, 70, 71, 72, 73, 74/.
17 августа 1945 года принимал активное участие в эвакуации полиции в г.
Сикука: принес банку бензина, с помощью которого было подожжено
полицейское помещение, присутствовал при расстреле и сожжении
полицейскими 18 арестованных корейцев
/л.д. 36, 37, 38, 40, 41, 42, 43/.
18 августа 1946 года с целью сокрытия факта зверской расправы с корейским
населением совместно с другими пятью полицейскими участвовал в
сожжении остатков трупов 18 расстрелянных корейцев /л.д. 44, 45/.
В предъявленном обвинении по ст. 58-4 УК РСФСР КУНИМОТО виновным
себя признал полностью /л.д. 56, 57, 58, 59, 60/.
Кроме того, его преступная деятельность подтверждена показаниями
свидетелей: МУРАКАМИ Сабуро, он же Чен-Бан-соб /л.д.70-74/,
КУНИМОТО Зэнтацу, он же Чен-Ен-дори /л.д. 75-78/, ХЭРОЯМА Какуцин
/л.д. 79-81/, САТО Масао /л.д. 84-86/, Чен-Ен-себи /л.д. 88-89/, ХИРОЯМА

Масао /л.д. 91-92/, СУНИМОТО Харуо /л.д. 94-94/, очными ставками со свидетелями САТО Масао /л.д. 97-99/, МУРАКАМИ Сабуро /л.д. 100-106/, СУНИМОТО Харуо /л.д. 108-110/, а также официальными документами /л.д. 112-117/.

На основании изложенного ОБВИНЯЕТСЯ :

> КУНИМОТО Тофуку, 1917 года рождения, уроженец деревни Чунни, уезд Ченой – Корея, кореец, подданный Японии, рабочий, окончил 5 классов корейской школы, беспартийный, ранее не судим, холост, до ареста житель деревни Кураси Маокского района Южно-Сахалинской области,

в том, что с апреля 1945 года до прихода частей Красной Армии на Южный Сахалин, являясь агентом японской полиции, оказывал ей активную помощь. В мае-июле 1945 года сообщил японской полиции провокационные данные об антияпонской деятельности и связи с советскими разведорганами на корейцев СУНИМОТО, КУНИМОТО и МУРАКАМИ, которые последней были арестованы и заключены в тюрьму.

Перед приходом частей Красной Армии в город Камисикука принимал активное участие в эвакуации полиции, принёс бензин, с помощью которого было подожжено здание полиции, присутствовал при расстреле полицейскими 18 арестованных корейских граждан и 18 августа с целью сокрытия этих зверств участвовал в сожжении остатков трупов расстрелянных, то есть в совершении преступлений, предусмотренных ст.58-4 УК РСФСР.

Дело следствием закончено и на основании статьи 208 УПК РСФСР через военного прокурора Дальневосточного военного округа подлежит направлению на рассмотрение Военного трибунала.

С сего числа обвиняемого КУНИМОТО Тофуку дальнейшим содержанием под стражей в тюрьме МВД гор. Южно-Сахалинска перечислять за Военным прокурором ДВВОкруга.

Обвинительное заключение составлено 31 июля 1946 года в г. Южно-Сахалинске.

Ст. следователь ОКР 264 Уссурийской СД
Ст. лейтенант : - (подпись) /АМЕЛЬЧАКОВ/
СОГЛАСЕН : Начальник 4 отдела УКР ДВВОкруга
М а й о р : (подпись) /ШИРНИН/

С П Р А В К А
(О движении дела)

Преступление совершено в апреле-августе 1945 года.
Возбуждено уголовное дело 4 июля 1946 года.
Испрошена и получена санкция 5 июля 1946 года.
Избрана мера пресечения 5 июля 1946 года.
Дело принято к производству 5 июля 1946 года.
Предъявлено обвинение 19 июля 1946 года.
Предварительное расследование закончено 27 июля 1946 года.
Вещественные доказательства – протокол осмотра места происшествия и вскрытия трупа – приобщены к делу.

Ст. следователь ОКР 264 УСД
Ст. лейтенант   (подпись) /АМЕЛЬЧАКОВ/

С П И С О К
лиц, подлежащих вызову в судебное заседание

Обвиняемый
КУНИМОТО Тофуку – содержится под стражей в Южно-Сахалинской тюрьме МВД

Свидетели :
МУРАКАМИ Сабуро (он же Чен Бан-соб – проживает в гор. Долинске, Торговая ул., 76
КУНИМОТО Зэнтацу (он же Чен Ен-дори) – там же
ЧЕН Ен-себи – проживает в гор. Долинске, рабочий посёлок бумажной фабрики.

Ст. следователь ОКР 264 СД
Ст. лейтенант   (подпись) /АМЕЛЬЧАКОВ/

РАСПИСКА

Копию обвинительного заключения по моему делу получил 6 августа 1946 года,

в котором мне объявлено, что я имею право: избрать себе защитника или иметь такового по назначению суда, а также ходатайствовать о дополнении списка свидетелей, экспертов, истребование новых доказательств по существу предъявленного мне обвинения и предъявить новые ходатайства. Со своей стороны ходатайствую

_____

_____

_____

Подпись обвиняемого
Подпись лица, отобравшего подписку

ПРОКОЛ ПОДГОТОВИТЕЛЬНОГО ЗАСЕДАНИЯ

(число не читается) августа 1946 года   гор. Южно-Сахалинск

     Военный Трибунал Дальневосточного военного округа в составе: Председательствующего Полковника юстиции СИНЕЛЬНИК и членов: подполковников юстиции КИШКУРНО и КОТЛЯР, при секретаре капитане административной службы САГАРДАК, с участием заместителя военного прокурора Дальневосточного военного округа Подполковника юстиции МУРАТОВА, в подготовительном заседании рассматривали дело, поступившее 3 августа 1946 года от Военного прокурора ДВВО вместе с обвинительным заключением о предании суду Военного Трибунала КУНИМОТО Тофуку по ст. 58-4 УК РСФСР.

     В 13 часов 25 минут председательствующий объявил заседание открытым.

     ДОКЛАДЧИК – Зам. Военного прокурора Дальневосточного военного округа Подполковник юстиции МУРАТОВ, доложил сущность дела и просит обвинительное заключение по делу УТВЕРДИТЬ – КУНИМОТО Тофуку предать суду Военного Трибунала по ст. 58-4 УК РСФСР.

     СОДОКЛАДЧИК – Полковник юстиции СИНЕЛЬНИК, с мнением докладчика согласился и предлагает обвинительное заключение по делу утвердить. КУНИМОТО Тофуку предать суду Военного Трибунала по ст. 58-4 УК РСФСР.

     В 13 часов 45 минут суд удалился на совещание для вынесения определения.

     В 14 часов 00 минут по возвращении из совещательной комнаты председательствующий огласил определение суда о предании суду ВТ КУНИМОТО Тофуку по ст. 58-4 УК РСФСР, после чего подготовительное заседание объявлено ЗАКРЫТЫМ.

       Председательствующий
       Полковник юстиции   (подпись)   /СИНЕЛЬНИК/

       Секретарь
       Капитан а/с   (подпись)   /САГАРДАК/

ПРОТОКОЛ
Судебного заседания

8 августа 1946 года Военный Трибунал Дальневосточного Военного Округа, в составе председательствующего полковника юстиции Синельник, членов: подполковника юстиции Безносикова и капитана юстиции Манжела, при секретаре старшем лейтенанте Сероштан в закрытом судебном заседании в помещении Военного Трибунала рассматривал дело по обвинению КУНИМОТО Тофуку в совершении им преступления, предусмотренного ст. 58-4 УК РСФСР.

В 12 часов 40 минут судебное заседание объявлено открытым и председательствующий объявил какое дело будет слушаться.

Подсудимый КУНИМОТО Тофуку до суда находился под стражей в КПЗ УКР ДВВО, в судебное заседание доставлен под конвоем.

Свидетели по данному делу в судебное заседание не вызывались.

В судебном заседании по делу КУНИМОТО Тофуку присутствует переводчик корейского языка на русский Еваншин Пётр Петрович.

Председательствующий разъяснил переводчику Еваншину его обязанности в судебном заседании, предупредил его об ответственности по ст. 95 УК РСФСР за неправильный перевод, о чём у переводчика отобрана подписка.

Председательствующий через переводчика удостоверяется в самоличности подсудимого, который о себе показал:

«Я, КУНИМОТО Тофуку, родился в 1917 году, в деревне Чунни, уезда Ченой Корея, образование 5 классов начальной школы, беспартийный, холост, житель деревни Кураси Маокского района Южного Сахалина, в армии не служил, с июня по августа 1945 года сотрудничал в японской полиции. Арестован 17 июня 1946 года. С обвинительным заключением по моему делу ознакомлен.»

Председательствующий через переводчика разъяснил подсудимому КУНИМОТО его права в судебном заседании, предусмотренные (статья не читается) УПК РСФСР, объявил состав суда и секретаря по его делу и спросил его понятны ли ему его права. Имеет ли он отвод составу и секретарю и имеет ли он какие либо ходатайства судебного следствия.

Подсудимый КУНИМОТО Тофуку ответил: «Права мне понятны, отвода составу суда и секретарю не имею, ходатайств перед началом судебного следствия также никаких не имею.

Судебное следствие

Председательствующий огласил подсудимому КУНИМОТО Тофуку через переводчика сущность предъявленного ему обвинения и спросил понятно ли ему, в чём он обвиняется, признаёт ли он себя виновным в предъявленном ему обвинении и желает ли дать суду показания по существу дела.

Подсудимый КУНИМОТО Тофуку: - «Предъявленное обвинение мне понятно, виновным себя признаю и желаю дать суду показания по существу дела».

Подсудимый КУНИМОТО по существу дела показал:

«Работать в японскую полицию поступил при следующих обстоятельствах. У приятеля Кунимото Зэнтацу я занял деньги, которые уплатить не мог ему, за не имением таковых. Он донёс на меня в полицию, куда меня и вызвали. Допрашивал меня старший полицейский Сасая, который и предложил мне работать негласным агентом японской политической полиции, при моём согласии, судить меня не будут, если я уплачу деньги. Я согласился.

По моему доносу был арестован Кунимото, которого я выдал как антияпонски настроенного.

Также был арестован по моему доносу кореец Сунимото, о котором я донёс полиции, что он недоволен японскими полицейскими и якобы собирается бросить бомбу в помещение полиции с целью убить полицейских.

Участие в поджоге полицейского помещения принимал лишь в том, что принёс бензин по приказанию старшего полицейского, для какой цели я не знал, до тех пор пока не увидел горевший город и полицейское помещение.

Я знал, что до поджога помещения были там люди, но во время поджога я думал, что их вывели оттуда. Когда открылась стрельба, я посмотрел на здание и увидел, как два полицейских стреляют по окнам. Я понял, что 18 человек арестованных, находившихся там, расстреляны и подожжены. Это подтвердил ещё и Киомоко, видев как начальник полиции Миядзима убил одного человека, пытавшегося выпрыгнуть через окно из горевшего здания.

Были ли там арестованные по моему доносу я не знаю.

При поджоге полицейского помещения я не присутствовал, так как получил приказание ожидать остальных полицейских на перекрестке улиц.

18 августа я принимал участие в сокрытии следов преступления, заключающееся в расстреле и поджоге помещения, где находились 18 арестованных корейцев.

Начальник полиции Миядзима приказал найти лопату для закапывания догоревших трупов в землю, но я лопаты не нашёл. Тогда я со старшим полицейским Сасая стали бросать конечности недогоревших трупов в огонь, чтобы таким образом скрыть следы преступления.

Кормили меня в столовой полицейского управления, обмундирования не выдавали. Во время эвакуации мне выдали саблю и пистолет.

На остров Хоккайдо не поехал лишь потому, что не успел, причина тому Красная Армия.

Кроме корейцев Бураками, Сунимото и Кунимото по моему доносу никто больше не был арестован.».

Председательствующий огласил показания свидетеля Хирояма Масао, данные последним на предварительном следствии (л.д. 90-91), которые подсудимый отрицает.

«Когда я стал агентом полиции, мне говорили, чтобы я никому не говорил, что работаю в японской полиции.

Писал я заявление на имя Советского Командования, в котором давал ложные данные о японских военнослужащих, работающих на шахтах и о радиоприёмниках, лишь потому, чтобы скрыть преступления, связанные с моей работой в японской полиции, и таким образом получить доверие у Советского Командования. Так как я боялся ответственности за свои преступления, то хотел сгладить свою вину ложными заявлениями.».

На вопросы суда подсудимый ответил:

«Полицейские, с которыми я работал, никто на Хоккайдо не уехал, они были арестованы.

Проживал в деревне Томарикиси, работал на мелких работах, уехал в деревню Кураси на рыбную ловлю.».

Председательствующий спросил подсудимого Кунимото, чем он желает ещё дополнить судебное следствие.

Подсудимый Кунимото судебное следствие ничем не дополнил.

Председательствующий объявил судебное следствие по делу оконченным и предоставил последнее слово подсудимому Кунимото.

Подсудимый Кунимото в последнем слове сказал: -

«Я признаю себя виновным в том, что выдал полиции трёх корейцев, принимал участие в сжигании трупов расстрелянных корейцев и в том, что принёс бензин для поджога помещения полиции.

Прошу дать мне возможность сгладить свою вину.».

В 13 часов 35 минут суд удалился на совещание.

В 13 часов 50 минут суд возвратился из совещательной комнаты.

Председательствующий огласил приговор и разъяснил его сущность.

Обсудив вопрос о мере пресечения, суд, совещаясь на месте, определил: -

Меру пресечения в отношении подсудимого Кунимото оставить прежней – содержание под стражей.

В 14 часов 00 минут председательствующий объявил судебное заседание по делу Кунимото закрытым.

Председательствующий
Полковник юстиции   (подпись)   /СИНЕЛЬНИК/

Секретарь
Старший лейтенант   (подпись)   /СЕРОШТАН/

П Р И Г О В О Р № 0092
Именем Союза Советских Социалистических Республик

8 августа 1946 года Военный Трибунал Дальневосточного Военного округа, В составе председательствующего Полковника юстиции СИНЕЛЬНИК и членов Подполковника юстиции БЕЗНОСИКОВА и капитана МАНЖЕЛА, при секретаре старшем лейтенанте СЕРОШТАН без участия ОБВИНЕНИЯ и ЗАЩИТЫ на закрытом заседании в помещении ВТ рассмотрел дело по обвинению КУНИМОТО Тофуку, 1917 года рождения, уроженца деревни Чунни – Корея, жителя деревни Кураси Маокского района, Южный Сахалин, корейца, беспартийного, с образованием 5 классов начальной школы, холостого, не судимого, в совершении преступления, предусмотренного ст. 58-4 УК РСФСР.

Материалами предварительного судебного следствия Военный Трибунал установил: КУНИМОТО с апреля по август месяц 1945 года являясь агентом японской политической полиции оказывал ей активную помощь. Так в мае-июле месяцах 1945 года КУНИМОТО выдал японской полиции корейцев СУНЕМОТО, КУНИМОТО и МУРАКАМИ, якобы за антияпонскую их деятельность и связь их с советскими органами.

В августе месяце того же года присутствовал при расстреле полицией 18 корейских граждан. И в целях сокрытия этого участвовал в сожжении трупов расстрелянных.

На основании изложенного ВТ признал КУНИМОТО виновным в совершении преступления, предусмотренном ст. 58-4 УК РСФСР.

Руководствуясь ст.ст. 319 и 320 УПК РСФСР Военный Трибунал

П Р И Г О В О Р И Л :

КУНИМОТО Тофуку на основании ст. 58-4 УК РСФСР подвергнуть лишению свободы в ИТЛ (исправительно-трудовом лагере) сроком на десять (10 л.) лет, без поражения в правах и без конфискации имущества за отсутствием такового у осужденного.

Срок отбытия наказания КУНИМОТО исчислять с 5 июля 1946 года Приговор окончательный и обжалованию не подлежит.

Председательствующий: (подпись)
Члены: (подписи)

РАСПИСКА

Мне осужденному КУНИМОТО Тофуку
Приговор Военного Трибунала Дальневосточного
военного округа от 8 августа 1946 года
объявлен 8 августа 1946 года.

(подпись)   /КУНИМОТО/

Расписку отобрал: Судебный секретарь ВТ ДВВО
Ст. лейтенант   (подпись)   /СЕРОШТАН/

З А К Л Ю Ч Е Н И Е

31 октября 1955 года   город Южно-Сахалинск

Я, ст. следователь Следотдела УКГБ при СМ СССР по Сахалинской области капитан ПЕРЕКРЁСТОВ рассмотрев материалы архивно-следственного дела № 189578 по обвинению –

КУНИМОТО Тофуку, 1917 года рождения, уроженца деревни Чуни, уезда Ченой, Корея, корейца, подданного Японии, беспартийного, с образованием 5 классов, до ареста проживавшего в деревне Кураси, Холмского района, Сахалинской области,

Н А Ш Ё Л :

Приговором Военного Трибунала ДВО от 8 августа 1946 года КУНИМОТО Тофуку осужден по ст. 58-4 УК РСФСР к заключению в ИТЛ сроком на 10 лет без конфискации имущества, за отсутствием такового.

В кассационном порядке приговор осужденным обжалован не был.

Кунимото Тофуку судом признан виновным в том, что он, являясь агентом японской полиции, в мае-июле 1945 года выдал японским полицейским органам трёх корейцев, якобы проводивших антияпонскую деятельность. В августе того же года присутствовал при расстреле полицией 18 корейских граждан ив целях сокрытия этого участвовал в сожжении трупов расстрелянных.

КУНИМОТО Тофуку на предварительном судебном следствии в предъявленном ему обвинении виновным себя признал полностью.

КУНИМОТО показал, что он, проживая на Южном Сахалине до освобождения его советскими войсками, в июне 1945 года узнав в разговоре с корейцем СУНИМОТО Харуо о его антияпонских настроениях, по своей инициативе сообщил об этом полиции города Камисикука, за что СУНИМОТО был арестован. Освобождён он из под стражи был через три дня. /л.д. 32, 59, 134/.

В конце июня 1945 года КУНИМОТО Тофуку, боясь ответственности за растрату взятых у подрядчика денег, дал согласие одному из сотрудников Камисикукской полиции сотрудничать с ним. Выполняя задание по выявлению среди корейского населения лиц, ведущих антияпонскую пропаганду и имеющих связь с советской разведкой, он в июне-июле 1945 года сообщил японской полиции провокационные данные о якобы проводимой антияпонской деятельности корейцев КУНИМОТО Зэнтацу и МАРУКАМИ Сабуро, которые впоследствии были арестованы. Освобождены из тюрьмы они были при освобождении Южного Сахалина советскими войсками.

/л.д. 27-29, 56-59, 67-68, 134-136/.

Кроме того, КУНИОМТО Тофуку при наступлении советских войск на Южный Сахалин в августе 1945 года принимал участие в эвакуации имущества полиции, а 18 августа 1945 года с целью сокрытия расправы с 18 арестованными корейцами, расстрелянных полицией, вместе с другими полицейскими участвовал в сожжении остатков их трупов.

/л.д. 40-46, 60, 134 об.-135, 136/.

Преступная деятельность КУНИМОТО Тофуку кроме его личных признаний подтверждается свидетельскими показаниями МУРАКАМИ Сабуро, КУНИМОТО Зэнтацу, и СУНИМОТО Харуо /л.д. 70-74, 75-78, 93-95/ и очными ставками с ними /л.д. 100-106, 107-110/.

Учитывая, что преступная деятельность КУНИМОТО Тофуку материалами дела доказана полностью и мера наказания судом определена в соответствии с тяжестью совершённого преступления, -

ПОЛАГАЛ БЫ:

С приговором Военного Трибунала ДВО от 8 августа 1946 года по делу КУНИМОТО Тофуку согласиться за отсутствием оснований к пересмотру дела.

СТ. СЛЕДОВАТЕЛЬ СЛЕДОТДЕЛА УКГБ ПРИ СМ

СССР ПО САХАЛИНСКОЙ ОБЛАСТИ КАПИТАН

(подпись)   /ПЕРЕКРЁСТОВ/

«СОГЛАСЕН» ЗАМ.ПРОКУРОРА САХАЛИНСКОЙ ОБЛАСТИ

ПО СПЕЦДЕЛАМ СОВЕТНИК ЮСТИЦИИ

(подпись)   /ГЛЕБОВ/

ВЫПИСКА ИЗ ПРОТОКОЛА № 29
заседания Сахалинской областной комиссии по пересмотру уголовных дел

30 ноября 1955 года   гор. Южно-Сахалинск

II. СЛУШАЛИ : Архивно-следственной дело № 189578 по обвинению
КУНИМОТО Тофуку, 1917 года рождения, уроженца деревни
Чуни, уезда Ченой, Корея, корейца, подданного Японии,
беспартийного, с образованием 5 классов, до ареста
проживавшего в деревне Кураси, Холмского района,
Сахалинской области, осужденного 8 августа 1946 года
Военным Трибуналом ДВО по ст. 58-4 УК РСФСР на 10 лет
без конфискации имущества за отсутствием такового,
отбывающего наказание в Озерлаге МВД СССР.

/Докладывают т.т. ПЕРЕКРЁСТОВ, ГЛЕБОВ/

ПОСТАНОВИЛИ : С приговором ВТ ДВО от 8 августа 1946 года по делу
КУНИМОТО Тофуку согласиться за отсутствием оснований к
пересмотру дела.

ВЕРНО :   НАЧАЛЬНИК СЕКРЕТАРИАТА САХАЛИНСКОЙ ОБЛАСТНОЙ КОМИССИИ
ПО ПЕРЕСМОТРУ УГОЛОВНЫХ ДЕЛ МАЙОР –

(подпись)   /СУСЛОВ/

9 декабря 1955 года.

Генеральному прокурору Союза ССР от
Кунимото Тофуку он же Ли-ду-бок,
проживающего в г. Алма-Ата 42, ул. 3-я
Вишневская, д. 4ᵃ

Ж А Л О Б А
(в порядке надзора)

8 августа 1946 года Военный Трибунал Дальневосточного военного округа своим приговором признал меня виновным в том, что осудил по ст. 58-4 УК РСФСР.

Меня признали виновным в том, что я с апреля по август 1945 года, являясь агентом японской полиции, оказывал ей помощь, выразившуюся в том, что в мае и июле месяцах 1945 года выдавал японской полиции корейцев – Сунимото, Кунимото и Мураками – за их антияпонскую деятельность, а также за то, что в августе того же года присутствовал при расстреле полицией 18 корейских граждан и с целью сокрытия этого, участвовал в сожжении расстрелянных.

Я был приговорён к 10 годам лишения свободы. Меру наказания вначале отбыл в г.Норильске Красноярского края до 1954 года, затем остальные два года в Иркутской области в Тайшете.

Свое осуждение по ст. 58-4 УК РСФСР я считаю неправильным, так как никакого преступления не совершал.

В 1941 году я по найму японскими промышленниками приехал на работу из Кореи в район Южного Сахалина. В начале работал на угольных шахтах, а затем с марта 1946 года жил в деревне Кураси.

У членов Военного Трибунала, вынесших в отношении меня обвинительный приговор не было совершенно никаких данных для того, чтобы считать меня японским агентом. Я им никогда не был и никакой помощи полиции не оказывал. Ссылка же Трибунала на то, что я выдал японской полиции корейцев Сунимото, Кунимото и Муроками являются необоснованными. Я в 1945 году жил дома с Сунимото, который купил этот дом у моего бывшего хозяина. С Сунимото жили мы не дружно, он занимался азартными играми, ему постоянно нужны были деньги и он требовал их у меня. Денег я не давал и поэтому он гнал меня из дома. Такое отношение ко мне со стороны Сунимото я считал неправильным, а поэтому обратился с жалобой на его действия в японскую полицию.

Что же касается Кунимото и Муроками, то их я не выдавал полиции. Примерно в июне месяце меня арестовала японская полиция. Это было в 1945 году, в это же время был арестован и Муроками, за что меня арестовали я не знаю, но в тюрьме меня спрашивали о Муроками. Через два месяца меня освободили и я совершенно случайно встретившись с Кунимото узнал, что он тоже был арестован и что японцы в тюрьме тоже задавали ему вопросы обо мне. Вот и всё, что мне известно об этих людях и всё что я могу пояснить по первому пункту моего обвинения. Я знаю только одно, что агентом полиции я не был и никакой подлости в отношении людей я не делал.

По этому поводу по второму эпизоду обвинения я и в суде и здесь поясняю следующее: примерно 14 августа меня отпустили из тюрьмы и я пошёл в город, но свободное передвижение по городу было запрещено и нас всех жителей направили в бомбоубежище. Пробыв всю ночь в бомбоубежище, я на следующий день увидел, что город горит, вокруг дым, в том районе, где была тюрьма, слышалась стрельба, но кто стрелял, в кого стрелял я не видел. На следующий день я, проходя мимо тюрьмы, видел трупы людей, но в захоронении трупов, и тем более в сжигании их участия не принимал. То как сжигала трупы в сарае с горящим углем японская полиция я видел, наблюдал за этим, спрятавшись за кучей картофеля. Несмотря на то, что членами Трибунала не было добыто совершенно никаких материалов, доказательств, доказывающих мою вину, причастность к столь тяжкому преступлению, я был осужден и 10 лет отбыл срок наказания.

С учётом того, что вины моей в указанном преступлении нет, материалами дела она не установлена, суд за основу брал совершенно голые ничем не обоснованные факты, а я в результате неправильного приговора незаконно пострадал.

ПРОШУ:

Истребовать уголовное дело по обвинению КУНЕМОТО Тофуку для принесении надзорного протеста на предмет прекращения уголовного дела за отсутствием состава преступления и реабилитации.

Прилагаю: Копию приговора

8 июня 1967 года.

Подпись /Ли-ду-бок/

В ходе дополнительной проверки моего дела прошу допросить свидетелей: Ара-ий, Така-Хаси, которые содержались в тюрьме в числе 18 человек расстрелянных, но им удалось совершить побег из тюрьмы. Они могут подтвердить, что я к аресту этих граждан не причастен.

Когда проводилось расследование дела, я просил следователя допросить этих людей, но моя просьба была отклонена.

Прошу также допросить лиц, которые могут охарактеризовать меня на работе в горной промышленности Северо-Енисейского р-на Красноярского края. Положительные характеристики о работе мною приобщены к аналогичной жалобе на имя прокурора Сахалинской области.

Подпись /Ли-ду-бок/

(Лист 156)

Генеральному прокурору Союза ССР, г. Москва
от гр. Ли-Ду-Бок,
г. Алма-Ата 42, ул. 3-я Вишневская, д. 4[а]

З А Я В Л Е Н И Е

Прошу рассмотреть в порядке надзора дело, по которому я был осужден в 1946 году. С решением прокуратуры Сахалинской области, отказавшей в пересмотре моего дела не согласен, так как осужден необоснованно, не совершал никаких преступлений.

Прилагаю подробную жалобу и письмо прокурора Сахалинской области.

5 марта 1968 года   Ли-Ду-Бок

СПРАВКА

КУНИМОТО Тофуку (國本斗福) в 1943 году был агентом Цзяньдаоского жандармского отряда, а в 1945 году был агентом японского полицейского управления в городе Камисикука острова Сахалин (проходит по спискам агентов).

На Сахалине он и был арестован 5 июля 1946 года ОКР 264 СД. После осуждения отбывал наказание в Норильском ИТЛ Красноярского края. Других данных на Кунимото у нас нет.

Ст. оперуполномоченный 10 отделения УКГБ

Майор Климов.

5 августа 1968 года.

СПРАВКА

В переводе японского текста в отношении КУНИМОТО Тофуку

сказано:

«В 1943 году был агентом Цзяньдаоского жандармского отряда. Занимался выявлением подозрительных лиц, участвующих в национальном освободительном движении в городе Тумиунь.

В июле и августе 1943 года получал из жандармерии по 10 гоби в месяц».

Других материалов, в том числе и личного, на КУНИМОТО у нас нет.

В картотеке арестованных органами контрразведки восточников на КУНИМОТО есть карточка, в которой указано, что он арестован 5 июля 1946 года ОКР 264 СД как агент полицейского управления в городе Камисикука на острове Сахалин. Ни уголовного дела, ни какой либо справки по материалам ареста у нас нет, так как он привлечён органами контрразведки.

Ст. оперуполномоченный 10 отделения УКГБ

Майор Климов.

7 октября 1968 года.

П Р О Т О К О Л

ДОПРОСА СВИДЕТЕЛЯ

Место допроса: город Холмск   16 августа 1968 года

Следователь Следственного отделения УКГБ по Сахалинской области капитан НИКИТИН, в помещении Холмского отдела КГБ допросил с соблюдением требования ст.ст. 157, 158 и 160 УПК РСФСР в качестве свидетеля нижепоименованного ЧЕ Бон Соб.

Допрос начат в 11 часов 00 минут, окончен в 14 часов 45 минут.

1. Фамилия, имя, отчество: ЧЕ Бон Соб

2. Год рождения: 1906

3. Место рождения: Корея, провинция Канвон

4. Национальность: кореец

5. Партийность: беспартийный

6. Образование: неграмотный

7. Семейное положение: женат

8. Место работы: не работает

9. Род занятий или должность: -----

10. Судимость: со слов не судим

11. Местожительство: Холмск, Ключевая, 20

Вопрос: На каком языке желаете давать показания?

Ответ: на корейском

Вопрос: В качестве переводчика Вам предлагается переводчик корейского языка ЛИ. Доверяете ему перевод Ваших показаний?

Ответ: Да, доверяю.

Переводчику корейского языка ЛИ его обязанности, предусмотренные ст. 57 УПК РСФСР, разъяснены.

Об ответственности за заведомо неправильный перевод по ст. 181 УК РСФСР предупреждён (подпись).

В соответствии с частью 2 ст. 158 УПК РСФСР ЧЕ Бон Соб разъяснены обязанности свидетеля и он предупреждён об ответственности по ст. 182 УК РСФСР за отказ или уклонение от дачи показаний и по ст. 181 УК РСФСР за дачу заведомо ложных показаний.

(подпись)

На предложение всё ему известное об обстоятельствах, в связи с которыми он вызван на допрос, свидетель показал:

Вопрос: Когда, где и при каких обстоятельствах Вы познакомились с корейцем КУНИМОТО Тофуку, он же ЛИ Ду Бок?

Ответ: До августа 1944 года я проживал в посёлке Асасиэннай, который находился около самой границы с Северным Сахалином. В августе 1944 года я приехал на жительство в посёлок Камисикука (посёлок Леонидово). До мая 1945 года я с корейцем КУНИМОТО Тофуку знаком не был, а впервые я познакомился с ним в мае 1945 года у меня на квартире в посёлке Леонидово. Кунимото по собственной инициативе пришёл ко мне домой и, не представившись мне, сказал, что сейчас военная обстановка сложная и надо думать, как бы в такой обстановке выжить. Я ему ответил, что если придётся погибнуть, то что делать. На это Кунимото ответил, что выход есть – надо бежать в Советский Союз. Я поинтересовался у него, как это можно сделать. Кунимото ответил, что ему - то это известно. Кунимото не представился в свой первый приход ко мне, но я догадался, что это и есть Кунимото, так как слышал от других корейцев, что в посёлке Леонидово есть кореец по фамилии Кунимото Тофуку, который поддерживает связь с полицией и занимается плохими делами.

Вопрос: Как часто к Вам домой приходил КУНИМОТО Тофуку и чем у Вас интересовался?

Ответ: КУНИМОТО Тофуку ко мне приходил очень часто, иногда в день по два раза. Приходил он ко мне в любое время: и утром, и днём и вечером. В процессе своих приходов ко мне Кунимото интересовался у меня работой в посёлке Асасиэннай, далеко ли он от границы. В основном же он предлагал мне бежать через границу в Советский Союз. Однако я всё же не верил ему и высказывал сомнение в успехе побега.

Вопрос: Какое отношение к полиции Японии имел КУНИМОТО Тофуку?

Ответ: Как я уже показывал, я слышал от других корейцев, проживавших в посёлке Леонидово, что Кунимото сотрудничает с японской полицией. Кроме того, я стал подозревать его в этом и сам. Такое подозрение у меня основывалось на том, что Кунимото приходил ко мне в любое время дня и усиленно предлагал бежать в Советский Союз. Кроме того, я его часто видел на улице вместе с полицейскими. К тому же однажды он пришёл ко мне вечером и стал опять предлагать бежать в Советский Союз, а в это время кто-то стоял под окном и подслушивал наш разговор. Я подумал тогда, что под окном стоял полицейский.

Вопрос: Когда Вы были арестованы японской полицией?

Ответ: Японской полицией я был арестован в первой половине мая 1945 года.

Вопрос: 22 июня 1946 года в процессе допроса Вас в качестве свидетеля Вы показали, что арестованы были японской полицией 3 июля 1945 года. Уточните дату Вашего ареста японской полицией?

Ответ: Сейчас я уже не помню, ко́гда точно был арестован японской полицией. Но насколько я припоминаю, 1 мая 1945 года у меня была свадьба, в первых числах мая ко мне стал приходить Кунимото Тофуку, и в первой же половине мая я был у себя дома арестован японской полицией. Насколько я помню, утром ко мне заходил Кунимото, а вскоре после его ухода в тот же день я был арестован.

Вопрос: Где Вы содержались после ареста?

Ответ: Меня арестовали примерно в 9 часов утра, после чего поместили в КПЗ, находившееся в здании полиции посёлка Леонидово. Когда меня привели в камеру, там уже почему-то находился Кунимото Тофуку. Как только меня привели в камеру, Кунимото вызвали и больше я его не видел. Меня же через 3-4 часа после этого увезли в Поронайск, где я до освобождения Поронайска Красной Армией находился в КПЗ в здании полиции. Там меня через каждые 3 дня допрашивали.

Вопрос: Когда Вас поместили в КПЗ посёлка Леонидово, что рассказал Вам КУНИМОТО о причинах его ареста?

Ответ: Когда меня привели в камеру КПЗ, КУНИМОТО у меня поинтересовался, за что я арестован, я ответил, что ничего об этом не знаю. Я ему также сказал, что как раз в день ареста собирался пойти на промысел нерпы. У меня полиция изъяла ружьё и боеприпасы. На вопрос Кунимото, допрашивался ли я японской полицией, я ему ответил, что ещё нет. Кунимото мне о причине его ареста ничего не сказал, а я сам интересоваться этим не стал, так как был уверен, что арестован был по его доносу.

Вопрос: Какими вопросами интересовались у Вас в процессе допросов в полиции города Поронайска и что говорили полицейские в отношении КУНИМОТО Тофуку?

Ответ: На каждом допросе в помещении города Поронайска у меня добивались признания в том, что якобы я являюсь агентом советской разведки, собираю шпионские данные и передаю их советской стороне. На эти вопросы мне приходилось естественно отвечать отрицательно, так как я в действительности никакой связи с советской разведкой не имел. Несмотря на это, у меня добивались признательных показаний и каждый раз жестоко избивали. Однажды во время допроса полицейский у меня поинтересовался, разве я не договаривался с Кунимото Тофуку о побеге в СССР. Я сказал, что Кунимото действительно предлагал мне перейти вместе с ним за границу, но я высказал сомнение в успехе этого мероприятия и отказался перебегать в

СССР. Больше полицейские у меня в отношении Кунимото ничем не интересовались.

Вопрос: Знаете ли Вы корейца Син-Хак-суни, он же Хирояма Какуцун?

Ответ: Да, с корейцем Син-Хак-суни я был знаком.

Вопрос: Рассказывал ли Вам что-либо о КУНИМОТО Тофуку Син-Хак-суни?

Ответ: Весной 1946 года я проживал в посёлке Долинск у своих родственников. Видимо, узнав об этом у кого-либо из корейцев, меня посетил Син-Хак-суни. В разговоре со мной Син-Хак-суни рассказал, что он был арестован японской полицией в начале августа 1945 года в посёлке Леонидово. Содержался он вместе с другими корейцами в КПЗ в здании полиции. Среди арестованных корейцев, содержавшихся в КПЗ посёлка Леонидово, ходили разговоры, что всех их арестовали по доносу корейца Кунимото Тофуку, однако, почему именно арестованные корейцы так думали, мне Син-Хак-суни не сказал. Син-Хак-суни рассказал мне, что в середине августа 1945 года перед освобождением посёлка Леонидово Красной Армией всех арестованных корейцев, содержавшихся в КПЗ посёлка Леонидово, прямо в здании КПЗ расстреляли полицейские. Сколько всего тогда было расстреляно корейцев, Син-Хак-суни точно не известно, но по его словам, его расстреливали в соседней с камерой комнате. Когда его завели в эту комнату, то там уже находилось на полу около 7 трупов корейцев. Син получил ранение в живот, но сознание не потерял, а смог через туалет выбраться на улицу и бежать. По словам Сина, полицейские после расстрела корейцев здании полиции подожгли, где трупы сгорели. Об этом зверском случае я слышал и до прихода ко мне домой Сина от других корейцев, но от кого именно, - сейчас не помню.

Вопрос: Син-Хак-суни в беседе с Вами весной 1946 года рассказывал что-либо о непосредственном участии КУНИМОТО Тофуку в расстреле арестованных корейцев в посёлке Леонидово и в поджоге здания полиции?

Ответ: Нет, об этом он мне ничего не говорил.

Вопрос: Известно ли Вам что-либо о том, что КУНИМОТО Тофуку был арестован японской полицией и в течении 2 месяцев якобы находился под стражей?

Ответ: Нет, об этом мне ничего не известно.

Вопрос: На допросе 22 июня 1946 года Вы показали, что в январе 1946 года в поезде по пути в Поронайск Вам случайно встретился КУНИМОТО Тофуку, который сознался, что донёс на Вас в японскую полицию и просил тут же за это его убить. Такой случай был в действительности?

Ответ: Я сейчас уже не помню, что я в 1946 году показывал об этом, но с КУНИМОТО Тофуку в поезде я не встречался и такого разговора у меня с ним не было, так как если бы я его встретил, то задержал бы. Об этом меня просили работники восной контрразведки в Долинске весной 1946 года.

В начале лета 1946 года ко мне домой в городе Долинске приехал знакомый кореец Пак-Со-чан, проживавший в городе Холмске. Пак рассказал мне, что слышал о моём аресте японской полицией по доносу Кунимото Тофуку, поэтому и приехал. Пак сказал, что он примерно знает, где проживает Кунимото. Я об этом сообщил в военную контрразведку. Вместе со мной и Паком сначала в Холмск, а затем в Чехов выехал сержант. В Чехове Пак указал дом, где проживал Кунимото, и последний был арестован.

Вопрос: После ареста КУНИМОТО Тофуку проводилась ли очная ставка Вас с ним?

Ответ: Да, проводилась.

Вопрос: Что показал на очной ставке КУНИМОТО Тофуку?

Ответ: На очной ставке летом 1946 года и в суде Кунимото Тофуку показал, что он донёс на меня и других корейцев в японской полиции о том, что якобы я и другие корейцы сотрудничали с советской разведкой. Кунимото заявил, что он сделал это для того, чтобы выслужиться перед японскими властями и вместе с ними бежать в Японию

Вопрос: Что Вам сказал КУНИМОТО при его аресте?

Ответ: При аресте летом 1946 года Кунимото сказал мне, что он никак не думал встретиться со мной и полагал, что меня убили японцы. После этого он упал и просил, чтобы я его убил за то, что я из-за него пострадал.

Вопрос: Кто из проживающих в настоящее время корейцев на Сахалине знает корейца КУНИМОТО Тофуку и может рассказать что-либо о его деятельности до августа 1945 года?

Ответ: С августа 1945 года прошло много времени. Многие корейцы, знавшие Кунимото Тофуку, выехали в КНДР, часть – умерли. Мне известен только кореец Пак-Со-чан, примерно 57-58 лет, проживающий в Южно-Сахалинске, который что-либо может рассказать о Кунимото.

Вопрос: Имеете ли Вы что-либо добавить к данным Вами показаниям?

Ответ: Нет, кроме того, что я в отношении Кунимото Тофуку показал, больше добавить ничего не имею.

Сделанный мне в устной форме перевод протокола допроса соответствует моим показаниям. С моих слов записано правильно. (подпись)

Допросил: Ст. следователь следотделения УКГБ по Сахалинской области,

               Капитан (подпись) /НИКИТИН/

Перевёл: (подпись) /ЛИ/

П Р О Т О К О Л

ДОПРОСА СВИДЕТЕЛЯ

Место допроса: город Южно-Сахалинск   23 августа 1968 года

Следователь Следственного отделения УКГБ по Сахалинской области капитан НИКИТИН, в помещении УКГБ по Сахалинской области допросил с соблюдением требования ст.ст. 157, 158 и 160 УПК РСФСР в качестве свидетеля нижепоименованного Пак Со-чан.

Допрос начат в 10 часов 00 минут, окончен в 12 часов 30 минут.

1. Фамилия, имя, отчество: Пак Со-чан

2. Год рождения: 1910

3. Место рождения: город Николаевск-на-Амуре

4. Национальность: кореец

5. Партийность: беспартийный

6. Образование: 2 класса корейской школы

7. Семейное положение: женат, имеет 6 детей от 8 до 19 лет

8. Место работы: детсад № 5

9. Род занятий или должность: кочегар

10 Судимость: со слов не судим

11. Местожительство: Южно-Сахалинск, Дальняя, 4

Вопрос: На каком языке желаете давать показания?

Ответ: на японском

Вопрос: В качестве переводчика Вам предлагается лейтенант Удовиченко. Доверяете ему перевод Ваших показаний?

Ответ: Да, доверяю.

Переводчику японского языка Удовиченко его обязанности, предусмотренные ст. 57 УПК РСФСР, разъяснены.

Об ответственности за заведомо неправильный перевод по ст. 181 УК РСФСР предупреждён (подпись).

В соответствии с частью 2 ст. 158 УПК РСФСР Пак Со-чан разъяснены обязанности свидетеля и он предупреждён об ответственности по ст. 182 УПК РСФСР за отказ или уклонение от дачи показаний и по ст. 181 УПК РСФСР за дачу заведомо ложных показаний.

(подпись)

На предложение всё ему известное об обстоятельствах, в связи с которыми он вызван на допрос, свидетель показал:

<u>Вопрос</u>: Знаете ли Вы корейца по фамилии Че Бон-соб?

<u>Ответ</u>: С корейцем Че Бон-соб я познакомился весной 1946 года при следующих обстоятельствах. Че Бон-соб, проживая в городе Долинске, весной 1946 года приехал на заработки в город Холмск, где я в то время проживал. Че Бон-соб был слаб здоровьем, поэтому искал лёгкую работу. В поисках такой работы он и зашёл ко мне за советом. Так мы с ним и познакомились.

<u>Вопрос</u>: Известен ли Вам кореец по фамилии КУНИМОТО Тофуку?

<u>Ответ</u>: До лета 1946 года я лично с КУНИМОТО Тофуку знаком не был. Но о нём в конце 1945 года – начале 1946 года много слышал от других корейцев.

<u>Вопрос</u>: Что вы о нём слышали?

<u>Ответ</u>: Сейчас я уже не помню, кто мне конкретно из корейцев рассказывал о Кунимото Тофуку, когда я проживал в Холмске, но о нём мне рассказывали следующее. Кунимото Тофуку проживал в посёлке Камисикука (посёлок Леонидово) и якобы являлся агентом японской полиции, он оговорил многих корейцев. По его доносам, якобы, как советские разведчики, были арестованы десятки корейцев, которые перед приходом на Южный Сахалин Красной Армии были японскими полицейскими расстреляны, а затем сожжены. Мне также корейцы рассказывали, что на моего брата Пак Кан-нюн, который в 1945 году проживал в посёлке Хоэ (ныне Буюклы),

кореец Кунимото Тофуку также донёс японской полиции. В связи с этим, опасаясь ареста, Пак Кан-нюн бежал из посёлка и скрывался в лесу. Немного не дождавшись прихода на Южный Сахалин Красной Армии, Пак Кан-нюн в лесу повесился. О Кунимото Тофуку весной 1946 года мне также рассказал кореец Че Бон-соб. В частности, он мне рассказал, что летом 1945 года, в посёлке Леонидово был по доносу корейца Кунимото Тофуку арестован японской полицией. Кунимото донёс на него, как якобы на агента советской разведки. По словам Че-Бон-соба, вместе с ним по доносу Кунимото Тофуку было арестовано ещё около 57 корейцев. Часть из них, Че Бон-соб не говорил сколько,, перед приходом в посёлок Леонидово Красной Армии японскими полицейскими была расстреляна, а затем сожжена. Сам Че Бон-соб в то время находился в тюрьме при японской полиции в городе Сикука (город Поронайск), где его допрашивали и при этом жестоко избивали, добиваясь у него признания в том, что якобы он является советским шпионом. Че Бон-соб в Поронайске в августе 1945 года был освобождён частями Красной Армии. В первый приход ко мне корейца Че Бон-соб весной 1946 года мы договорились с ним, что будем искать Кунимото Тофуку. Че Бон-соб мне при этом подробно обрисовал Кунимото.

Вопрос: Когда и при каких обстоятельствах Вы познакомились с КУНИМОТО Тофуку?

Ответ: В 1946 году я работал переводчиком на Холмском рыбокомбинате. По роду своей работы я имел возможность ездить почти по всему западному побережью Сахалина. Используя это обстоятельство, я приступил к поискам Кунимото. Однажды, летом 1946 года, я по роду службы приехал в один из посёлков, сейчас уже не помню как он тогда назывался, расположенного около города Чехова. Там я случайно встретил корейца, который очень был похож на обрисованного мне корейца Че Бон-собом. Выяснив, что указанный кореец прибыл в посёлок недавно, я поехал в Долинск, где проживал Че Бон-Соб, и обо всём увиденном рассказал Че Бон-собу. Затем об этом мы рассказали в военной контрразведке, после чего в сопровождении 2 работников контрразведки выехали в посёлок, где я обнаружил корейца, похожего на Кунимото Тофуку. Под благовидным предлогом я позвал этого корейца для беседы к машине, где находились контрразведчики и Че Бон-соб. При виде Че Бон-соба приведённый мною кореец моментально упал на землю и только сказал Че Бон-собу: «Убей меня». Че Бон-соб подтвердил, что этот кореец действительно является Кунимото Тофуку, после чего последний был арестован.

<u>Вопрос</u>: Что Вы ещё знаете о КУНИМОТО Тофуку?

<u>Ответ</u>: Больше мне о Кунимото Тофуку ничего не известно.

<u>Вопрос</u>: Кто из корейцев, проживающих в настоящее время на Сахалине, может что-либо рассказать о деятельности КУНИМОТО Тофуку до августа 1945 года?

<u>Ответ</u>: Такие корейцы мне не известны.

Сделанный мне в устной форме перевод протокола допроса соответствует моим показаниям. С моих слов записано правильно. (подпись)

Допросил: (подпись) /НИКИТИН/

Перевёл: (подпись) /УДОВИЧЕНКО/

ПРОТОКОЛ

ДОПРОСА СВИДЕТЕЛЯ

Допрос начат 19 сентября 1968 года в 14 часов 30 минут

Окончен в 19 сентября 1968 года в 17 часов 30 минут.

Следователь Следственного отдела КГБ при СМ КССР лейтенант КИЛЯЧКОВ в помещении КГБ при СМ Каз.ССР допросил с соблюдением требования ст.ст. 145-151 УПК КазССР в качестве свидетеля:

1. Фамилия, имя, отчество: Ли-ду-бок

2. Год рождения: 1926

3. Место рождения: город Чуни, Корея

4. Национальность: кореец

5. Партийность: беспартийный

6. Образование: начальное

7. Семейное положение: женат

8. Место работы: колхоз имени Ильича Алма-Атинской области

9. Род занятий или должность: рабочий

10. Судимость: в 1946 году по ст. 58-4 УК РСФСР на 10 лет лишения свободы

11. Местожительство: Алма-Атинская область, Энбекши-Казахский район, Рахатский сельский совет.

В соответствии со ст.ст. 148-151 УПК КазССР Ли-ду-бок разъяснены права и обязанности свидетеля и он предупреждён об ответственности по ч. 1 ст. 193 УК КазССР за отказ или уклонение от дачи показаний и по ст. 187 УК КазССР за дачу заведомо ложных показаний.

Подпись свидетеля

На предложение всё ему известное об обстоятельствах, в связи с которыми он вызван на допрос, свидетель показал:

Русским языком владею хорошо, в переводчике не нуждаюсь. Моя правильная настоящая фамилия Ли-ду-бок. С 1943 года по 1960 год я имел японскую фамилию КУНИМОТО Тофуку. Её я сменил по приказу японской администрации острова Южный Сахалин. Фамилии я не выбирал, мне её дали сами японцы. По их приказу всё корейское население острова должны были носить японские фамилии. Ли-ду-боком я стал снова в 1960 году, когда получил советское гражданство и паспорт.

Родился я в 1917 году в деревне Чуни, в Корее. При получении советского паспорта мне было ошибочно записан год рождения – 1926. паспорт серии XV–ИЛ № 539209 я получил 25 мая 1960 года в Северо-Енисейском районном отделе милиции УВД Красноярского края.

До 1943 года я проживал в городе Томарикиси (Южный Сахалин) и работал на угольных шахтах, находящихся недалеко от этого города. После окончания срока договора моей работы на шахтах, я в 1943 году переехал в город Камисикука, где стал работать чернорабочим. Проживал я в этом городе несколько раз, в 1943-1945 годах, арестовывался японской полицией. Первый раз я был арестован в 1943 году, после моего отъезда из города Томарикиси в город Камисикука. Первое время я не работал. В поисках работы я приехал в город Туюхара, где вскоре был арестован японской полицией за бродяжничество. Обвинения мне никакого не предъявляли. В помещении меня избили и продержав 1-1,5 недели отпустили. Полицейские выясняли у меня почему я не работаю.

Второй раз японская полиция арестовала меня в 1944 году в городе Сэсэка, куда я приехал в поисках работы, так как работа чернорабочего в городе Камисикука была сезонной, в основном зимой. Там мне тоже предъявили обвинение в бродяжничестве и продержав в полиции около 5 дней, отпустили. В том же 1944 году, примерно в октябре месяце, я был снова арестован японской полицией города Сэсэка, вновь за бродяжничество. На этот раз меня продержали в полиции около 2 недель. Во время моего пребывания в японской полиции города Сэсэка и в городе Туюхара, мне японские полицейские не делали предложений о сотрудничестве с ними, никому я сам таких предложений не делал и никаких подписок не давал.

В третий и последний раз я был арестован японской полицией в 1945 году в городе Камисикука. В этом городе я знал одного корейца по фамилии КУНИМОТО. Весной 1945 года он выехал в Корею и вскоре снова вернулся в Камисикука. Вместе с ним из Кореи вернулся ещё один кореец, фамилию которого я сейчас не помню. Японской полиции он показался подозрительным и его вместе с Кунимото арестовали. Я на них в полицию не доносил. Затем арестовали и меня, как товарища Кунимото. В полиции меня допрашивали о Кунимото и этом корейце, которого я совершенно не знал, а также и о СУНИМОТО. Я на них ничего не говорил, а о Сунимото сказал, что живу у него на квартире, он требует от меня денег, играет в карты. Я ему денег не давал и он решил меня выгнать из квартиры. Вот такие показания я давал о Сунимото. В полиции меня сначала избивали, а потом допрашивали.

С японской полицией я никаких связей не поддерживал, никаких их заданий не выполнял, никаких взаимоотношений со старшим полицейским Сасая у меня не было.

Я знал многих полицейских города Камисикука, поскольку дом, в котором я жил находился недалеко от здания японской полиции. Под арестом я находился до прихода советских войск. При вступлении советских войск в город Камисикука, японская полиция разбежалась, а арестованные прятались в бомбоубежище, которое находилось недалеко от здания японской полиции. Перед тем, как убежать из города японцы подожгли здание полиции. Старший полицейский Миядзима приказал мне пойти и принести банку бензина. Я не знал, где его взять и отказался. Отказались и другие арестованные. При каких обстоятельствах загорелось здание полиции мне не известно. В то время горел весь город, было очень дымно. Полицейские в кого-то стреляли из окон здания, но в кого не знаю. Я в это время находился возле бомбоубежища и никаких действий не предпринимал, просто смотрел. На следующий день я пришёл к зданию полиции, надеясь достать из склада какую-нибудь одежду, поскольку своей у меня не было. Возле здания лежало 18 трупов корейцев. Кто их расстрелял или убил я не знаю. В это время к зданию подъехала машина с японскими полицейскими. Я испугался и спрятался на картофельном поле. Полицейские, сойдя с машины, стали бросать трупы убитых корейцев в горящий угольный склад. Я участия в этом не принимал и всё время пролежал на поле. Побросав трупы в огонь, полицейские уехали. Я был на поле один, и не знаю, видел ли кто это ещё. После отъезда полицейских я взял одежду со склада и уехал в город Сэсэка. Затем я в поисках работы объездил несколько городов и наконец остановился в деревне Кураси. Там я работал на рыбокомбинате рабочим. Здесь я и был арестован советскими органами, военными, и в городе Туюхара осудили на 10 лет лишения свободы. За что меня осудили я до сих пор не знаю. Во время следствия я не мог понять, за что меня арестовали.

В своей жалобе с просьбой о реабилитации я сослался на двух корейцев Арай и Такахаси. Они находились в той группе корейцев, 18 из которых были убиты возле здания японской полиции города Камисикука. Они могли бы подтвердить, что я в расстреле корейцев участия не принимал. Их корейских фамилий я не знаю, как не знаю, где они находятся в настоящее время. Их местожительство в настоящее время мне не известно. Я также не знаю, живы ли они. Их место рождения и их возраст мне не известны.

Протокол допроса по моей просьбе следователем вслух прочитан, записано правильно, замечаний и дополнений не имею. (Подпись свидетеля)

Допросил: Следователь следственного отдела КГБ при СМ КазССР
Лейтенант   (подпись) /КИЛЯЧКОВ/

П Р О Т О К О Л

ДОПРОСА СВИДЕТЕЛЯ

Допрос начат 18 ноября 1968 года в 11 часов 25 минут

Окончен в 18 ноября 1968 года в 15 часов 25 минут.

Следователь Следственного отдела КГБ при СМ КССР лейтенант КИЛЯЧКОВ в помещении КГБ при СМ КазССР допросил с соблюдением требования ст.ст. 145-151 УПК КазССР подавшего заявление:

1.Фамилия, имя, отчество: Ли-ду-бок, он же Кунимото Тофуку

2. Год рождения: 1926

3. Место рождения: город Чуни, Корея

4.Национальность: кореец

5. Партийность: беспартийный

6. Образование: начальное

7. Семейное положение: женат

8. Место работы: г. Алма-Ата, ул. 3-Вишневская, 4-а

9. Род занятий или должность: рабочий

10. Судимость: в 1946 году по ст. 58-4 УК РСФСР на 10 лет лишения свободы

11. Местожительство: колхоз имени Ильича, Энбекши-Казахского района, Алма-Атинской области.

В соответствии со ст.ст. 148-151 УПК КазССР Ли-ду-бок разъяснены права и обязанности свидетеля и он предупреждён об ответственности по ч. 1 ст. 193 УК КазССР за отказ или уклонение от дачи показаний и по ст. 187 УК КазССР за дачу заведомо ложных показаний.

Подпись свидетеля

На предложение всё ему известное об обстоятельствах, в связи с которыми он вызван на допрос, свидетель показал:

Русским языком владею хорошо, в переводчике не нуждаюсь.

Вопрос: На допросе 19 сентября 1968 года Вы заявили, что в 1946 году были необоснованно осуждены, что Вы не имели никаких связей с японской полицией, не принимали участия в расстреле 18 корейских граждан и в сокрытии следов этого преступления. Вы подтверждаете эти показания?

Ответ: Да, я полностью подтверждаю свои показания, данные мной на допросе 19 сентября 1968 года.

Вопрос: В 1946 году Вы обвинялись в том, что являясь с 1945 года до прихода частей Красной Армии на Южный Сахалин агентом японской полиции и сообщали ей провокационные данные на корейцев СУНИМОТО, КУНИМОТО, МУРАКАМИ, которые по Вашим доносам были арестованы и заключены в тюрьму. Подтверждаете ли Вы это в настоящее время?

Ответ: Свою вину в совершении этих действий я не подтверждаю. Агентом японской полиции не был, никаких данных на Сунимото, Кунимото и Мураками я японской полиции города Камисикука не сообщал.

Вопрос: Вам зачитываются показания Чен-бон-соб, он же Мураками от 22 июня 1946 года. Вы их подтверждаете?

Ответ: Показания Мураками, он же Чен-бон-соб от 22 июня 1946 года, прочитанные мне следователем, подтверждаю частично. Действительно, проживая в городе Камисикука я знал корейцев Кунимото, Мураками. Я часто ходил к ним на квартиры, так как они жили по соседству со мной и друг с другом. У Кунимото была сестра, - имя я её уже забыл, которой я отдавал стирать своё бельё. Бывая на квартире у Кунимото и Мураками, я беседовал с ними о работе, о заработках, и о других житейских заботах. О политике я с ними не говорил. Через некоторое время Кунимото, в 1945 году выехал вместе с женой в Корею. Пробыл он там недолго, 1-2 месяца, а затем снова возвратился в город Камисикука. Вместе с ним из Кореи приехал кореец Хирояма. Я пришёл на квартиру к Кунимото и он меня познакомил с Хирояма. Примерно через полмесяца Кунимото, его сестра и Хирояма были арестованы японской полицией. Причина их ареста мне не известна. После их ареста я стал ходить на квартиру к Мураками. Хочу объяснить, что на следующий день после ареста Кунимото и Хирояма, я встретил на улице корейского руководителя – чиновника по руководству корейским населением города Камисикука. Он предложил мне зайти к нему на службу. Когда я к нему пришёл, он меня спросил, что я знаю об обстоятельствах ареста Кунимото и Хирояма. Я ответил, что об этом ничего не знаю. Через два дня после посещения корейского чиновника, я пришёл на квартиру к Мураками и спросил у него, где он работает, и можно ли там устроиться на работу и мне. Мураками назвал мне место своей работы и кем он работает – сейчас я уже не помню – но объяснил, что рядом с его работой проходит граница, но с каким государством он не сказал, и я об этом не знаю и сейчас. Мураками также сказал, что там много пограничников, воинских частей и что на работу в этот район принимают не каждого. Я ответил ему, что это для меня не подходит. Это я выяснял с той целью, чтобы изменить место своей работы, в связи с арестом Кунимото и Хирояма, так как я думал, что могут арестовать и меня за знакомство с ними. В тот же день, когда я посетил Мураками, японская полиция вечером арестовала меня и поместила в карцер при полицейском отделении. Через два дня меня вызвал японский полицейский Сасая и приказал сходить вместе с полицейским на квартиру к Мураками. Сасая дал мне задание выяснить у Мураками о Кунимото и Хирояма, поскольку Кунимото был родственником Мураками. Мне выдали мою верхнюю одежду и я вместе с полицейским Кёкоку пошёл к Мураками. Когда мы подошли к его дому, то полицейский остался на улице, а я вошёл в дом. Мураками был дома один. Я не стал с ним говорить о Кунимото и Хирояма, а говорил о работе, заработках и так далее. Затем Мураками через окно увидел полицейского и замолчал. Молчал и я. Через некоторое время в дом Мураками за мной зашёл полицейский и мы ушли. У Мураками я пробыл 10-15 минут. В полиции я сказал Сасая, что Мураками, как и я, ничего не знает о Кунимото и Хирояма. На самом деле я обманул Сасая, сказав, что говорил о

Кунимото и Хирояма с Мураками. Меня обратно посадили в карцер. На другой день я в соседней камере услышал голос Мураками, затем его, примерно через два часа куда-то увезли. Больше я его не видел до 1946 года. Что уводили Мураками я определил по звуку открывающейся двери камеры, так как больше никого кроме нас в камерах не было. Кунимото и Хирояма увезли сразу после ареста в Сэсэка. Об этом я знал ещё до своего ареста, от матери Кунимото.

Вопрос: Почему же Вас не увезли в Сэсэка?

Ответ: Я не знаю.

Вопрос: Вас допрашивали в полиции о Кунимото и Хирояма?

Ответ: Да, но уже после того, как их увезли в город Сэсэка меня спрашивали как я их знаю, почему я часто бывал у них, о чём мы там разговаривали. Всё, что я о них знал я в полиции рассказал, только о работе и о своих посещения, чтобы отдать бельё в стирку.

Вопрос: Сколько времени Вы находились в карцере при японской полиции города Камисикука?

Ответ: В карцере я находился до освобождения города Камисикука частями Красной Армии, примерно около месяца.

Вопрос: Вам зачитываются показания Чон-Ен-Дори, он же Кунимото Зэнтацу от 26 июня 1946 года. Подтверждаете ли Вы эти показания?

Ответ: Нет, эти показания я не подтверждаю. Как я уже говорил у Кунимото была сестра. Я собирался на ней жениться. Я сказал об этом Кунимото и объяснил, что свадьбу придётся отложить, так как у меня в то время не было денег и то обстоятельство, что моя мать жила в Корее. Я сказал, что поеду с его сестрой в Корею и там, у матери будет свадьба. Кунимото я поехать в Корею не приглашал. Я заявляю, что я никогда не был подрядчиком, им был Китаяма, а я был у него простым рабочим. В полицию я на Кунимото не доносил и при расстреле 18 корейцев я не присутствовал. Я не могу объяснить, почему Мураками и Кунимото так говорят обо мне. Возможно японская полиция при допросах ссылалась на меня, чтобы добиться у них признания. Я считаю это провокацией со стороны полицейского Сасая и других. И с Мураками и Кунимото я был в хороших отношениях.

Вопрос: Вам зачитываются показания Сунимото Харуо, он же Бак-Бон-Чун от 24 июня 1946 года. Вы их подтверждаете?

Ответ: Показания Сунимото Харуо, он же Бак-Бон-Чун от 24 июня 1946 года, я внимательно выслушал, но их не подтверждаю. В действительности всё было по другому. Дом, в котором я жил на квартире, был в 1945 году куплен Сунимото. Сунимото, став хозяином дома, стал требовать у меня деньги для игры в карты. Я регулярно платил ему за квартиру, а для игр в карты денег ему не давал. Однажды я пришёл домой и увидел, что моя комната занята какими-то людьми, было накурено. Они вместе с Сунимото играли в карты. Мои веще были разбросаны по комнате. Сунимото сказал мне, что теперь здесь будут жить другие квартиранты, я должен искать себе квартиру в другом месте. Я обиделся на Сунимото, пошёл в полицию и заявил, что в доме Сунимото играют в азартные игры. О том, что Сунимото высказывал намерение бросить бомбу в здание полиции, я полицейским не говорил. Я думаю, что Сунимото хотел отомстить мне за свой арест и наговорил на меня.

Вопрос: Вам зачитываются показания, данные Вами на очной ставке с Мураками Сабуро, он же Чен-бон-соб от 19 июня 1946 года. Подтверждаете ли эти показания?

Ответ: Нет, не подтверждаю. В действительности было так, как я показал о Мураками на сегодняшнем допросе. Добавить что-либо к сказанному, мне нечего. Я не говорил того, что было записано в моих показаниях на очной ставке с Мураками.

Я прослушал также и свои показания и на очной ставке с Сунимото Харуо. Их я не подтверждаю, как не подтверждаю показания Сунимото. В них записано правильно лишь то, что я действительно встречал Сунимото в сентябре 1945 года и пролил у него прощения, что заявил на него в полицию за его игру в карты. Я заявлял в полицию только то, что Сунимото играл в карты и ни о чём больше.

Вопрос: Вам зачитываются показания свидетелей Че-бон-соб от 16 августа 1968 года и Пак-Со-чан от 23 августа 1968 года. Подтверждаете ли Вы эти показания?

Ответ: Нет не подтверждаю. Я уже обо всём рассказал и ничего сказать в добавление не могу.

Вопрос: Вам зачитываются Ваши показания в зале судебного заседания Военного трибунала Дальневосточного военного округа от 8 августа 1946 года. Вы их подтверждаете?

Ответ: Свои показания в суде Военного Трибунала я внимательно выслушал и очень удивлён, почему так записано. В суде я говорил совсем другое и не понимаю, кто так написал. Я вообще плохо помню обстоятельства моего осуждения, помню, что меня приговорили к 10 годам лишения свободы. Что касается моего участия в расстреле 18 корейцев, в поджоге здания и сокрытии следов преступления, то я заявляю, что никакого участия в расстреле каких-либо лиц не принимал. Единственными правильными показаниями, являются мои показания, данные мной на допросе 19 сентября 1968 года. Я считаю, что Мураками, Кунимото, Сунимото просто оговорили меня по неизвестной мне причине.

Вопрос: В каком году Вы приехали на Южный Сахалин и где Вы до этого проживали?

Ответ: До 1941 года я проживал в Корее в деревне Чуни. В других деревнях, сёлах, населённых пунктах Кореи я никогда не был. В 1941 году по вербовке в качестве рабочего, приехал на Южный Сахалин, и до 1946 года никуда с Южного Сахалина не выезжал.

Протокол по моей просьбе следователем вслух прочитан, записано правильно. Замечаний и добавлений не имею. (Подпись свидетеля)

Допросил: Следователь следственного отдела КГБ при СМ КазССР

Лейтенант   (подпись)   /КИЛЯЧКОВ/

Председателю Военной Коллегии
Верховного суда СССР
От осужденного Ли Ду Бок
(Кунимото Тофуку)
г. Алма-Ата, Панфилова, 53
Юридическая консультация № 1

Ж А Л О Б А
(в порядке надзора)

Приговором Военного Трибунала Дальневосточного военного округа от8 августа 1946 года Ли Ду Бок (Кунимото Тофуку) осужден по ст. 58-4 УК РСФСР к 10 годам лишения свободы.

Обвинялся в том, что якобы я с апреля по август 1945 года являлся агентом японской полиции, при этом оказывал ей помощь, выразившейся в том, что в мае месяце и в июле 1945 года я выдал японской полиции корейцев Сунимото, Кунимото и Мураками, как за антияпонскую деятельность. Кроме того, как будто я того же года в августе месяце присутствовал при расстреле полицией 18 корейцев и с целью сокрытия этого преступления, якобы я участвовал в сожжении трупов расстрелянных.

Я, меру наказания отбывал в городе Норильске Красноярского края до 1954 года, а затем остальные два года, то есть до 1956 года в Иркутской области в городе Тайшете.

Данный приговор я считаю неправильным по следующим основаниям:

1. Военный Трибунал Дальневосточного военного округа меня осудил неправильно, ибо приписываемые мне преступления не совершал.

Всё это дело против меня было создано из слов Сунимото, который купил дом у моего бывшего хозяина и мне пришлось жить с Сунимото в этом доме. Жили мы с ним не дружно, так как он занимался азартными играми, ему постоянно нужны были деньги и он требовал их у меня. Денег я ему не давал, поэтому за это он гнал меня из дома.

Поскольку в это время на Южном Сахалине была власть японская, я обратился с жалобой на неправильные действия Сунимото в японскую полицию.

2. Что касается в отношении Кунимото и Мураками, то в отношении их я в полицию вообще никогда не доносил.

Это подтверждается тем, что в июне месяце 1945 года меня арестовала японская полиция, в это же время был арестован и Мураками. За что меня арестовали японцы я не знаю, но в тюрьме меня спрашивали о Мураками.

Через два месяца меня из тюрьмы освободили и я случайно встретился с Кунимото, при этом узнал, что он тоже был арестован. Японцы его также допрашивали и спрашивали обо мне. Вот, что мне известно о этих людях.

Это всё сочинил в отношении меня Сунимото, которому я не давал денег на игры, а потом за его гонение жаловался на него в полицию. Никогда, никаких подлостей в отношении людей я не делал.

3. В отношении второго пункта обвинения я также виновным ни в чём себя не считаю. 14 августа 1945 года меня отпустили из тюрьмы и я пошёл в город, но свободного передвижения в городе не было, вследствие чего нас жителей загнали в бомбоубежище. Пробыл я всю ночь там, а на следующий день я увидел город горит, кругом дым, а там, где стояла тюрьма, слышал стрельбу, но кто – кого стрелял, я не видел.

На следующий день я проходил мимо тюрьмы и увидел трупы людей.

Как в захоронении, а тем более в сжигании трупов никакого участия я не принимал. Как сжигала трупы японская полиция в горящем угле в сарае я видел, в то время находился в спрятавшемся виде за кучей картофеля.

Таким образом, у Военного Трибунала не было объективных данных, которые уличили бы меня в преступлениях, в которых обвинили меня.

Тогда не допросили лиц, как Ара-ий и Така-Хаси, которые содержались в тюрьме в числе 18 человек – расстрелянных. Этим двоим удалось совершить побег из тюрьмы. Эти люди подтвердили бы, что я к их аресту не причастен.

Исходя из описанного Военный Трибунал за основу моего обвинения взял ничем не обоснованную клевету на меня. Вследствие чего мне пришлось отбывать десять мучительно долгих лет без всякой вины.

На основании изложенного прошу Вас истребовать уголовное дело по обвинению меня – Кунимото Тофуку для пересмотра и принесения в порядке надзора протеста, на предмет прекращения дела производством, за отсутствием доказательств моей вины, с последующей реабилитацией.

Осужденный: (подпись) /Ли-Ду-Бок/

(Кунимото Тофуку)

16 февраля 1970 года.

ПРОТОКОЛ

ДОПРОСА СВИДЕТЕЛЯ

Место допроса: пос. Воскресенское   18 июня 1970 года

Старший следователь Следственного отделения УКГБ по Сахалинской области капитан ГРИГОРЬЕВ, в помещении дома для престарелых и инвалидов допросил с соблюдением требования ст.ст. 157, 158 и 160 УПК РСФСР в качестве свидетеля нижепоименованного САТО Масау.

Допрос начат в 12 часов 20 минут, окончен в 14 часов 45 минут.

1. Фамилия, имя, отчество: САТО Масау

2. Год рождения: 1905

3. Место рождения: остров Хонсю, Фукусима-Кэн, Дадэ-Гун, Хасирагава-мура, Оадза-Токородзава.

4. Национальность: японец

5. Партийность: беспартийный

6. Образование: два класса японской школы

7. Семейное положение: холост

8. Место работы: по старости не работает

9. Род занятий или должность: -----

10. Судимость: со слов не судим

11. Местожительство: дом для престарелых в посёлке Воскресенское Анивского района Сахалинской области.

<u>Вопрос</u>: На каком языке желаете давать показания?

<u>Ответ</u>: показания желаю давать на японском.

<u>Вопрос</u>: В качестве переводчика Вам предлагается капитан Никитин. Доверяете ему перевод Ваших показаний?

<u>Ответ</u>: Перевод моих показаний переводчику капитану Никитину доверяю.

Переводчику японского языка капитану Никитину его обязанности, предусмотренные ст. 57 УПК РСФСР, разъяснены.

Об ответственности за заведомо неправильный перевод по ст. 181 УК РСФСР предупреждён (подпись).

В соответствии с частью 2 ст. 158 УПК РСФСР САТО Масау разъяснены обязанности свидетеля и он предупреждён об ответственности по ст. 182 УК РСФСР за отказ или уклонение от дачи показаний и по ст. 181 УК РСФСР за дачу заведомо ложных показаний.

(подпись)

На предложение всё ему известное об обстоятельствах, в связи с которыми он вызван на допрос, свидетель показал:

Примерно в 1928 году я приехал из префектуры Фукусима, остров Хонсю, на Сахалин и стал работать в Макарове на железной дороге путевым рабочим. С 1941 года по декабрь 1944 года я выполнял различные временные работы в районе Поронайска, Леонидово и Смирных. Проживал я в то время в каком-то населённом пункте, названия не помню, расположенном около Поронайска, но там я жил не долго, так как проживал там, где работал. В декабре 1944 года я уехал в Синегорск и там работал на шахте до 1946 года. Корейца по фамилии Ли-Ду-Бок, на японском Кунимото Тофуку, я не знал и не знаю.

В 1945 году я в японской полиции и жандармерии не работал и никогда не арестовывался. За период проживания в 1941-1944 годах в районе Поронайска и Леонидово я японца по фамилии Сато Масао не знал. Кроме меня там такой фамилии и имени никто не имел, во всяком случае мне никогда о таком человеке слышать не приходилось.

Вопрос: Вам предъявляются и зачитываются протоколы допросов Сато Масао, 1913 года рождения, уроженца деревни Арамачи, уезда Эйсана, остров Хонсю, на предварительном следствии от 10 июля 1946 года и очной ставки от этого же числа по делу Кунимото Тофуку, он же И-Ту-Поки.

Скажите, Вашей ли подписью удостоверены эти протоколы и известны ли Вам факты, изложенные в них?

Ответ: Мне предъявлены и зачитаны переводчиком, которого я хорошо понимаю, протоколы допросов свидетеля Сато Масао, 1913 года рождения, уроженца деревни Арамачи, уезда Эйсана, остров Хонсю, на предварительном следствии и очной ставки с Кунимото Тофуку, он же И-Ту-Поки от 10 июля 1946 года. В этих протоколах свидетель Сато Масао поясняет, что он в августе 1945 года был арестован японской полицией и, находясь под арестом, вместе с Кунимото Тофуку работал на кухне, а позднее был очевидцем расстрела полицейскими 16 человек и поджога здания полиции. Показания этого свидетеля мне понятны, однако мне лично об этих фактах ничего не известно. Удостоверены эти протоколы не моей подписью. Я иероглифику не знаю и иероглифами расписываться не могу. Меня по делу Кунимото Тофуку не допрашивали.

Вопрос: Знаете ли Вы Бок Бон Чун он же Сунимото Харуо, Син-Чун-У он же Хэрояма Масао, Чен Ен Соби он же Набухата Мицусиче, Син Хак Сунь он же Хирояма Какуцун, Чон Ен Дори он же Кунимото Зэнтацу, Че Бон Соб он же Мураками Сабуро?

Ответ: Перечисленных в вопросе лиц я не знал и не знаю.

Вопрос: Почему в Вашем паспорте не указано место Вашего рождения?

Ответ: Я русским языком владею плохо, а читать вообще не умею. Поэтому объяснить почему в моём паспорте не указано место рождения не могу.

Сделанный мне в устной форме перевод протокола допроса соответствует данным мной показаниям. Дополнений и замечаний я никаких не имею. (Подпись)

Допросил : Ст. следователь УКГБ по Сахалинской области

            капитан   (подпись) /ГРИГОРЬЕВ/

Перевёл: капитан   (подпись) /НИКИТИН/

П Р О Т О К О Л

ДОПРОСА СВИДЕТЕЛЯ

Место допроса: посёлок Второй завод   21 июня 1970 года

Старший следователь Следственного отделения УКГБ по Сахалинской области капитан ГРИГОРЬЕВ, в помещении квартиры свидетеля допросил с соблюдением требования ст.ст. 157, 158 и 160 УПК РСФСР в качестве свидетеля нижепоименованного Че Бон Соб.

Допрос начат в 10 часов 25 минут, окончен в 20 часов 00 минут, с перерывом с 14-00 до 14-30.

1. Фамилия, имя, отчество: Че Бон Соб

2. Год рождения: 1906

3. Место рождения: Корея, провинция Канвон, гр-н КНДР.

4. Национальность: кореец

5. Партийность: беспартийный

6. Образование: сможет только расписаться

7. Семейное положение: женат

8. Место работы: не работает

9. Род занятий или должность: -----

10. Судимость: не судим

11. Местожительство: город Холмск, Ключевая, 20.

Вопрос: На каком языке желаете давать показания?

Ответ: на корейском.

Вопрос: В качестве переводчика Вам предлагается Ваш сын Че Гым Ен. Доверяете ему перевод Ваших показаний?

Ответ: Да, доверяю.

Переводчику корейского языка Че Гым Ен его обязанности, предусмотренные ст. 57 УПК РСФСР, разъяснены.

Об ответственности за заведомо неправильный перевод по ст. 181 УК РСФСР предупреждён (подпись).

В соответствии с частью 2 ст. 158 УПК РСФСР Че Бон Соб разъяснены обязанности свидетеля и он предупреждён об ответственности по ст. 182 УК РСФСР за отказ или уклонение от дачи показаний и по ст. 181 УК РСФСР за дачу заведомо ложных показаний.

(подпись)

На предложение всё ему известное об обстоятельствах, в связи с которыми он вызван на допрос, свидетель показал:

Вопрос: Расскажите когда и при каких обстоятельствах Вы познакомились с корейцем Кунимото Тофуку, Он же Ли Ду Бок?

Ответ: в августе 1944 года я приехал на постоянное жительство в посёлок Камисикука (Леонидово) и стал проживать в своём доме на Длинной (в русском переводе) улице. Зимой 1944-1945 года от кого-то из жителей посёлка я узнал, что в Леонидово есть Кунимото Тофуку, а через некоторое время, не помню при каких обстоятельствах, весной 1945 года я с ним разговаривал о чём то на улице. Посёлок Леонидово небольшой и жители обычно всегда знают друг друга. После этой встречи были у меня и другие, в ходе которых я разговаривал с Кунимото Тофуку по различным вопросам, но содержание наших бесед я сейчас вспомнить не могу. Знаю, что Кунимото Тофуку в то время постоянного жительства не имел, но были случаи, когда он ночевал у Сунимото Харуо. Какова была в то время деятельность Кунимото Тофуку и где он работал я не помню.

Вопрос: Что Вам известно о преступной деятельности Кунимото Тофуку?

Ответ: Весной 1945 года среди жителей посёлка Леонидово, лиц конкретно сейчас не помню, были разговоры о том, что Кунимото Тофуку поддерживает связь с полицией, занимается тёмными делами в том смысле, что сообщает в полицию различные сведения на местных жителей. Кроме того я сам неоднократно видел (подробные обстоятельства сейчас не помню, что Кунимото Тофуку заходил и выходил из помещения полиции, а иногда беседовал с полицейскими на улице. Он ходил в то время в гражданской одежде, но оружия я у него не видел. Каков характер был его связи с полицией, был ли он штатным работником или выполнял отдельные поручения полицейских, - не знаю. Перед маем 1945 года, мой племянник Кунимото Зэнтацу привёз мне из Японии жену, и в начале мая у меня была свадьба. После свадьбы, время точно не помню, ко мне в дом пришёл Кунимото Тофуку и стал интересоваться характером моей работы в посёлке Асасэ, расположенном в то время у границы с Северным Сахалином. В этот же приход Тофуку говорил, что сейчас напряжённая обстановка и нужно думать как бы выжить на случай войны. Что конкретно я тогда ответил Тофуку и о чём мы с ним беседовали, сейчас точно вспомнить не могу. Я лишь только припоминаю, что наслышавшись о его связи с полицией, в разговорах с ним я себя вёл осторожно и не высказывал никаких антияпонских настроений. Кроме того, меня убедило в его связи с полицией то обстоятельство, что у Тофуку, когда он сидит напротив меня в моём доме, я увидел у него в кармане силуэт, похожий на форму пистолета, а в последующие приходы ко мне Тофуку, я убедился, что в кармане он носит действительно пистолет, видел рукоятку пистолета лично. Тофуку приходил ко мне часто, а иногда на день по два-три раза. О чём конкретно в каждый его приход мы разговаривали, я сейчас точно сказать затрудняюсь, так как не помню. Я лишь только знаю, что во время этих бесед Тофуку предлагал мне помочь устроиться ему на работу в Асасэ, а затем бежать в Советский Союз. Во время одной из таких бесед я заметил под окном известного мне полицейского, переодетого в гражданскую одежду. Почему этот полицейский стоял около окна моего дома и не заходил в дом, я объяснить не могу. Разговор, который мы вели с Тофуку этот полицейский слышать мог, так как слышимость из комнаты, где мы говорили, через окно на улицу в то летнее время была хорошей. Что я отвечал Тофуку на его просьбу устроить его на работу в Асасэ, я сейчас уже не помню, но бежать в Советский Союз я категорически отказывался, так как был убеждён, что это была провокация со стороны Тофуку. Убеждения мои основывались на том, что были среди жителей разговоры о связях Тофуку с полицией, я сам неоднократно видел, как он заходил и выходил из полиции, а также разговаривал на улице с полицейскими. Видел у него пистолет в кармане и переодетого полицейского, когда он – Тофуку беседовал со мной. При таких обстоятельствах его просьба помочь ему устроиться на работу в пограничный посёлок, а затем бежать в Советский Союз была более чем странной и явно походила на провокацию. Однажды утром, время также точно вспомнить не могу, ко мне пришёл Тофуку и сказал, что его друг Кунимото Зэнтацу арестован за связь с советской разведкой и поэтому боится ареста. С целью избежать ареста он стал настойчиво упрашивать меня переправит его через границу в Советский Союз. Во время этой беседы, которая проходила в присутствии моей жены (уехала в Японию летом 1945 года) я через окно увидел около моего дома, метрах в двух от окна неизвестного мне человека. Осознавая, что это очередная провокация, я сказал Тофуку, что не имею никакой возможности выполнить его просьбу. Что говорил тогда ещё Тофуку – сейчас не помню. После ухода Тофуку я, приоткрыв дверь, выглянул на улицу, но в это время около дома уже никого не было, а за углом соседнего дома в 15 метрах от меня стояли два переодетых в гражданскую одежду полицейских, фамилии которых сейчас вспомнить не могу. Они смотрели в мою сторону и я перестал за ними наблюдать. Примерно за неделю до этого случая я узнал, что Кунимото Зэнтацу, Набухати Мицусиче и Хирояма Масао действительно были арестованы японской полицией, но причины их ареста я не знал и никогда не слышал, что их арестовали за связь с советской разведкой. Позднее, после моего ареста я их видел в Поронайском КПЗ, когда их мимо меня по одному водили на допросы. Когда и при каких обстоятельствах их освободили, я не знаю.

Арестован я был при следующих обстоятельствах: утром, дату не помню, ко мне зашёл Кунимото Тофуку и спросил меня о чём-то. После этого мы еще вели беседу на какую-то тему, но я припоминаю, что Тофуку спросил у меня, что я намерен сегодня делать. Я ему ответил, что примерно через час пойду на охоту нерпы.

После ухода Тофуку, минут через 30, мой дом был оцеплен полицейскими. Три полицейских вошли в дом и объявили мне, что я арестован, они произвели в доме тщательный обыск, забрали у меня охотничье ружьё и всё охотничье снаряжение и увезли меня в полицию. Когда меня вводили в камеру КПЗ (всего их было шесть) я заметил, что в соседней камере находится Тофуку. Тофуку был в гражданской приличной одежде и следов побоев на нём не было. Двери камер были не сплошными, а состояли из металлических прутьев. Была возможность через двери видеть, кто находится в соседней камере и с этим человеком можно было переговаривать. Мы, как мне помнится, с Тофуку не разговаривали. Минут через 30 Тофуку надзиратель завёл в мою камеру. С какой целью Тофуку в камеру я точно пояснить не могу, но учитывая его предыдущую деятельность я догадывался, что его со мной поместили для того, чтобы он дал японцам ответы на интересующие их вопросы. Тофуку сразу же стал расспрашивать меня за что я арестован, допрашивали меня или нет. На его вопрос за что я арестован, я ответил, что ему лучше об этом знать, чем мне и после этого у нас с ним никакого разговора не было. Примерно через полчаса нашего молчания дверь открылась и Тофуку сказали выходить. Тофуку в сопровождении надзирателя вышел через коридор из КПЗ и до вечера в камерах не появлялся. Около 9 часов вечера я через решётку дверей видел, что Тофуку привели в соседнюю камеру, в которой уже находился какой-то арестованный. Минут через 20-30 было слышно, что в соседней камере о чём-то негромко разговаривают и смысл разговора я понять не смог. Затем минут через 10-15 была тишина, а потом я увидел, что Тофуку в сопровождении надзирателя пошёл по коридору к выходу из КПЗ.

В КПЗ посёлка Леонидово в моём присутствии Тофуку больше не появлялся. На другой день, часов в 11 меня увезли в Поронайский КПЗ. Там меня неоднократно допрашивали и бесчеловечно избивали. От меня требовали признаний в связях с советской разведкой, утверждали, что им известно, что я, якобы, имел намерение бежать через границу в Советский Союз. От меня насилием и издевательствами домогались нужных полицейских показаний. Однако на их все вопросы я отвечал, что связи с советской разведкой никакой не имею., и намерений бежать на советский Сахалин у меня не было. Однако истязания и допросы продолжались до освобождения Поронайска. На допросах о Тофуку меня не спрашивали и не говорили мне, что якобы со слов Тофуку я являюсь советским разведчиком и имею намерение бежать за границу.

Мне и так было ясно, что меня выдал и наклеветал на меня Тофуку, так как кроме него и в полиции на допросах у меня больше никто не спрашивал об этих вопросах. Освободили меня при следующих обстоятельствах: Примерно 20 августа Поронайск был подвергнут сильной бомбардировке советскими самолётами. В это время среди заключённых были тревожные переклички о том, что японцы хотят расстрелять заключённых и сжечь здание. Потом я услышал топот по коридору и крики заключённых, что здание горит и жандармы убегают. Я, находясь в камере один, стал просить через дверь бегущих, чтобы они выпустили меня. Кто-то открыл дверь и я выбежал из КПЗ. Крыша КПЗ была объята пламенем. Горели соседние дома. Кто-то из заключённых мне сказал, что японцы из пожарного рукава облили бензином крышу КПЗ. Бензин брали из расположенного рядом склада горючего. В Поронайске советских войск ещё не было. В Леонидово я не поехал, так как жена с 7 летней дочерью уехала в Японию. Я был сильно измучен побоями и больной. Учитывая, что я не смогу самостоятельно вести хозяйство, я поехал к знакомому японцу в район Вахрушева. Вскоре мы были освобождены советскими войсками.

После войны Кунимото Тофуку где-то скрывался. Однажды знакомый мне кореец Пак со чан сказал, что в районе Холмска проживает кореец, имеющий сходство с Тофуку. Об этом мы сообщили Советскому командованию и выехали в указанный район. В бане мы действительно обнаружили Кунимото Тофуку, который, увидев меня, стал просить у меня извинения за то, что предал меня японской полиции, наклеветал на меня, и за это просил меня тут же его убить. По делу Тофуку меня допрашивали, а на очной ставке Тофуку подтвердил мои показания. Меня удивляет то, что он ещё пишет жалобы и просьбы о реабилитации. Я прошу органы расследования на очной ставке с Кунимото дать мне возможность изобличить вновь его в совершённой им предательской деятельности против своего народа.

Вопрос: Вам предъявляются и зачитываются протоколы Ваших допросов по делу Тофуку от 22 июня и 19 июля 1946 года и от 16 августа 1968 года. Вы подтверждаете показания, изложенные в них?

Ответ: Мне предъявлены и моим сыном переведены протоколы моих допросов от 22 июня и 19 июля 1946 года, а также от 16 августа 1968 года. Сведения, изложенные в этих протоколах я подтверждаю частично. Так в протоколах моих допросов верно указано, что взаимоотношения у меня с Кунимото Тофуку были нормальные. Мы с ним действительно не ссорились. Что же касается времени нашего знакомства с ним, то я сегодня на допросе показал правильно, а в протоколе от 22 июня 1946 года указано не правильно, что я с ним познакомился только 29 июня 1945 года. Относительно противоречивости моих показаний о времени моего ареста летом 1945 года я в настоящее время уточнить их затрудняюсь. Я полагаю, что более точно время моего ареста указано на допросе в 1968 году, но может быть я и ошибаюсь, так как прошло уже много времени. Об обстоятельствах моего пребывания под арестом я показал сегодня на допросе более точно, так как хорошо понимаю сына, а в 1946 году они записаны в протоколе не совсем точно. На допросах в 1946 году я также говорил, что после ареста сутки сидел в Леонидово, однако об этом в протоколе не указано. Также не указано в нём по непонятным для меня причинам, что Тофуку с просьбой помочь ему в устройстве на работу просил меня его, - как советского разведчика, которому угрожает арест, срочно переправить на советскую сторону. Говорил ли я на допросе 22 июня 1946 года, что полицейские мне говорили на допросах, что им о моей связи с Советской разведкой стало известно со слов Кунимото Тофуку, я сейчас сказать затрудняюсь, - не помню. Обстоятельства моей встречи после войны в поезде – я не подтверждаю. В действительности мы нашли его в Холмском районе. Со слов Хирояма Масао, Набухато Мицусиче и Кунимото Зэнтацу мне действительно после войны стало известно, но не помню точно при каких обстоятельствах, что они были арестованы в июне 1945 года японской полицией по доносу Кунимото Тофуку. Давал ли я показания в 1946 году о том, что Хирояма Какуцун мне говорил, что расстрелянные 18 корейцев в Леонидово были арестованы по доносу Тофуку, я сейчас вспомнить не могу. Мне лично об этом факте ничего не известно, так как я длительное время, какое точно не помню, находился под стражей в Поронайском КПЗ.

На очной ставке с Тофуку я показывал, что он во время посещений действительно просил меня у него взять красную книжечку, но я отказался, так как посчитал его просьбу как провокационную.

Вопрос: На предварительном следствии 22 июня 1946 года Вы показали, что Тофуку просил Вас только о том, чтобы Вы помогли ему в устройстве на работу. На очной ставке с ним Вы заявили, что кроме просьбы об устройстве на работу он просил перевезти его на советскую сторону, а в 1968 году показали, что он просил вас перевезти на советскую сторону его, как советского разведчика, так как ему угрожает арест. Чем вы объясните эти противоречия?

Ответ: как в 1946 году, так и в 1968 году я на допросах говорил, что во время своих приходов ко мне Кунимото Тофуку просил помочь ему устроиться на работу и перейти на советскую сторону, так как он объяснял, что ему, как связанному с советской разведкой угрожает арест. Почему об этом не указано в протоколах моих допросов в 1946 году, я не знаю.

Вопрос: Видели ли Вы у Тофуку саблю?

Ответ: У Кунимото Тофуку я видел лишь только пистолет, о чём сегодня показал на допросе. От других лиц, каких конкретно сейчас не помню, я слышал, что у него была сабля.

Вопрос: На допросе в 1968 году вы показали, что когда после ареста Вас привели в камеру, там был Тофуку, а сегодня на допросе Вы дали иные показания. Чем объяснить это противоречие?

Ответ: Я уже пояснил, что в 1968 году я по обстоятельствам моего ареста давал такие показания, как и сегодня, но тогда по видимому переводчик неправильно меня понял.

Вопрос: Арестовывали ли Кунимото Тофуку в Леонидове летом 1945 года?

Ответ: С осени 1944 года, как я прибыл в Леонидово и до моего ареста летом 1945 года Кунимото Тофуку японской полицией не арестовывался.

Вопрос: В своей жалобе Тофуку показал, что он ссорился с Сунимото Харуо за то, что последний требовал от него денег на азартные игры, водку и выгонял из дому. Верно ли это?

Ответ: Это утверждение Тофуку не верно. Сунимото Харуо в азартные игры не играл, а выпивал в меру. Из своего дома он Тофуку не выгонял, но я слышал от него ещё до моего ареста, что он упрекал Тофуку в том, что тот занимается предательской деятельностью и из-за этого у них возникали ссоры.

Вопрос: Был ли случай, чтобы Зэнтацу жаловался в полицию на Тофуку, что он не отдаёт деньги, взятые им у Зэнтацу в долг?

Ответ: Такого случая не было. Если бы Тофуку не отдавал Зэнтацу деньги, то он бы как мой родственник, сообщил бы мне об этом.

Вопрос: На допросе 18 ноября 1968 года Кунимото Тофуку заявил, что предательской деятельностью он не занимался, а Ваши показания от 22 июня 1946 года подтвердил частично лишь только в том, что только посещал Ваш дом с целью подыскать себе место работы, а после ареста по приказанию полицейского Сасая приходил к Вам с полицейским выяснить вопросы об арестованных Кунимото и Хирояма. Верно ли это?

Ответ: Мне прочитаны и моим сыном переведены в понятной форме для меня показания Кунимото Тофуку от 18 ноября 1968 года. Эти его показания относительно меня я категорически не могу подтвердить и готов свои показания отстаивать на очной ставке с ним.

У Кунимото действительно была сестра, на которой он хотел жениться. Она стирала ему бельё, но отказывалась выйти за него замуж, так как о нём была плохая слава. Взаимоотношения Тофуку с Зэнтацу и его матерью были нормальные, но Зэнтацу другом Тофуку не был.

Тофуку на допросе в 1968 году утверждает, что разговаривал со мной только о заработках и других житейских вещах. Но это же неправда и я об этом говорил сегодня. Кунимото действительно выезжал за моей женой, но не в Корею, а в Японию и возвратился только с ней. Хирояма же в Корею не выезжал. Очевидность лжи Тофуку видна хотя бы из того, что он якобы не знал с каким государством на Сахалине поблизости проходит граница. О пограничниках и наличии воинских частей в районе моей работы я Тофуку никогда не рассказывал. Также неверно он утверждает, что его арестовали вечером. Во-первых, его не арестовывали, а во-вторых, до моего ареста утром он был в моём доме, а когда меня через полчаса после его ухода арестовали и посадили в КПЗ, то он уже был в соседней камере в такой же одежде, в какой приходил и ко мне. Верно он говорит, что приходил ко мне в дом с полицейским, но неверно утверждает, что не интересовался у меня о Кунимото и Хирояма. Другое дело, что я ему не сказал о них ничего. А в камере Тофуку был в день моего ареста в общей сложности около полутора часов, а на другой день его в КПЗ уже не было.

Вопрос: Где в настоящее время находятся Сунимото Харуо, Хирояма Масао, Набухато Мицусике, Сато Масао, Хэрояма и Зэнтацу?

Ответ: Сато Масао я не знаю. Хэрояма Какуцун и Сунимото Харуо умерли в Поронайске. Хэрояма Масао, Набухата Мицусиче и Кунимото

Зэнтацу проживают в Корее, причём Зэнтацу выехал в Японию, а затем в Корею ещё в 1947 году.

Сделанный мне в устной форме перевод протокола допроса соответствует данным мной показаниям. Дополнений и замечаний к протоколу не имею за исключением того, что в настоящее время я не могу назвать лиц, которые бы подтвердили преступную деятельность Кунимото Тофуку, так как они умерли.

Перевёл: (подпись) /Че Гым Ен/

Допросил: Ст. следователь УКГБ по Сахалинской области
　　　　　Капитан (подпись) /ГРИГОРЬЕВ/

П Р О Т О К О Л

ДОПРОСА СВИДЕТЕЛЯ

Место допроса: посёлок Леонидово   29 июня 1970 года

Старший следователь Следственного отделения УКГБ по Сахалинской области капитан ГРИГОРЬЕВ, в помещении квартиры свидетеля допросил с соблюдением требования ст.ст. 157, 158 и 160 УПК РСФСР в качестве свидетеля нижепоименованного Хан Дем Дори.

Допрос начат в 17 часов 30 минут, окончен в 19 часов 30 минут.

1. Фамилия, имя, отчество: Хан Дем Дори

2. Год рождения: 1908

3. Место рождения: город Корсаков, Сахалинской области

4. Национальность: кореец

5. Партийность: беспартийный

6. Образование: может только расписаться

7. Семейное положение: женат

8. Место работы: по старости не работает

9. Род занятий или должность: -----

10. Судимость: не судим

11. Местожительство: Сахалинская область, Поронайский район, посёлок Леонидово, ул. Крестьянская, 8.

Вопрос: На каком языке желаете давать показания?

Ответ: на корейском.

Вопрос: В качестве переводчика Вам предлагается Ваша дочь Хан Сун Нами. Доверяете ей перевод Ваших показаний?

Ответ: Да, доверяю, я её понимаю хорошо.

Переводчику корейского языка Хан Сун Нами его обязанности, предусмотренные ст. 57 УПК РСФСР, разъяснены.

Об ответственности за заведомо неправильный перевод по ст. 181 УК РСФСР предупреждён (подпись).

В соответствии с частью 2 ст. 158 УПК РСФСР Хан Дем Дори разъяснены обязанности свидетеля и он предупреждён об ответственности по ст. 182 УК РСФСР за отказ или уклонение от дачи показаний и по ст. 181 УК РСФСР за дачу заведомо ложных показаний.

(подпись)

На предложение всё ему известное об обстоятельствах, в связи с которыми он вызван на допрос, свидетель показал:

В посёлок Леонидово, по корейски Камисикука я проживаю с 1941 года, Кунимото Тофуку, по корейски Ли Ду Бок я знал как житель посёлка Леонидово примерно с весны 1945 года. Впервые я услышал о нём весной 1945 года от кого-то из числа жителей посёлка. Жили мы на разных окраинах посёлка. Я с ним лично никогда не разговаривал, но видел его неоднократно. При каких обстоятельствах я узнал, что именно этот человек является Кунимото Тофуку, я сейчас уже вспомнить не могу. Где точно проживал Кунимото Тофуку в нашем посёлке и где он работал, я не знаю. С наступлением советских войск на Леонидово, примерно 16 августа я уехал с семьёй в Корсаков. Кунимото Тофуку оставался ещё здесь, но при каких обстоятельствах я видел его в это время, - сейчас уже не помню. О преступной деятельности Кунимото Тофуку мне ничего не известно, за исключением следующего: Примерно в мае 1945 года я от кого-то услышал, что Кунимото Тофуку имеет связь с полицией и занимается плохими делами, в том смысле, что предаёт японцам корейцев. Конкретно по этому вопросу я сейчас в связи с давностью времени пояснить ничего не могу. Я лишь только помню, что плохая слава о Кунимото Тофуку у нас была до конца войны. Как уже показал, что в августе 1945 года я выехал в Корсаков и после этого о Кунимото Тофуку я ничего не слышал. Привлекался ли он к уголовной ответственности за предательство или нет, я не знаю.

<u>Вопрос</u>: Знаете ли Вы Бак Бон Чун, Син Чун-у, Чен Ен Соби, Сато Масао, Син Хак Сунь, Чон Ен Дори и какова судьба этих лиц?

<u>Ответ</u>: Син Чун У, Чен Ен Соби, Сато Масао и Чен Ен Дори я не помню, а Бак Бон Чун умер в Леонидово вскоре после войны. Когда я в 1952 году приехал из Корсакова в Леонидово, то в это время уже были разговоры, что Бак Бон Чун по-японски Сунимото Харуо умер, но в каком точно году он умер я не знаю. В 1952 году я также от кого-то из числа местных жителей слышал, что Син Хак Сунь, по-японски Хэрояма Какуцун в период японской власти в августе 1945 года был арестован и его расстреливали в числе других корейцев. По счастливой случайности он был ранен, притворился мёртвым, а когда пьяные полицейские ушли, сбежал из тюрьмы в лес. При каких обстоятельствах были арестованы летом 1945 года летом 1945 года японской полицией Бак Бон Чун и Син Хак Сунь, я не знаю.

<u>Вопрос</u>: Кого Вы знаете из старожилов, проживавших в 1945 году в Леонидово?

<u>Ответ</u>: Все, кто здесь проживал в 1945 году уже умерли.

Дополнить больше ничего не имею. Сделанный мне в устной форме перевод моего допроса соответствует данным мной показаниям. (Подпись).

Переводчик: (подпись) /Хан Сун Нами/

Допросил: Ст. следователь УКГБ по Сахалинской области
Капитан (подпись) /ГРИГОРЬЕВ/

П Р О Т О К О Л

ДОПРОСА СВИДЕТЕЛЯ

Место допроса: посёлок Леонидово   30 июня 1970 года

Старший следователь Следственного отделения УКГБ по Сахалинской области капитан ГРИГОРЬЕВ, в помещении квартиры свидетеля допросил с соблюдением требования ст.ст. 157, 158 и 160 УПК РСФСР в качестве свидетеля нижепоименованного Пак Сун Не.

Допрос начат в 14 часов 10 минут, окончен в 15 часов 15 минут.

1. Фамилия, имя, отчество: Пак Сун Не

2. Год рождения: 1918

3. Место рождения: Корея

4. Национальность: кореянка

5. Партийность: беспартийная

6. Образование: неграмотная

7. Семейное положение: замужем

8. Место работы: по старости не работает

9. Род занятий или должность: -----

10. Судимость: не судим

11. Местожительство: Сахалинская область, Поронайский район, посёлок Леонидово, ул. Леонидовская, 3.

<u>Вопрос</u>: На каком языке желаете давать показания?

<u>Ответ</u>: на корейском.

<u>Вопрос</u>: В качестве переводчика Вам предлагается Ваша дочь Им Ден Сук. Доверяете ей перевод Ваших показаний?

<u>Ответ</u>: Дочь я понимаю хорошо и перевод своих показаний я ей доверяю.

Переводчику корейского языка Им Ден Сук его обязанности, предусмотренные ст. 57 УПК РСФСР, разъяснены.

Об ответственности за заведомо неправильный перевод по ст. 181 УК РСФСР предупреждён (подпись).

В соответствии с частью 2 ст. 158 УПК РСФСР Пак Сун Не разъяснены обязанности свидетеля и он предупреждён об ответственности по ст. 182 УК РСФСР за отказ или уклонение от дачи показаний и по ст. 181 УК РСФСР за дачу заведомо ложных показаний.

(подпись)

На предложение всё ему известное об обстоятельствах, в связи с которыми он вызван на допрос, свидетель показал:

В посёлке Леонидово я проживаю с весны 1945 года. Кунимото Тофуку, по-корейски Ли Ду Бок я знаю очень плохо. Я лишь только помню, что в Леонидово был такой человек в 1945 году и о нём в то время ходила очень плохая слава, как имеющим связь с японской полицией и предающего ей корейских граждан, однако конкретно о фактах преступной деятельности Кунимото Тофуку я сейчас сказать ничего не могу, так как в связи с давностью времени не помню, когда и при каких обстоятельствах я познакомилась с ним, где он точно жил, и работал ли он, я не помню. Лиц по фамилии Сунимото Харуо, Хэрояма Кукуцун и Сато Масао я припомнить сейчас не могу.

Сделанный мне моей дочерью перевод протокола моего допроса в устной форме соответствует данным мной показаниям. (Подпись – Неграмотная).

Перевела и правильность показаний моей матери в протоколе данного допроса удостоверяю: (подпись) /Им Ден Сук/

Допросил: Ст. следователь УКГБ по Сахалинской области
Капитан (подпись) /ГРИГОРЬЕВ/

П Р О Т О К О Л

ДОПРОСА СВИДЕТЕЛЯ

Место допроса: посёлок Леонидово   30 июня 1970 года

Старший следователь Следственного отделения УКГБ по Сахалинской области капитан ГРИГОРЬЕВ, в помещении квартиры свидетеля допросил с соблюдением требования ст.ст. 157, 158 и 160 УПК РСФСР в качестве свидетеля нижепоименованного Бен Дем Нам.

Допрос начат в 18 часов 35 минут, окончен в 19 часов 55 минут.

1. Фамилия, имя, отчество: Бен Дем Нам

2. Год рождения: 1918

3. Место рождения: Южная Корея

4. Национальность: кореец

5. Партийность: беспартийный

6. Образование: может только расписаться

7. Семейное положение: женат

8. Место работы: Мостопоезд № 30

9. Род занятий или должность: плотник

10. Судимость: не судим

11. Местожительство: Сахалинская область, Поронайский район, посёлок Леонидово, ул. Огородный переулок, 3.

Вопрос: На каком языке желаете давать показания?

Ответ: Я желаю давать показания на русском языке и в переводчике не нуждаюсь.

В соответствии с частью 2 ст. 158 УК РСФСР Бен Дем Нам разъяснены обязанности свидетеля и он предупреждён об ответственности по ст. 182 УК РСФСР за отказ или уклонение от дачи показаний и по ст. 181 УК РСФСР за дачу заведомо ложных показаний.   (Подпись)

На предложение всё ему известное об обстоятельствах, в связи с которыми он вызван на допрос, свидетель показал:

В 1943 году я приехал из Южной Кореи на Сахалин и стал проживать в Матросово. Я был не женат. В поисках работы до сентября 1945 года я разъезжал и выполнял временные работы в Леонидово, Поронайске и Углегорске. В августе 1945 года я проживал в Матросово и работал разнорабочим по ремонту пути железной дороги. Ли Ду Бок, по-японски Кунимото Тофуку я не знал и не знаю. Однако, когда я примерно в сентябре 1945 года был в Леонидово, то слышал от кого-то, что у них был кореец Ли Ду Бок, который занимался какими то плохими делами. Что за плохие дела были у этого корейца, я не знаю, так как не интересовался этим. В то же примерно время я от кого-то услышал, что в Леонидово японской полицией в августе 1945 года было много расстреляно и сожжено корейцев. Однако за что их расстреляли и кто их выдал японцам, я не знаю. Причастен ли к аресту этих корейцев Ли Ду Бок, я не знаю и мне ничего конкретно о его преступной деятельности не известно.

Вопрос: Знаете ли Вы Бак Бон Чун (Сунимото Харуо), Сато Масао, Син Хак Сунь (Хэрояма Какуцун) и Чон Ен Дори (Кунимото Зэнтацу). В положительном случае какова судьба этих лиц?

Ответ: Бак Бон Чун умер в Леонидово примерно в 1948 году, возможно год его смерти я называю не точно. Син Хан Сунь также умер, жил он в Поронайске. А Сато Масао и Чон Ен Дори я не знаю.

Дополнить больше ничего не имею. Протокол допроса по моей просьбе мне прочитан следователем. С моих слов записан правильно. В связи с тем, что русского алфавита я не знаю, я расписываюсь по-корейски.

(Подпись)

Допросил: Ст. следователь УКГБ по Сахалинской области

Капитан (подпись) /ГРИГОРЬЕВ/

П Р О Т О К О Л

ДОПРОСА СВИДЕТЕЛЯ

Место допроса: посёлок Леонидово   1 июля 1970 года

Старший следователь Следственного отделения УКГБ по Сахалинской области капитан ГРИГОРЬЕВ, в помещении квартиры свидетеля допросил с соблюдением требования ст.ст. 157, 158 и 160 УПК РСФСР в качестве свидетеля нижепоименованного Ли Фа Сен.

Допрос начат в 14 часов 10 минут, окончен в 14 часов 55 минут.

1. Фамилия, имя, отчество: Ли Фа Сен

2. Год рождения: 1917

3. Место рождения: Корея

4. Национальность: кореец

5. Партийность: беспартийный

6. Образование: 4 класса японской школы

7. Семейное положение: женат

8. Место работы: Балаклавский лесхоз

9. Род занятий или должность: разнорабочий Леонидовского лесничества

10. Судимость: не судим

11. Местожительство: Сахалинская область, Поронайский район, посёлок Леонидово, ул. Крестьянская, 14.

Вопрос: На каком языке желаете давать показания?

Ответ: Я владею разговорным русским языком и на нём желаю давать свои показания.

В соответствии с частью 2 ст. 158 УПК РСФСР Ли Фан Сен разъяснены обязанности свидетеля и он предупреждён об ответственности по ст. 182 УК

РСФСР за отказ или уклонение от дачи показаний и по ст. 181 УК РСФСР за дачу заведомо ложных показаний.

(подпись)

На предложение всё ему известное об обстоятельствах, в связи с которыми он вызван на допрос, свидетель показал:

В посёлке Леонидово я проживаю с 1946 года. Корейца по фамилии Ли Ду Бок, по-японски Кунимото Тофуку я не знаю, но от кого-то в 1946 году я слышал, что в Леонидово был такой человек, который поддерживал связь с полицией и выдавал ей корейцев. Конкретно о фактах предательской деятельности Кунимото Тофуку я в настоящее время сказать ничего не могу, так как не помню разговоров односельчан периода 1946 года. В настоящее время в Леонидово лиц, которые бы проживали здесь в 1945 году никого нет, за исключением Хан Дем Дори.

Вопрос: Знаете ли вы японца Сато Масао и корейцев Бак Бон Чун и Син Хак Сунь?

Ответ: Сато Масао я не знаю. Бак Бон Чун и Син Хак Сунь помню хорошо. Бак Бон Чун по-японски Сунимото Харуо умер в Леонидово в 1948 году, а Син Хак Сунь, по-японски Хирояма Какуцун умер в Поронайске в конце 1946 года.

Дополнить больше ничего не имею. Протокол допроса следователем мне прочитан вслух по моей просьбе. Записан с моих слов правильно. В связи с тем, что русских букв я не знаю, - расписываюсь по-корейски.

(Подпись)

Допросил: Ст. следователь УКГБ по Сахалинской области
Капитан (подпись) /ГРИГОРЬЕВ/

ПРОТОКОЛ

ДОПРОСА СВИДЕТЕЛЯ

Допрос начат 20 октября 1970 года в 11 часов 00 минут

Окончен в 20 октября 1970 года в 19 часов 00 минут.

Следователь Следственного отдела КГБ при СМ КазССР старший лейтенант ГОРЯЙНОВ в помещении КГБ при СМ Каз.ССР в городе Алма-Ате допросил с соблюдением требования ст.ст. 147-149 УПК КазССР в качестве свидетеля:

1. Фамилия, имя, отчество: Ли-ду-бок

2. Год рождения: 1917

3. Место рождения: Корея

4. Национальность: кореец

5. Гражданство: СССР

6. Партийность: беспартийный

7. Документы: паспорт XXX-РН № 548579

8. Образование: 3 класса

9. Семейное положение: женат

10. Место работы: временно не работает

11. Род занятий или должность: ----------

12. Судимость: судим в 1946 году по ст. 58-4 УК РСФСР

13. Местожительство: г. Алма-Ата, ул. 3-я Вишневского, дом № 4-а.

В соответствии со ст.ст. 146, 148, 151 УПК КазССР Ли Ду Бок разъяснены права и обязанности свидетеля и он предупреждён об ответственности по ч. 1 ст. 193 УК КазССР за отказ или уклонение от дачи показаний и по ст. 187 УК КазССР за дачу заведомо ложных показаний.

Подпись свидетеля

На предложение всё ему известное об обстоятельствах, в связи с которыми он вызван на допрос, свидетель показал:

<u>Вопрос</u>: На каком языке желаете давать показания?

<u>Ответ</u>: Русским языком владею хорошо, показания буду давать на русском языке, в переводчике не нуждаюсь.

По существу заданных вопросов свидетель показал:

В 1946 году меня арестовали летом, месяца и числа сейчас не помню. До ареста работал забойщиком в угольной шахте города Томарикиси. Мне предъявили обвинение в том, что я являюсь агентом японской полиции, а также. Что я выдал полиции корейцев Сунимото Харуо и Мураками Сабуро.

В предъявленном мне обвинении виновным себя не признал, в то время я русского языка не знал, а все допросы велись через переводчика. Переводчику я сказал, что никогда не был агентом японской полиции и никаких корейцев японской полиции не выдавал. Насколько точно переводчик переводил следователю мои ответы, я не знаю. Кто был переводчиком по моему делу не помню.

С весны 1945 года я жил на квартире в Сунимото Харуо, за что платил ему квартплату. Однажды Сунимото попросил у меня взаймы деньги. Я ему не дал, а на другой день, когда пришёл домой, то в моей комнате, в которой я жил и платил за неё Сунимото, был другой квартирант, с которым хозяин дома Сунимото сидел и играл в карты. Все мои вещи были смяты и брошены в угол. Видя всё это, я был сильно возмущён, пошёл в полицию и заявил ни Сунимото Харуо. В полиции сказал, что хозяин квартиры, где я живу играет в карты, игра в карты была запрещена, пришли полицейские и забрали Сунимото, в полиции он пробыл дня три, после чего его выпустили. От Сунимото я ушёл и стал жить в гостинице. В то время я был не женат, а в свободное время от работы часто ходил в гости к своим знакомым Кунимото Зэнтацу, их семья состояла из 4-х человек – отца, матери, сестры и брата. Отца и матери фамилии не помню, а сестру Кунимото звали Кым-Ок, ей было лет двадцать.

Мураками Сабуро был дядя моего друга Зэнтацу. Весной 1945 года Кунимото Зэнтацу поехал в Корею, а из Кореи привёз своему дяде Мураками Сабуро невесту, фамилию и имя её не знаю, и с ним ещё приехал молодой парень Хирояма. Я узнал, что Кунимото Зэнтацу, его сестру Кым-Ок и Хирояма японская полиция арестовала, в этот же день пошёл к ним домой и спросил у матери, что случилось, она мне ответила, что у Хирояма нашли какую-то книгу, сделали во всём доме обыск, но больше ничего не нашли., а сына и дочь арестовали. Примерно через полмесяца сестру Кунимото отпустили, но к этому времени меня японская полиция арестовала. Меня арестовали через три дня после ареста Кунимото, его друга и сестры. Посадили меня в карцер, вызывали на допрос полицейские Миядзима и Сасая, на допросах меня спрашивали откуда прибыл Хирояма, где он работает, где и когда подружились с Кунимото, а также когда я познакомился с Кунимото Зэнтацу. В отношении Хирояма ответил, что его никогда не знал и где они познакомились с Кунимото не знаю. А с Кунимото Зэнтацу познакомился с момента приезда в город Камисикука в 1943 году, жил в одном бараке, что либо другого о Кунимото японской полиции я больше ничего не говорил. Через два дня после моего ареста меня вызвал полицейский Сасая в свой кабинет и предложил мне сходить к Мураками Сабуро и узнать у него откуда приехал Хирояма, где он работал, где училась жена Мураками в Корее и где она сейчас работает. Я дал согласие сходить к Мураками, пошёл я не один, а меня сопровождал полицейский, в дом он не заходил, а оставался на улице. Во время разговора с Мураками я интересовался, где он работает и может ли он взять меня к себе на работу. Он мне ответил, что работает на лесозаготовке недалеко от границы, но в то время увидел в окно полицейского, который стоял в огороде и больше ни о чём не стал говорить. Я же ему сказал, что я должен уехать отсюда подальше, так как меня арестовали из-за Кунимото. Вопросы, которые интересовали полицию, Мураками я не задавал. Полицейскому Сасая ответил, что Мураками о Кунимото и Хирояма ничего не знает. Во время посещения Мураками и разговора с ним, за лицо, связанное с советской разведкой, себя не выдавал и об этом разговора с ним никогда не было, на основании чего он даёт такие показания, не знаю.

Во время ареста летом 1946 года я видел Мураками Сабуро, он находился в кузове автомашины, в которой меня увозили, но с ним ни о чём не разговаривал и никакого прощения у него не просил, весь путь следования с нами вместе в кузове автомашины находился русский офицер и разговаривать нам не разрешал.

С полицейскими посёлка Камисикука я был знаком с лета 1944 года, так как подвергался дважды приводам в полицейский участок, один раз за подделку талона на получение рабочего обмундирования, а второй раз меня привели в полицию за то, что я как будто показал дорогу совершившим побег рабочим, которые строили аэродром недалеко от посёлка Камисикука.

Вопрос: Действительно ли Вы по собственной инициативе сообщали полиции сведения на антияпонски настроенных лиц?

Ответ: Один раз я дал согласие полицейскому Сасая сходить к Мураками поговорить по интересующим полицию вопросам, но его я не стал выполнять. Больше никаких заданий не получал и по собственной инициативе никаких сообщений на антияпонски настроенных лиц не давал в японскую полицию.

Вопрос: Принимали ли Вы участие в эвакуации полиции города Камисикука, какие действия Вы выполняли по эвакуации полиции?

Ответ: Когда японца почувствовали, что советские войска подходят к городу, они расстреляли 17 или 18 заключённых, как они совершили расстрел я не видел, потому что всех жителей города Камисикука согнали на пригорок недалеко от города, а с этого места ничего не было видно, а только доносились выстрелы. Вывозили ли японцы что-либо из здания полиции не знаю, на другой день утром видел, что здание всё сгорело. Я никаких действий по эвакуации полиции не выполнял.

Вопрос: Приносили ли Вы бензин со склада и для какой цели?

Ответ: Вечером, перед тем как эвакуироваться, в полиции была сильная паника, из камеры, где я находился, слышно было, что часто звонили телефоны, крики и частые команды полицейских, что происходило я не видел, а потом открыли мою камеру, зашёл полицейский и сказал мне, чтобы я сходил на склад и принёс ведро бензина, я ему ответил, что я болен и не могу идти, мне надо врача, но врача нет, уже все уехали, ответил мне полицейский и дал мне одну таблетку, которую нужно принять за два приёма, но я её съел за один приём. Меня отвели ночевать в камеру, где хранили имущество полиции. Утром я поднялся, ушёл в бомбоубежище, а из убежища всех полицейские выгнали за город, то есть в район возвышенности.

Утром японцы начали жечь город Камисикука, и из-за возвышенности слышны были выстрелы, но что происходило в самом городе, не было видно. Все жители, которых японцы сюда согнали, пошли пешком в город Сикука, я тоже ушёл со всеми вместе. На другой день вернулся в город Камисикука за своей одеждой, подошёл к зданию полиции, но его не было, оно сгорело, да и сам город весь сожжён.

Во время ухода в город Сикука у меня никакого оружия не было, велосипеда мне никто не давал, в город Сикука жители Камисикука уходили кто как мог, одни ехали на автомашине, другие на лошадях, а многие пешком, в том числе и я.

Вопрос: Что Вы делали на другой день после возвращения из города Сикука в город Камисикука?

Ответ: После возвращения в город Камисикука я прежде всего пошёл к полиции, но не доходя до здания полиции увидел, что едет машина с полицейскими, они подъехали к зданию, которое ещё горело, сошли с машины, собрали несколько трупов и остатки не сгоревших трупов бросили их в горевший после пожара каменный уголь, сели в автомашину и уехали. Я лично никогда никого не бросал в костёр каменного угля. Видя всю эту картину я был сильно взволнован, нужно быть не человеком. Чтобы так поступить с людьми, как это сделали японские полицейские.

Вопрос: Чем желаете дополнить свои показания?

Ответ: дополнить свои показания больше ничем не могу.

Протокол моих показаний по моей просьбе прочитан мне следователем вслух, записано с моих слов всё правильно, замечаний не имею.

(Подпись)

Допросил: Следователь следотдела КГБ при СМ КазССР

Ст. лейтенант   (подпись) /ГОРЯЙНОВ/

«УТВЕРЖДАЮ»
ЗАМ.ПРОКУРОРА САХАЛИНСКОЙ ОБЛАСТИ
СОВЕТНИК ЮСТИЦИИ

(подпись)   /Р.САЛИМОВ/

6 ноября 1970 года

ЗАКЛЮЧЕНИЕ

по архивному делу на Кунимото Тофуку (он же Ли Ду Бок)

Помощник прокурора Сахалинской области по надзору за следствием в органах госбезопасности младший советник юстиции Ветошников, рассмотрев материалы архивного уголовного дела по обвинению Кунимото Тофуку, он же Ли Ду Бок, в преступлении, предусмотренном ст. 58-4 УК РСФСР (ред. 1926 года),

УСТАНОВИЛ

Кунимото Тофуку приговором Военного Трибунала Дальневосточного военного округа от 8 августа 1946 года был признан виновным в том, что он с апреля 1945 года являлся агентом японской полиции города Камисикука (ныне посёлок Леонидово Сахалинской области) и сообщил полиции провокационные данные на корейцев Сунимото, Кунимото (он же Чен Ен Дори) и Мураками (он же Чен Бон Соб) как на лиц, антияпонски настроенных и имеющих связь с советской разведкой. В связи с этим названные лица были арестованы, заключены в тюрьму, где подвергались избиениям во время допросов.

Кроме того, Кунимото Тофуку 17 августа 1945 года принимал участие в эвакуации японской полиции из города Камисикука, а 18 августа того же года с целью сокрытия факта расправы полицейских над арестованными корейцами, совместно с полицейскими участвовал в сожжении трупов 18 расстрелянных корейцев.

В своих жалобах Кунимото Тофуку отрицает связь с полицией и просит о реабилитации.

Однако заявления Кунимото Тофуку не соответствуют действительности и опровергаются материалами дела.

Обвинение Кунимото Тофуку основано на показаниях Мураками (Чен Бон Соб), Кунимото Зэнтацу (Чен Ен Дори), Сунимото (л.д. 70-74, 75-78, 93-95), а также на показаниях самого Кунимото Тофуку, признавшего себя виновным на предварительном и судебном следствии (л.д. 56-60, 100-106, 107-110).

В ходе дополнительной проверки был допрошен свидетель Мураками (Чен Бон Соб), который подтвердил свои прежние показания о преступной деятельности Кунимото Тофуку (л.д. 217-226). Вновь допрошенные свидетели Хан Дем Дори, Пак Сунн Не, Бен Дем Нам, Ли Фа Сен заявили, что Кунимото Тофуку в 1945 году имел связь с японской полицией (л.д. 230-235).

Кроме того, в процессе дополнительной проверки установлено, что в трофейном японском архиве в отношении Кунимото Тофуку имеются следующие данные: «В 1943 году был агентом Цзяньдаосского жандармского отряда, занимался выявлением подозрительных лиц, участвующих в национально-освободительном движении в городе Тумынь. В июле и августе 1943 года получал из жандармерии по 10 гоби в месяц» (л.д. 156 об. Сторона).

Исходя из изложенного,

ПОЛАГАЮ:

В принесении надзорного протеста по настоящему делу отказать, о чём сообщить Кунимото Тофуку (он же Ли Ду Бок).

ПОМОЩНИК ПРОКУРОРА ОБЛАСТИ ПО НАДЗОРУ
ЗА СЛЕДСТВИЕМ В ОРГАНАХ ГОСБЕЗОПАСНОСТИ
младший советник юстиции

(подпись)

/Н.ВЕТОШНИКОВ/

이원용

1967년 충남 당진 출생
인하대학교 정치외교학과 졸업
러시아연방 대통령 소속 사회과학아카데미 정치학박사
국무총리 소속 민주화운동관련자명예회복및보상심의위원회 전문위원
진실화해를위한과거사정리위원회 팀장
현재, 단국대학교 강사

저서 : 러시아 땅 한민족(1999, 평화당)
　　　고려인 인구이동과 경제환경(2005, 집문당)
　　　고려인 기업 및 자영업 실태(2006, 북코리아)
　　　러시아·중앙아시아 한상네트워크(2007, 북코리아)

역서 : 나의 사랑 러시아(2003, 재외동포재단)

논문 : 스탈린 현상 논쟁(1994)
　　　재소한인사 개요(최초의 이주에서 강제이주까지)(1996)

사할린 가미시스카 한인학살사건 I

2009년 6월 10일 초판 인쇄
2009년 6월 15일 초판 발행

편집 및 옮긴이 • 이원용
펴낸이 • 이찬규
펴낸곳 • 북코리아
등록번호 • 제03-01157호
주소 • 121-801 서울시 마포구 공덕동 115-13번지 2층
전화 • (02) 704-7840
팩스 • (02) 704-7848
이메일 • sunhaksa@korea.com
홈페이지 • www.sunhaksa.com

ISBN 978-89-6324-032-9 (93900)

값 18,000원